Neutron 오픈스택 네트워킹

클라우드 네트워크 인프라 구축을 위한

Neutron 오픈스택 네트워킹

제임스 덴튼 지음 | 남기혁 옮김

BIRMINGHAM - MUMBAI - SEOUL

지은이 소개

제임스 덴튼 James Denton

아름다운 아내 아만다와 아들 와이어트와 함께 텍사스 샌 안토니오에서 살고 있다. 애플리케이션 네트워킹 기술과 오픈스택 네트워킹과 관련해 풍부한 경험을 가진 IT 전문가로서. 현재 랙스페이스 프라이빗 클라우드Rackspace Private Cloud 팀에서 네트워크 아키텍트로 근무하고 있다. 트위터(@jimmdenton)와 Freenode IRC(busterswt)를 통해 그와 만날 수 있다.

이 책을 집필하는 동안 용기를 북돋아주고 인내심을 보여준 아내 아만다에게 감사한다. 그리고 이 책의 원고를 검토하고 훌륭한 피드백을 제공해준 랙스페이스에 있는 우리 팀 동료들에게도 감사의 말을 남기고 싶다.

오픈스택과 랙스페이스가 없었다면, 이 책을 쓸 기회조차 얻지 못했을 것이다. 제품을 개발하고 끊임없이 개선하는 오픈스택 커뮤니티에게도 커다란 감사를 전하고 싶다. 오픈 소스 활동에 참여한 일은 정말 좋은 경험이었으며, 앞으로도 계속 이어나가고 싶다.

기술 감수자 소개

케빈 잭슨 Kevin Jackson

결혼하여 세 명의 자녀를 두고 있다. 소기업부터 온라인 엔터프라이즈에 이르기까지 다양한 클라이언트를 대상으로 일해 본 경험이 있는 IT 전문가로서, 리눅스와 유닉스 관련 경험이 특히 풍부하다. 랙스페이스 영국 지사에서 클라우드 아키텍트로 근무하고 있으며, 오픈스택과 관련하여 해외 시장을 위한 데브옵스와 자동화 자문 서비스DevOps & Automation Advisory Service 팀을 이끌고 있다. 팩트 출판사의 『OpenStack Cloud Computing Cookbook』과 오픈스택 파운데이션에서 출간한 『OpenStack Architecture Design Guide』의 공저자이기도 하다. 트위터 계정은 @itarchitectkev다.

조지 아민 가르시아 로페즈 Jorge Armin Garcia Lopez

멕시코 출신의 매우 열정적인 정보 보안 컨설턴트로서 6년 넘게 테스팅, 침입 감지 및 방지, 멀웨어 분석, 사고 대응 등을 망라한 컴퓨터 보안 분야에서 경력을 쌓았다. 라틴 아메리카와 스페인에 있는 주요 보안 회사의 타이거 팀 리더로 활동 중이다. 또한 사이퍼 스톰 사Cipher Storm Ltd Group에서 보안 관련 연구원으로 근무하고 있으며, 멕시코에서 가장 유명한 보안 학회인 버그콘BugCON의 공동 창업자이자 CEO이기도 하다. OSCP와 GCIA, GPEN, FireEye 스페셜리스트 등 주요 보안 자격증도 여러 개 보유하고 있다.

이 책 외에도 다음과 같은 책을 감수한 바 있다.

- 『BackBox를 활용한 침투 테스트와 모의 해킹』(에이콘출판, 2014)
- 『Django Essentials』(팩트 출판사)
- 『배시 셸로 완성하는 모의 해킹 기술』(에이콘출판, 2014)

지원을 아끼지 않은 친구들에게 감사한다. 또한 나의 할머니 마가리타와 여동생 에이브릴에게 특히 감사한다. 크란겔, 샤킬 알리, 마다, 헥터 가르시아 포사이스, 벨린도에게도 감사의 말을 전하고 싶다.

제이콥 왈식 Jacob Walcik
랙스페이스(http://rackspace.com)에서 솔루션 아키텍트로 일하고 있다. 소프트웨어 개발자와 시스템 관리자로 18년 넘게 일했으며, 최근에는 회사에서 자체적인 오픈스택 기반 프라이빗 클라우드를 설계하고 구축하는 데 도움을 주는 일을 주로 한다. 여가 시간에는 하이킹과 축구, 영국식 모터사이클을 즐긴다.

옮긴이 소개

남기혁 (nam@friesty.com)

고려대 컴퓨터학과에서 학부와 석사 과정을 마친 후 한국전자통신연구원에서 선임 연구원으로 재직하던 중 네트워크 제어 및 검증 솔루션 회사인 ㈜프리스티를 창업했다. 관심 분야는 SDN을 비롯한 네트워크 제어 및 가상화, 시스템 검증 기술이다. 에이콘출판사에서 출간한 『Early Adopter Curl』(2002), 『GWT 구글 웹 툴킷』(2008), 『코코아 터치 프로그래밍』(2010), 『해킹 초보를 위한 USB 공격과 방어』(2011), 『HTML5 비디오』(2012), 『자바 7의 새로운 기능』(2013), 『iOS 해킹과 보안 가이드』(2014)를 번역했다.

옮긴이의 말

최근 몇 년간 오픈스택의 뉴트론 프로젝트는 급성장했다. 오픈스택 서밋에 참석해봐도, 뉴트론 관련 세션에 거의 대부분의 참석자가 몰리는 경향이 두드러졌다. 일반 사용자와 클라우드 관리자부터, 오픈스택 관련 솔루션 제조사와 장비 업체에 이르기까지, 이렇게 많은 사람이 관심을 보이는 것은 현장에서 네트워킹과 관련해 각자가 필요성을 절실하게 느꼈고, 뉴트론에 기대하는 바도 크기 때문일 것이다.

이러한 인기에 비해 처음 뉴트론에 입문하는 사람이 참고할 만한 자료는 그리 많지 않다. 그동안 뉴트론 입문 서적이 거의 없는 상황에서 오픈스택 공식 사이트에서 제공하는 문서나 여러 발표 자료에만 의존해야 했는데, 오픈스택도 그렇지만 뉴트론은 설치와 설정 작업 자체만으로도 상당한 노력이 필요하다. 이런 상황에서 지난 해 10월 팩트 출판사에서 뉴트론을 주제로 책이 발간된 것을 보고 굉장히 반가웠다. 랙스페이스 블로그와 오픈스택 관련 사이트에서 종종 글을 올리던, 뉴트론 관련 경력이 풍부한 저자가 썼다는 점에 기대도 컸다.

흔히 우분투Ubuntu 기반으로 설치하는 것과 달리, 이 책은 CentOS를 기반으로 작성되었다. 그래도 기본 개념과 내부 동작에 대해 자세히 설명하므로, CentOS를 사용하지 않던 독자라도 이 책을 잘 따라가면 쉽게 적응할 수 있을 것이다. 오픈스택 버전이 상대적으로 빨리 변경되는 까닭으로, 이 책에서 사용하는 하바나는 벌써 예전 버전이 되어버렸다. 또한 현재는 ML2를 기반으로 사용하는 데 반해, 이 책에서는 기존에 사용하던 LinuxBridge와 OVS 플러그인을 사용한다. 최신 버전이 아니라는 점은 아쉽지만 뉴트론의 구조와 개념,

내부 동작을 이해하는 데는 충분하며, 이 책에서 설명하는 내용을 확실히 머릿속에 담고 있다면, Juno 같은 상위 버전으로 쉽게 전환할 수 있을 것이다. 이 책에서 사용하는 환경이 독자의 입맛에 맞지 않더라도 뉴트론의 기본 개념과 동작에 대해서는 잘 설명하고 있기 때문에, 이 책의 설명을 따라가면서 세부적인 환경 설정이나 직접 설명하지 않은 부분은 적절히 외부 자료를 참고하면 큰 도움이 될 것이다.

마지막으로 회사 일뿐만 아니라, 이번 번역 작업과 관련해 항상 조언을 아끼지 않는 최현영 박사님께 감사의 마음을 전한다.

남기혁

차 례

3장 뉴트론 설치

들어가며

2014년 하반기에 공개된 오픈스택의 최신 릴리즈인 주노Juno에서는 뉴트론 Neutron(기존 퀀텀Quantum)이라는 네트워킹 서비스도 제공하고 있다. 뉴트론은 폴섬Folsom 버전에서 처음 도입됐으며, 클라우드 운영자나 사용자가 네트워크를 생성하고 관리하는데 필요한 API를 제공한다. 확장 프레임워크를 통해 로드 밸런서나 방화벽, VPN 등과 같은 고급 서비스도 추가할 수 있다.

이 책에서는 뉴트론이라는 오픈스택 네트워킹만 다루며, 기존 노바에서 제공되던 노바-네트워크nova-network와는 구분된다. 노바-네트워크가 계속 제공되긴 하지만, 갈수록 뉴트론에 비해 제공하는 기능이 제한적일 것이다.

이 책의 구성

1장, 오픈스택을 위한 네트워크 준비 오픈스택 네트워킹에서 제공하는 다양한 네트워킹 기술에 대해 소개하고, 오픈스택 클라우드를 위한 물리 네트워크를 설계하는 방법에 대해 설명한다.

2장, 오픈스택 설치 CentOS 6.5에서 오픈스택 하바나 버전을 설치하는 방법에 대해 설명한다.

3장, 뉴트론 설치 오픈스택 뉴트론 관련 컴포넌트를 설치하는 방법에 대해 설명한다. 이 과정에서 네트워크 구성에 필요한 에이전트와 플러그인과 함께 뉴트론의 내부 구조에 대해서도 자세히 살펴본다.

4장, 가상 스위칭 인프라 만들기 인스턴스에 대한 L2 연결을 제공하기 위해 LinuxBridge를 설치하고 설정하는 방법에 대해 설명한다. 또한 LinuxBridge를 사용할 때와, OVS를 사용할 때의 구조상의 차이점에 대해서도 설명한다.

5장, 뉴트론 네트워크 생성 뉴트론에서 네트워크와 서브넷을 생성하고, 네트워크에 인스턴스를 붙이고, DHCP와 메타데이터를 제공받는 과정에 대해 살펴본다.

6장, 뉴트론 라우터 생성 뉴트론 라우터를 생성하고, 네트워크에 연결해서, 인스턴스에서 라우터를 통해 통신하는 과정을 살펴보고, 인스턴스에 유동 IP를 제공하는 과정도 살펴본다.

7장, 로드밸런싱 가상 IP와 풀, 풀 멤버, 모니터 등과 같은 뉴트론의 로드 밸런서에 대한 기본 컴포넌트를 소개한다. 그리고 이를 통해 네트워크에 로드 밸런서를 구현하는 방법도 살펴본다.

8장, 네트워크에 연결된 인스턴스 보호 시큐리티 그룹으로 인스턴스 트래픽을 보호하는 방법을 소개한다. 또한 Firewall-as-a-service로 네트워크에 방화벽을 설치하는 방법도 살펴본다.

부록 A, 뉴트론 커맨드 이 책에서 미처 다루지 못한, VPN-as-a-service, 시스코 1000V, VMware/Nicira 관련 커맨드를 소개한다.

부록 B, ML2 설정 기존 LinuxBridge와 OVS 플러그인을 대체할 ML2 플러그인을 설정하는 방법을 소개한다.

준비 사항

이 책에서는 리눅스에서 네트워크 설정을 해보거나, 물리 스위치와 라우터 설정을 해본 경험이 있는 독자를 대상으로 설명한다. 오픈스택을 설치하는 부분부터 설명하고 있지만, 뉴트론 이외의 다른 서비스에 대해서는 거의 소개하지 않는다. 따라서 오픈스택에 대해서는 어느 정도 알고 있어야 뉴트론 관련 설정에 도움이 될 것이다.

이 책에서는 다음과 같은 환경을 기준으로 설명한다.

- 운영체제
  - CentOS 6.5
- 소프트웨어
  - 오픈스택 하바나

오픈스택 패키지를 설치하고, 여러 가지 예제를 실행해보려면 인터넷에 연결되어 있어야 한다. VMware나 버추얼박스VirtualBox와 같은 가상 환경에서 사용할 수도 있지만, 이 책에서는 물리 서버와 네트워크에 오픈스택을 설치하는 환경을 기준으로 설명한다.

이 책의 대상 독자

이 책은 오픈스택 클라우드에서 뉴트론 기능을 활용하려는 초급에서 중급 사이의 오픈스택 클라우드 관리자를 대상으로 집필했다. 오픈스택을 설치하는 것부터 설명하므로, 누구나 이 책에서 소개하는 예제를 쉽게 따라 할 수 있을 뿐만 아니라, 뉴트론을 구성하는 여러 가지 컴포넌트에 대해서도 쉽게 이해할 수 있다. 이 책은 오픈스택 네트워킹 서비스를 개발하는 것이 아닌, 사용하는 데 초점을 맞추고 있으며, 상용 솔루션보다 오픈 소스 소프트웨어를 중심으로 설명한다.

편집 규약

이 책에서는 독자의 이해를 돕고자 다루는 정보에 따라 글꼴 스타일을 다르게 적용했다. 다음 예제와 같다.

문장 중에 사용되는 코드, 데이터베이스 테이블 이름, 사용자가 입력한 값 등은 다음과 같이 표기한다.

"오픈스택은 루트로 설치하거나, 일반 사용자가 sudo 권한으로 설치할 수도 있다."

명령줄 입력이나 결과는 다음과 같이 표기한다.

```
./run spark.examples.GroupByTest local[4]
```

화면에 출력된 대화상자나 메뉴 문구를 문장 중에 사용하는 경우에는 다음과 같이 고딕체로 표기한다.

"노바 서비스의 상태를 보려면 Compute Services 탭을 클릭한다."

 경고 또는 중요한 내용은 이 박스로 표기한다.

 참고사항이나 요령은 이 박스로 표기한다.

독자 의견

이 책에 대한 독자의 의견은 언제나 환영이다. 좋은 점 또는 고쳐야 할 점에 대한 솔직한 의견은 앞으로 더 좋은 책을 발행하는 데 큰 도움이 된다.

독자 의견은 보낼 때는 이메일 제목란에 구입한 책 제목을 적은 후, feedback @packtpub.com으로 전송한다.

만약 독자가 특정 분야의 전문가로서 저자가 되고 싶다면 http://www.packtpub.com/authors를 참조한다.

고객 지원

이 책을 구입한 독자라면 다음과 같은 지원을 받을 수 있다.

이 책에 사용된 예제 코드 다운로드

www.packtpub.com에서 책을 구매할 때 사용한 계정으로 모든 팩트 출판사 책에 대한 예제 코드를 다운로드할 수 있다. 온라인이 아닌 곳에서 구매했다면 www.packtpub.com/support에 방문해 등록하면, 이메일을 통해 예제 파일을 받을 수 있다. 에이콘출판사의 도서정보 페이지 http://www.acornpub.co.kr/book/openstack-network-neutron에서도 예제 코드를 다운로드할 수 있다.

컬러 이미지 파일 다운로드

이 책에 나온 다이어그램이나 스크린샷에 대해서도 PDF 파일로 제공하고 있다. 책에 나온 흑백 그림보다, 컬러 이미지를 보면 이 책을 이해하는 데 좀 더 도움이 될 것이다. 이 파일은 https://www.packtpub.com/sites/default/files/downloads/3308OS_ColoredImages.pdf에서 받을 수 있다. 에이콘출판사 도서 정보 페이지에서도 받을 수 있다.

오탈자 처리

내용을 정확하게 전달하기 위해 최선을 다하지만, 실수가 있을 수 있다. 책에서 텍스트나 코드상의 문제를 발견해서 알려준다면 매우 감사할 것이다. 독자의 참여를 통해 다른 독자에게 도움을 주고, 다음 버전에서 더 완성도 있는 책을 만들 수 있다.

오탈자를 발견하면 http://www.packtpub.com/support에서 errata submission form에 오탈자를 신고해주기 바란다. 내용이 확인되면 웹사이트에 그 내용이 올라가거나, 해당 책의 정오표 섹션에 그 내용이 추가될 것이다. http://www.packtpub.com/support에서 해당 책 제목을 선택하면 지금까지의 정오표를 확인할 수 있다. 한국어판은 에이콘출판사 웹사이트 http://www.acornpub.co.kr/book/openstack-network-neutron에서 찾아볼 수 있다.

저작권 침해

인터넷을 통한 저작권 침해 행위는 모든 매체가 골머리를 앓고 있는 심각한 문제다. 팩트 출판사 또한 저작권과 라이선스 문제를 매우 심각하게 생각한다. 인터넷에서 어떤 형태로든 팩트 책의 불법 복제물을 발견한다면, 적절한 조치를 취할 수 있게 주소나 사이트명을 즉시 알려주길 부탁 드린다.

의심되는 불법 복제물의 링크를 copyright@packtpub.com으로 보내주기 바란다.

더 좋은 책을 만들기 위한 팩트 출판사와 저자들의 노력을 배려해주셔서 감사한다.

질문

이 책에 대한 질문이 있다면 question@packtpub.com을 통해 문의하기 바란다. 최선을 다해 질문에 답할 것이다. 한국어판에 대한 질문은 이 책의 옮긴이나 에이콘출판사 편집팀(editor@acornpub.co.kr)으로 연락주기 바란다.

1
오픈스택을 위한 네트워크 준비

규모가 큰 회사부터 작은 회사에 이르기까지, 오픈스택 소프트웨어로 클라우드를 구축하는 사례가 늘고 있다. 이렇게 구축한 클라우드 시스템의 형태와 규모는 회사마다 다양하지만, 이들 모두 오픈스택의 컴퓨트와 네트워킹 서비스에서 제공하는 확장성과 융통성의 혜택을 누리고 있다.

오픈스택을 비롯한 최신 클라우드 컴퓨팅 플랫폼에서는 소프트웨어 정의 네트워킹SDN, Software-Defined Networking이라는 네트워킹 기술을 활용하고 있다. 기존에는 물리적인 네트워크 장비를 설정하고 이들을 연결하는 작업을 전적으로 네트워크 관리자의 능력에만 의존했지만, SDN 기술을 사용하면 네트워크를 좀 더 하이 레벨의 인터페이스를 통해 자동화된 방식으로 관리할 수 있다. 소프트웨어 정의 네트워킹과 소프트웨어 정의 데이터센터Software-Defined Datacenter는 이제 효율적이고 확장성이 뛰어난 클라우드 컴퓨팅 구축에 필수적인 기반 기술로 자리잡게 됐다.

이 장에서는 오픈스택 네트워킹(코드명 neutron)에서 제공하는 다양한 기능과 구성 요소에 대해 살펴보고, 소프트웨어와 하드웨어 관점에서 이를 설정해 네트워크를 구축하는 방식에 대해 소개한다.

오픈스택 네트워킹이란

오픈스택 네트워킹OpenStack Networking은 독립된 형태의 서비스로서, 다른 오픈스택 서비스와 별도로 설치할 수 있다. 여기서 말하는 다른 서비스로는 컴퓨트 Compute(코드명 노바Nova), 이미지Image(코드명 글랜스Glance), 아이텐티티Identity(코드명 키스톤Keystone), 블록 스토리지Block Storage(코드명 신더Cinder), 대시보드Dashboard(코드명 호라이즌Horizeon) 등이 있다. 오픈스택 네트워킹 서비스는 여러 개의 호스트에 걸쳐 구동되면서 회복탄력성resilience을 제공할 수도 있고, 단일 노드에서만 동작하도록 설정할 수도 있다.

오픈스택 네트워킹에서는 뉴트론-서버neutron-server라는 서비스를 통해 API를 제공하며, 이를 통해 들어온 요청 사항을 처리하도록 기존에 설정된 네트워크 플러그인에게 전달한다. 사용자는 이를 통해 클라우드에 대한 네트워크를 설정할 수 있으며, 관리자는 클라우드의 기능을 강화하기 위해 다양한 네트워킹 기술을 쉽게 활용할 수 있다.

다른 오픈스택 서비스와 마찬가지로, 네트워킹 서비스에서도 데이터베이스를 통해 네트워크 설정 사항을 저장한다.

오픈스택 네트워킹에서 제공하는 기능

오픈스택 네트워킹에서는 스위칭, 라우팅, 로드밸런싱, 방화벽, VPN 등 데이터 센터에서 사용되는 다양한 기술을 제공한다. 이러한 기능은 오픈 소스 소프트웨어나 상용 소프트웨어로 구성할 수 있을 뿐만 아니라, 관리자가 제대로 동작하는 클라우드를 구축하고 관리하는 데 필요한 다양한 도구를 제공한다. 오픈스택 네트워킹에서는 서드 파티Third-party 벤더가 클라우드에 기능을 추가할 수 있는 프레임워크도 제공한다.

스위칭

가상 스위치virtual switch는 가상 머신과 가상 네트워크를 2계층(OSI 모델의 데이터 링크 레이어)에서 연결해주는 소프트웨어 애플리케이션이다. 뉴트론에서는 리눅스브릿지LinuxBridge와 오픈 v스위치OVS, Open vSwitch를 비롯한 다양한 가상 스위칭 플랫폼을 제공한다. OVS는 오픈 소스 가상 스위치로서 NetFlow, SPAN, RSPAN, LACP, 802.1q 등 다양한 표준 관리 인터페이스와 프로토콜을 제공한다. 그러나 이러한 기능 중 대부분은 오픈스택 API를 통해 가려져 있다. VLAN 태깅뿐만 아니라 GRE나 VXLAN 등과 같은 L2-in-L3 터널링 프로토콜을 통해 오버레이overlay 네트워크를 구성할 수도 있다. OVS는 오픈스택에 속하지 않은 하드웨어 스위치나 네트워크 방화벽, 저장 장치, 전용 서버 등과 같은 인스턴스나 디바이스와 통신하는 기능을 제공한다. 오픈스택을 위한 스위칭 플랫폼으로 LinuxBridge와 OVS를 사용하는 방법에 대해서는 4장, '가상 스위칭 인프라 만들기'에서 자세히 다룬다.

라우팅

오픈스택 네트워킹에서는 IP 포워딩, iptables, 네트워크 네임스페이스 등을 통해 라우팅과 NAT 기능을 제공한다. 네트워크 네임스페이스network namespace는 네트워크 스택에 대한 chroot와 같은 역할을 한다. 네트워크 네임스페이스를 들여다보면, 여기서 생성한 소켓과, 포트, 인터페이스 등을 볼 수 있다. 네트워크 네임스페이스마다 자체적인 라우팅 테이블과 iptables 프로세스를 갖추고 있는데, 이를 통해 네트워크 주소 변환NAT과 필터링 등을 처리한다. 네트워크 네임스페이스는 시스코의 VRF, 주니퍼 JunOS의 라우팅 인스턴스, F5 BIG-IP의 라우트 도메인 등과 유사하다. 이러한 네트워크 네임스페이스를 사용하면, 테넌트마다 생성한 네트워크 서브넷이 서로 중첩되지 않도록 해줄 수 있다. 뉴트론에서 라우터를 설정하면 네트워크 외부와 통신할 수도 있다. 오픈스택에서 라우팅을 구현하는 방법은 6장, '뉴트론 라우터 생성'에서 자세히 설명한다.

로드밸런싱

오픈스택 그리즐리Grizzly 버전부터 서비스 형태의 로드밸런싱LBaaS, Load-Balancing-as-a-Service이 도입됐으며, 이를 통해 클라이언트의 요청을 다양한 인스턴스나 서버로 분산할 수 있다. 하바나Havana 버전부터 HAProxy를 로드 밸런서로 활용하는 플러그인을 제공한다. 뉴트론에서 로드밸런싱을 구현하는 방법은 7장, '로드밸런싱'에서 자세히 설명한다.

방화벽

오픈스택에서는 시큐리티 그룹Security Group과 방화벽Firewall이라는 두 가지 방식을 통해 인스턴스와 네트워크의 보안을 제공한다. 시큐리티 그룹Security Group은 원래 오픈스택 컴퓨트의 노바 네트워크nova-network에서 제공되다가, 오픈스택 네트워킹으로 넘어온 기능이다. 시큐리티 그룹을 사용하면, 컴퓨트 노드에 있는 iptables를 통해 인스턴스에 들어가거나 나가는 트래픽을 걸러줄 수 있다. 서비스 형태의 방화벽FWaaS, Firewall-as-a-Service이 도입되면서 컴퓨트 노드가 아닌 라우터에서 보안을 다루게 됐다. 오픈스택 하바나 버전에서 제공되는 FWaaS는 실험적으로 도입된 것으로, 이후 버전에서 하위 호환성을 보장해주지 않는다. 보안에 관련된 자세한 사항은 8장, '네트워크에 연결된 인스턴스 보호'에서 자세히 다룬다.

VPN

가상 사설 네트워크VPN, Virtual Private Network는 사설 네트워크를 인터넷과 같은 공용 네트워크로 확장하여, 공용 네트워크를 통해 데이터를 주고 받을 때, 컴퓨터가 사설 네트워크에 직접 연결된 것처럼 동작한다. 뉴트론에서는 각 테넌트마다 원격 게이트웨이에 대한 IPSec 기반 VPN 터널을 생성할 수 있도록 API를 제공한다. 오픈스택 하바나 버전에서 제공되는 VPNaaS는 실험적으로 도입된 것으로서, 이후 버전에서 하위 호환성을 보장해주지 않는다. 이 책에서는 VPNaaS에 대해 다루지 않는다.

물리적인 인프라 구축

네트워크를 설계할 때, 무엇보다도 클라우드의 목적을 정해야 한다. 다양한 단계의 네트워크 중복성redundancy을 제공하는 확장성이 뛰어난 환경을 구축할 것인지, 아니면 컴퓨트 플랫폼이나 네트워크에 대한 최소한의 회복탄력성resilience만 고려한, 개발자를 위한 샌드박스를 제공할 것인지 결정할 필요가 있다. 라우팅, 스위칭, 애플리케이션 네트워킹 등과 같은 오픈스택 네트워킹에서 제공하는 모든 기능을 활용하는 환경을 구축할 것인지, 아니면 단순히 기존 물리 네트워크를 확장하는 환경을 제공할 것인지도 고려해야 한다.

오픈스택 네트워킹은 클라우드의 성격과 형태에 따라 다양한 기능을 제공하지만, 여러 기술 중 특정 영역에 강점을 가지고 있다. 기본적으로 클라우드의 목적과 보안 요구 사항, 가용한 하드웨어에 따라 네트워크의 아키텍처와 오픈스택의 역할이 결정된다.

오픈스택 포털 사이트인 www.openstack.org에서는 뉴트론 기반 클라우드에 적용할 수 있는 여러 가지 레퍼런스 아키텍처를 제공한다. 이러한 아키텍처에서는 다음과 같은 노드를 조합해 구성한다.

- 컨트롤러 노드

- 네트워크 노드

- 여러 개의 컴퓨트 노드

오픈스택을 설치하기 전에, 클라우드를 운영하는 데 필요한 네트워크의 기반이
되는 물리 네트워크 인프라부터 설정해야 한다. 다음 그림은 네트워크 운영자
가 설정할 물리 인프라와 오픈스택에서 관리할 가상 인프라를 보여주고 있다.

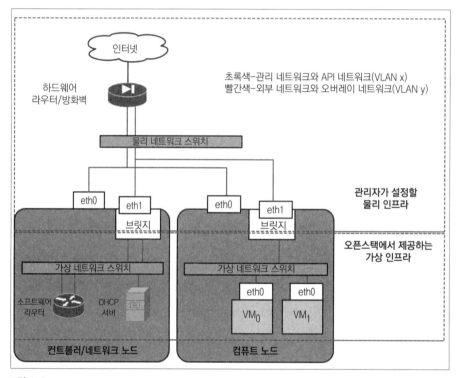

그림 1-1

물리 네트워크 인프라는 오픈스택 네트워킹에 맞게 설정해야 한다. 그림을 보
면, 빨간색으로 표시된 영역이 네트워크 관리자가 담당하는 부분이다. 이 부분
을 설정하기 위해 물리 스위치나 방화벽 장비, 라우터를 설정해야 할 수도 있
고, 서버 인터페이스도 다뤄야 할 수도 있다.

2장부터는 오픈스택 네트워킹에서 제공하는 다양한 기능을 살펴보기 위해 이 책에서 사용할 네트워크와 VLAN을 정의한다. 스위치 포트나 라우터, 방화벽 등에 대한 설정 사항도 차근차근 소개할 것이다.

네트워크의 종류

오픈스택 네트워킹의 레퍼런스 아키텍처를 보면, 최소한 다음과 같은 네 종류의 네트워크를 정의한다.

- 관리 네트워크
- API 네트워크
- 외부 네트워크
- 게스트 네트워크

이렇게 네트워크 트래픽을 구분한다고 해서, 각각마다 전용 인터페이스를 갖출 필요는 없으며, 한 인터페이스를 공유하는 경우도 많다. 구현하려는 네트워크 모델에 따라 네트워킹 서비스가 클라우드 아키텍처 상의 여러 노드에 걸쳐서 동작할 수도 있다. 클라우드를 적용하는 회사마다 적용하는 보안 요구 사항에 따라 클라우드의 구축 방식이 달라질 수도 있다.

관리 네트워크

관리Management 네트워크는 메시징 서비스나 데이터베이스 서비스와 같은 여러 가지 서비스를 구동하는 호스트끼리 내부적으로 통신할 때 사용된다. 모든 호스트는 이 네트워크를 통해 통신하게 되며, 전용 인터페이스를 갖춘 독립된 네트워크로 설정해도 되고, 다음에서 설명하는 다른 네트워크와 결합된 형태로 설정할 수도 있다.

API 네트워크

API 네트워크는 클라우드 사용자와 클라우드에서 제공되는 서비스에게 OpenStack API를 제공하는 용도로 사용된다. 키스톤과 뉴트론, 글랜스, 호라이즌 등과 같은 서비스의 주소는 API 네트워크에서 제공한다.

호스트 자체에 대한 관리 주소나, 다양한 서비스의 리스너 주소로 사용되는 전용 인터페이스는 단일 IP 주소로 설정하는 것이 일반적이다. 이렇게 설정한 사항은 이 장의 뒤에서 다이어그램으로 표현해볼 것이다.

외부 네트워크

외부External 네트워크는 뉴트론 라우터를 통해 접근한다. 라우터를 설정했다면, 이 네트워크를 통해 인스턴스에 대한 유동 IP나 로드 밸런서 VIP를 할당할 수 있다. 이 네트워크에서 사용하는 IP 주소는 인터넷상의 모든 클라이언트에서 접근할 수 있어야 한다.

게스트 네트워크

게스트Guest 네트워크는 인스턴스끼리 데이터를 주고 받는 네트워크다. 게스트 네트워크는 특정 노드에 대해서만 설정된 로컬 네트워크로 구성할 수도 있고, flat 또는 VLAN 태깅된 네트워크로 구성할 수도 있고, GRE나 VXLAN을 이용한 가상 오버레이 네트워크로 구성할 수도 있다. 게스트 네트워크에 대한 자세한 사항은 5장, '뉴트론 네트워크 생성'을 참고하기 바란다.

외부 네트워크와 게스트 네트워크에 사용되는 인터페이스는 전용 인터페이스로 설정할 수도 있고, 다른 네트워크에서 사용하는 인터페이스와 공유할 수도 있다. 각각 나름의 장단점이 존재하며, 자세한 사항은 뒤에서 하나씩 소개한다.

물리적인 서버 연결

호스트마다 필요한 인터페이스의 개수는, 구축하려는 클라우드의 성격과 보안, 성능 요구 사항 등에 따라 달라진다.

서버마다 한 개의 인터페이스만 사용하면, 제어 평면control plane과 데이터 평면data plane이 하나로 합쳐지게 되며, 이렇게 해도 오픈스택 클라우드의 모든 기능이 정상적으로 동작한다. 실제로 이렇게 구축하는 경우가 많으며, 특히 포트 자원이 부족하거나 단순히 테스트할 때, 하나의 인터페이스만 사용하도록 구성한다. 그러나 본격적으로 클라우드를 구축할 때는 제어용 인터페이스와 데이터용 인터페이스를 구분하는 것이 좋다.

단일 인터페이스

단일 인터페이스를 사용하는 호스트에서는 인스턴스에 들어가거나 나가는 트래픽뿐만 아니라 오픈스택 내부 트래픽, SSH 관리 트래픽과 API 트래픽 등이 모두 동일한 인터페이스를 거친다. 이렇게 하면 성능 저하가 심하게 나타날 수 있으며, 특정한 방문자가 호스트의 최대 가용 대역폭을 모두 차지하게 만드는 DoSDenial of Service 공격에 취약해진다. 실제 서비스를 하게 될 클라우드에서는 이 방식을 추천하지 않으며, 테스트나 PoCProof of Concept 용도로만 활용하는 것이 좋다.

다음 그림은 OVS 플러그인으로 모든 트래픽을 하나의 물리 인터페이스로 처리하는 구조를 보여준다. 물리 인터페이스는 네트워크 브릿지에 있으며, 외부와 게스트, 관리, API 트래픽을 모두 처리한다.

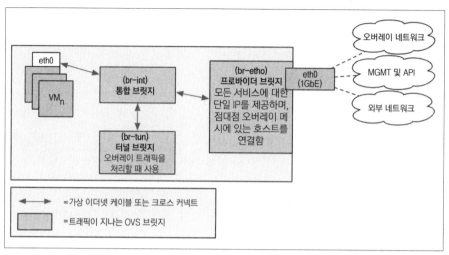

그림 1-2

그림을 보면 모든 오픈스택 서비스와 관리 트래픽이 게스트 트래픽과 동일한 물리 인터페이스를 사용하는 것을 볼 수 있다.

다중 인터페이스

게스트 네트워크의 트래픽이 관리 네트워크의 대역폭이나 보안에 영향을 줄 가능성을 최소화하려면, 여러 개의 물리 인터페이스를 사용하여 트래픽을 분리하는 것이 좋다. 이렇게 하려면 최소한 두 개의 인터페이스가 필요한데, 하나는 관리 및 API 네트워크를 위해 사용되고, 다른 하나는 외부 및 게스트 트래픽을 위해 사용하게 된다. 물론 인터페이스를 더 추가해 트래픽을 더 세분화할 수도 있다. 다음 그림은 OVS 플러그인으로 두 개의 물리 인터페이스를 사용하는 예를 보여준다.

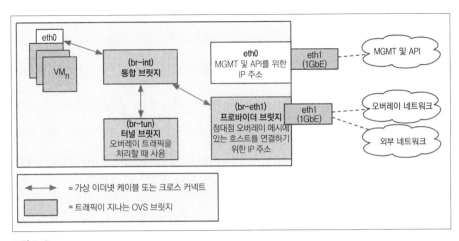

그림 1-3

그림 1-3을 보면, 인스턴스나 오픈스택 네트워킹 서비스(LBaaS, FWaaS 등)에 들어가거나 나오는 트래픽을 별도의 전용 물리 인터페이스로 처리하고, 오픈스택 API와 관리 트래픽은 다른 인터페이스로 처리하도록 구성했다.

본딩

NIC 본딩을 사용하면 여러 링크를 결합해 대역폭을 늘여줄 수 있다. 두 개 이상의 물리 인터페이스를 하나의 가상 인터페이스(본드bond)로 합쳐서, 브릿지에 설치할 수 있다. 단, 물리 스위칭 인프라에서 본딩을 지원해야 한다. 본딩을 사용하면 링크를 서로 합칠 수 있을 뿐만 아니라, 중복된 링크를 만들 수도 있다. 두 링크 모두 한 스위치 또는 한 쌍의 스위치에 동시에 연결될 수 있지만, 한 순간에 한 인터페이스만 활성화될 수 있다. 두 종류의 본딩 기능은 CentOS와 우분투에서 모두 지원하며, 적절한 커널 모듈만 설치하면 된다. 또한 원한다면, 커널에서 기본적으로 제공하는 본딩 기능 대신 OVS에서 제공하는 본딩을 사용해도 된다.

본딩은 클라우드를 위한, 하드웨어 레벨의 네트워크 중복성을 저렴하게 제공해준다. 자신이 사용하는 호스트에 NIC 본딩을 설정하는 방법에 대해서는 다음 링크를 참고하기 바란다.

- CentOS 6.5: https://access.redhat.com/documentation/en-US/Red_ Hat_Enterprise_Linux/6/html/Deployment_Guide/s2-networkscripts- interfaces-chan.html

- 우분투 12.04 LTS: https://help.ubuntu.com/community/UbuntuBonding

여러 노드에 걸쳐 동작하는 서비스 구분

다른 오픈스택 서비스와 마찬가지로, 클라우드 관리자는 오픈스택 네트워킹 서비스를 여러 노드에 걸쳐 구동할 수 있다. 간단한 클라우드에서는 단일 노드만으로 네트워킹과 컴퓨트, 데이터베이스, 메시징 등과 같은 모든 서비스를 제공하지만, 네트워킹 전용 노드를 사용해 소프트웨어 라우터를 통해 들어오는 게스트 트래픽을 처리하거나, 뉴트론 DHCP나 메타데이터 서비스를 제공하면 더 좋다. 몇 가지 대표적인 서비스 배치 모델에 대해 그림과 함께 하나씩 살펴보자.

한 개의 컨트롤러 노드와 한 개 이상의 컴퓨트 노드로 구성된 경우

한 개의 컨트롤러와 한 개 이상의 컴퓨트 노드로 구성된 환경에서, 컨트롤러는 기본적인 네트워킹 서비스뿐만 아니라 오픈스택에서 제공하는 다른 서비스에 대해서도 모두 처리하는 반면, 컴퓨트 노드에서는 컴퓨트 리소스에 대해서만 서비스를 제공한다.

다음 그림을 보면, 컨트롤러 노드가 모든 오픈스택 관리 서비스와 네트워킹 서비스를 제공하는 것을 볼 수 있다. 이때 네트워킹 서비스에서 3계층 에이전트는 사용하지 않고 있다. 두 개의 물리 인터페이스를 사용하여, 제어 평면과 데이터 평면을 구분했다.

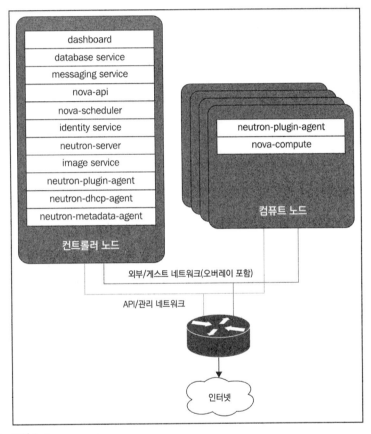

그림 1-4

이 그림에서는 한 개의 컨트롤러와 한 개 이상의 컴퓨트 노드를 사용하는 것을 보여준다. 여기서 뉴트론은 인스턴스에 2계층 연결만 제공한다. 네트워크 세그먼트 간의 라우팅을 지원하려면 외부 라우터가 필요하다.

다음 그림은 뉴트론 L3 에이전트를 비롯한 모든 네트워킹 서비스와 관리 서비스를 하나의 컨트롤러로 제공하는 것을 보여준다. 제어 평면과 데이터 평면을 분리하도록 두 개의 물리 인터페이스를 사용했다.

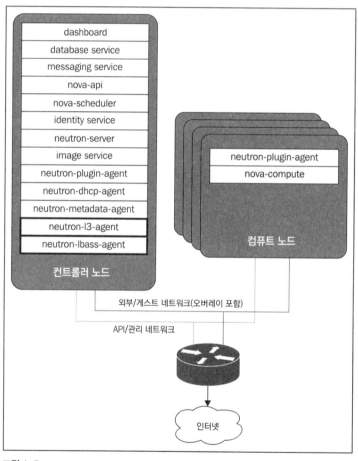

그림 1-5

이 그림을 보면, 한 개의 컨트롤러 노드와 한 개 이상의 컴퓨트 노드를 사용해 뉴트론 L3 에이전트로 네트워크를 설정한 것을 볼 수 있다. 뉴트론에서 생성한 소프트웨어 라우터는 컨트롤러 노드에서 동작하며, 연결된 테넌트 네트워크 간의 라우팅을 처리한다.

한 개의 컨트롤러 노드와 한 개 이상의 컴퓨트 노드, 그리고 별도의 네트워크 노드로 구성된 경우

네트워크 노드는 L3 에이전트, DHCP 에이전트, 메타데이터 에이전트 등 오픈스택에서 제공하는 모든 네트워킹 서비스를 제공하는 역할을 담당한다. 전용 네트워크 노드가 있으면 보안과 회복탄력성을 좀 더 보장해줄 수 있으며, 컨트롤러 노드의 자원이 고갈될 위험을 줄일 수 있다.

다음 그림은 별도의 네트워크를 사용해 L3 에이전트를 포함한 모든 오픈스택 네트워킹 서비스를 제공하는 예를 보여준다. 단, 뉴트론 API(neutron-server)는 컨트롤러 노드에 설치된다. 제어 평면과 데이터 평면을 구분하기 위해 두 개의 물리 인터페이스를 사용했다.

그림 1-6을 보면, 전용 네트워크 노드를 사용하고, 뉴트론 L3 에이전트를 사용하도록 설정했다. 뉴트론에서 생성한 소프트웨어 라우터는 네트워크 노드에서 구동하며, 연결된 테넌트 네트워크 사이의 라우팅을 처리한다. API 서비스를 제공하는 neutron-server는 컨트롤러 노드에서 구동된다.

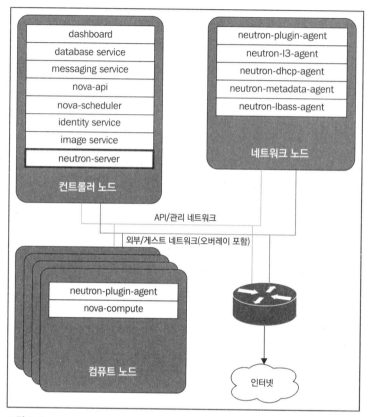

그림 1-6

정리

오픈스택 네트워킹은 데이터센터에서 사용되는 다양한 기술을 가상화되고 프로그래밍 가능한 형태로 사용할 수 있도록 제공한다. 기본적으로 제공되는 기능이 부족하다면, 오픈스택 네트워킹에서 제공하는 플러그인 아키텍처를 통해 서드 파티에서 원하는 기능을 추가할 수 있으며, 오픈 소스뿐만 아니라 상용 제품도 장착할 수 있다. 클라우드를 구축할 때 적용되는 보안 요구 사항과 클라우드의 용도에 따라 물리적인 구성과 관련 서비스 노드 구성이 달라진다.

이 책에서는 하바나 릴리스부터 제공되는 다양한 고급 네트워킹 기능을 활용해 제대로 동작하는 오픈스택 클라우드를 구축하는 방법을 하나씩 소개할 것이다. 2장에서는 CentOS 시스템에 패키지 방식으로 오픈스택을 설치하는 방법을 살펴본다. 그러면서 데이터베이스나 메시징, 아이덴티티, 이미지, 컴퓨트, 대시보드 서비스 등을 설치하고, 설정하고, 동작을 확인해본다. 오픈스택 네트워킹에 대한 설치와 설정 방법에 대해서는 3장, '뉴트론 설치'에서 자세히 다룬다.

2

오픈스택 설치

오픈스택을 설치하고, 설정하고, 관리하는 과정을 일일이 수작업으로 처리하는 과정은 굉장히 힘들다. 여러 서드 파티 벤더들은 Chef, Puppet, Fuel, Ansible 등과 같은 도구를 활용해 오픈스택 기반의 클라우드 소프트웨어를 당장 다운로드해서 다양하게 배치하고 관리할 수 있는 형태로 제공한다.

이 장에서는 CentOS 시스템에 다음과 같은 오픈스택 구성 요소를 패키지로 설치해볼 것이다.

- 키스톤
- 글랜스
- 노바 컴퓨트
- 호라이즌

이 장에서 설명하는 설치 방법은 레드햇 엔터프라이즈 리눅스와 CentOS, 페도라 등에 대한 오픈스택 설치 가이드OpenStack Installation Guide를 기반으로 작성했다. 이 문서는 http://docs.openstack.org에서 볼 수 있다.

오픈스택 기반으로 작성된 서드 파티 클라우드 배포판을 사용하려면, 아래 링크를 참고하기 바란다.

- 랙스페이스Rackspace Private Cloud: http://www.rackspace.com/cloud/private

- 레드햇RedHat RDO: http://openstack.redhat.com

- 미란티스 오픈스택Mirantis OpenStack: http://software.mirantis.com

- 피스톤 클라우드Piston Cloud: http://www.pistoncloud.com

어느 것을 설치해도 이 책에서 설명하는 개념과 예제를 실행하는 데 무리가 없다. 다만 세부적인 구현 사항에 대해서는 별도로 처리해야 한다.

시스템 요구 사항

오픈스택은 데스크탑 컴퓨터부터 엔터프라이즈급 서버에 이르기까지, 다양한 표준 하드웨어에서 구동할 수 있도록 제작됐다. 컴퓨트 노드에 대해서는 인텔의 VT-x나 AMD의 AMD-v와 같은 가상화 기술을 지원하는 프로세서를 사용해야 한다.

이 책에서는 다음와 같은 하드웨어를 최소 사양으로 갖춘 시스템에 오픈스택을 설치하는 것을 기준으로 설명한다.

서버	권장 하드웨어	부가 정보
컨트롤러 노드(네트워크, 볼륨, API, 스케줄러, 이미지 서비스 등 구동)	프로세서: 64비트 x86 메모리: 8GB 램 디스크 공간: 80GB 네트워크: 두 개의 1Gbps NIC	한 개의 NIC만 사용해도 되지만 권장하지 않으며, 이 책에서는 두 개의 NIC를 사용하는 시스템을 대상으로 설명한다.
컴퓨트 노드(가상 인스턴스 구동)	프로세서: 64비트 x86 메모리: 16GB 램 디스크 공간: 80GB 네트워크: 두 개의 1Gbps NIC	한 개의 NIC만 사용해도 되지만 권장하지 않으며, 이 책에서는 두 개의 NIC을 사용하는 시스템을 대상으로 설명한다.

여기서 제시한 사양은 성공적으로 설치한 경험을 토대로 제시한 것이며, 이 사양을 완벽하게 만족하지 않아도 설치될 수도 있다.

OS 요구 사항

오픈스택은 CentOS, 데비안, 페도라, RHEL, openSUSE, SLES, 우분투에 관해 패키지로 제공된다. 이 책에서는 CentOS 6.5가 설치된 호스트를 기준으로 설명한다.

- CentOS 6.5: http://www.centos.org/

이 책을 집필하는 시점을 기준으로 최소 요구 커널 버전은 다음과 같다.

- 커널 버전: 2.6.32-431.20.3.el6.x86_64

이보다 낮은 커널 버전에서는 여러 뉴트론 서비스에서 사용하는 네트워크 네임스페이스를 제대로 지원하지 않을 수도 있다.

물리 네트워크 구성

다음 그림은 각 호스트의 물리 네트워크 구성을 보여준다.

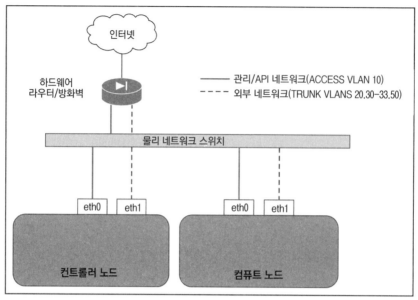

관리/API 네트워크(ACCESS VLAN 10)
외부 네트워크(TRUNK VLANS 20.30~33.50)

그림 2-1

그림을 보면, 각 호스트마다 두 개의 인터페이스를 장착해 각각 케이블에 연결했다. eth0 인터페이스는 오픈스택 서비스와 API에 대한 관리 인터페이스를 담당하고, eth1은 외부와 테넌트 트래픽에 대한 프로바이더 브릿지와 터널 인터페이스를 담당한다.

최소한 관리 인터페이스만큼은 외부 인터넷에 나갈 수 있게 IP 주소를 설정해야 한다. 인터넷을 통해 패키지 저장소로부터 오픈스택 패키지를 다운로드해야 하기 때문이다. 외부에서 관리 네트워크 주소로 들어오는 트래픽은 가급적 SSH(TCP 포트 22번)을 통하게 설정하는 것이 좋다.

이 책에서는 다양한 오픈스택 서비스를 설정하고 사용하는 예를 보여준다. 오픈스택에서 사용할 네트워크의 VLAN과 주소를 다음과 같이 설정한다.

VLAN 이름	VLAN ID	네트워크
MGMT_NET	10	10.254.254.0/24
OVERLAY_NET	20	172.18.0.0/24
GATEWAY_NET	50	10.50.0.0/24
TENANT_NET30	30	10.30.0.0/24
TENANT_NET31	31	10.31.0.0/24
TENANT_NET32	32	10.32.0.0/24
TENANT_NET33	33	10.33.0.0/24

예제에서 각 호스트 인터페이스에 설정할 IP 주소와 VLAN ID는 다음과 같다.

호스트 이름	인터페이스	IP 주소	스위치 포트
controller. learningneutron.com	eth0	10.254.254.100	액세스 포트(VLAN 10, 태깅 안함)
	eth1	선만 연결해 두고 여기에서 는 설정하지 않음	트렁크 포트(VLAN 20, 30-33, 50)
compute01. learningneutron.com	eth0	10.254.254.101	액세스 포트(VLAN 10, 태깅 안함)
	eth1	선만 연결해 두고 여기에서 는 설정하지 않음	트렁크 포트(VLAN 20, 30-33, 50)

각 서버에 있는 eth1 인터페이스는 4장, '가상 스위칭 인프라 만들기'에서 설
정한다. 일단 지금은 선만 연결해 두고, 해당 스위치 포트를 트렁크로만 설정
한다. 연결이 끊길 경우를 대비해 외부에서 접근할 수 있게 DRAC이나 iLo 등
과 같은 메커니즘을 통해 설정하면 좋다.

인터페이스 설정

CentOS에서는 각 인터페이스에 대한 설정을 별도의 인터페이스 파일에 기록한다. 시스템이 부팅되면 이러한 파일을 읽고, 어떤 인터페이스를 구동시키고, 어떻게 설정할지를 결정한다. 인터페이스 설정 파일은 /etc/sysconfig/network-scripts/에서 볼 수 있다.

 예제 코드 다운로드하기

팩트 출판사에서 제공하는 모든 예제 코드는 http://www.packtpub.com에서 책을 구입할 때 사용한 계정으로 접속하여 다운로드할 수 있다. 웹 사이트가 아닌 다른 곳에서 이 책을 구입했다면 http://www.packtpub.com/support로 가서 등록하면, 이메일로 예제 파일을 보내줄 것이다. 에이콘 출판사의 도서 정보 페이지에서도 다운로드할 수 있다.

텍스트 편집기를 통해 다음과 같이 eth0의 설정 사항을 변경해보자.

```
# nano /etc/sysconfig/network-scripts/ifcfg-eth0
```

컨트롤러 노드의 eth0 설정은 다음과 같다.

```
DEVICE=eth0
TYPE=Ethernet
ONBOOT=yes
NM_CONTROLLED=yes
BOOTPROTO=static
IPADDR=10.254.254.100
NETMASK=255.255.255.0
GATEWAY=10.254.254.1
```

컴퓨트 노드의 eth0 설정은 다음과 같다.

```
DEVICE=eth0
TYPE=Ethernet
ONBOOT=yes
NM_CONTROLLED=yes
BOOTPROTO=static
```

```
IPADDR=10.254.254.101
NETMASK=255.255.255.0
GATEWAY=10.254.254.1
```

변경 사항을 반영하려면 각 노드에서 ifdown과 ifup 커맨드를 차례대로 실행시켜준다.

```
# ifdown eth0; ifup eth0
```

준비 작업

오픈스택을 성공적으로 설치하도록, 다음과 같이 시스템에서 몇 가지 준비 작업을 해줘야 한다.

접근 권한

오픈스택 서비스는 root로 설치할 수도 있고, 일반 사용자가 sudo 명령을 통해 설치할 수도 있다. 후자의 방식을 사용하려면, 각 호스트마다 해당 사용자를 sudoers 파일에 추가해둬야 한다. sudoers에 대한 설정 방법은 다음 페이지를 참고하기 바란다.

- http://wiki.centos.org/TipsAndTricks/BecomingRoot

별도로 명시하지 않는 한 모든 설치 과정을 루트 권한으로 진행한다.

오픈스택 리포지터리 설정

CentOS에서 오픈스택을 설치할 때, 레드햇 RDO 리포지터리로부터 패키지를 내려받아 설치한다. 이 RDO 리포지터리를 사용하려면, 모든 호스트에 rdo-release-havana 패키지를 다운로드하여 설치해야 한다.

```
# rpm -ivh http://repos.fedorapeople.org/repos/openstack/openstack-
havana/rdo-release-havana-8.noarch.rpm
```

EPEL 패키지에는 GPG 키가 포함돼 있어서 패키지와 리포지터리 정보에 대해 서명을 할 수 있으므로, 이 패키지도 모든 호스트에 설치해야 한다.

```
# rpm -ivh http://dl.fedoraproject.org/pub/epel/6/x86_64/epel-
release-6-8.noarch.rpm
```

오픈스택 유틸리티 설치

이 책에서는 여러 서비스를 쉽고 일관성 있게 설정할 수 있도록 crudini 유틸리티를 사용한다. 이 유틸리티를 사용하면 설정 파일 전체를 덮어쓰지 않고도, 일부분을 덮어쓰거나 새로운 항목을 추가할 수 있다. 각 호스트에서 다음과 같은 명령을 실행하여 crudini를 설치한다. 여기서는 오픈스택 설정 패키지인 openstack-utils도 함께 설치했다.

```
#yum -y install crudini openstack-utils
```

호스트네임 설정

오픈스택을 설치하기 전에, 각 노드에 호스트네임이 적절히 설정됐는지 확인한다. 각 호스트에서 /etc/sysconfig/network 파일을 텍스트 에디터로 열고, HOSTNAME 값을 호스트에 따라 다음과 같이 적절히 설정한다.

- 컨트롤러 노드: HOSTNAME=controller.learningneutron.com
- 컴퓨트 노드: HOSTNAME=compute01.learningneutron.com

각 호스트간 통신을 간소화하도록 DNS나 로컬 네임 리졸버로 호스트네임을 파악할 수 있게 설정하는 것이 좋다. 각 호스트마다 /etc/hosts 파일을 텍스트 에디터로 열고, 모든 노드의 IP 주소와 호스트네임을 적어준다.

```
10.254.254.100 controller.learningneutron.com controller
10.254.254.101 compute01.learningneutron.com compute01
```

SELinux 끄기

서비스간 통신에 문제가 발생하지 않도록, 설치하고 테스트하는 동안 모든 노드에 SELinux 보안 정책을 꺼둔다.

SELinux는 다음과 같은 세 가지 상태 중 하나로 설정할 수 있다.

- enforcing: SELinux 보안 정책이 적용된 상태
- permissive: SELinux에서 보안 정책을 적용하는 대신, 경고 메시지만 출력한다.
- disabled: SELinux 정책을 로딩하지 않는다.

SELinux를 끄려면 /etc/selinux/config 파일을 열고, SELinux 값을 disabled 로 변경한다. 다음과 같은 명령으로도 이 값을 간단히 변경할 수 있다.

```
# sed -i "/SELINUX=enforcing/c\SELINUX=disabled" /etc/selinux/config
```

iptables 룰 삭제

CentOS의 디폴트 설정에서는 iptables 룰을 다소 엄격하게 적용하고 있다. 들어오는 모든 트래픽을 허용하도록 다음과 같이 iptables 방화벽 서비스를 수정한다.

```
# iptables -D INPUT -j REJECT --reject-with icmp-host-prohibited
# iptables -D FORWARD -j REJECT --reject-with icmp-host-prohibited
# service iptables save
```

이처럼 룰을 변경하는 것은 어디까지나 설치 과정에서 발생할 수 있는 문제를 최소화하기 위한 것이며, 실제 배포 단계에서는 적절한 룰을 적용해줘야 한다. 오픈스택 보안에 대한 자세한 사항은 http://docs.openstack.org/sec/를 참고하기 바란다.

NTP 설치와 설정

오픈스택 서비스에서 각 호스트 간의 시간을 동기화하고 일관성있게 유지하도록 NTP~Network Time Protocol~과 같은 시간 동기화 프로그램을 사용한다. 노바(컴퓨트)에서는 각 컴퓨트 노드에서 구동되는 VM을 스케줄링할 때 발생하는 문제점을 최소화하도록 시간을 동기화한다. 다른 서비스도 시간이 동기화되지 않을 경우, 비슷한 문제가 발생할 수 있다.

NTP를 설치하려면 각 노드에서 다음과 같이 명령을 실행시킨다.

```
# yum -y install ntp
# service ntpd start
```

우분투와 달리 RHEL과 CentOS에서는 서비스를 설치한 뒤에 자동으로 구동시키지 않는다. 부팅할 때 NTP가 구동되게 하려면 다음과 같이 chkconfig 명령으로 설정한다.

```
# chkconfig ntpd on
```

다른 서비스에 대해서도 이와 같은 방식으로 설정한다.

시스템 업그레이드

오픈스택을 설치하기 전에, 각 노드의 커널과 관련 시스템 패키지를 CentOS 6.5에서 지원하는 최신 버전으로 업그레이드해야 한다. 각 노드에서 다음과 같이 yum 명령을 실행시키고, 리부팅하면 변경 사항을 반영시킬 수 있다.

```
# yum -y upgrade
# reboot
```

오픈스택 설치

이제 하나의 컨트롤러 노드와 하나의 컴퓨트 노드로 구성한 시스템에 키스톤과 글랜스, 노바 컴퓨트, 호라이즌 등과 같은 오픈스택 서비스를 설치해보자. 오픈스택 네트워킹 서비스인 뉴트론은 다음 장에서 설치한다.

friesty 2015.01.01

MySQL 데이터베이스 서버 설치와 설정

컨트롤러 노드에서 다음과 같이 yum 명령을 통해 MySQL 데이터베이스 서버를 설치한다.

```
# yum -y install mysql mysql-server MySQL-python
```

설치가 끝나면 MySQL의 IP 주소를 설정하도록 다음과 같이 /etc/my.cnf 설정 파일에 bind-address 항목을 추가한다. 이렇게 하면 다른 호스트에서도 MySQL에 연결할 수 있게 된다. bind-address 항목의 값은 컨트롤러 노드의 (관리 네트워크상의) IP로 지정한다.

```
# crudini --set /etc/my.cnf mysqld bind-address 10.254.254.100
```

이제 mysqld를 구동하고, 부팅할 때 시작하도록 설정한다.

```
# service mysqld start
# chkconfig mysqld on
```

이제 MySQL 보안 설치 유틸리티를 사용해 디폴트 MySQL 데이터베이스를 빌드하고, MySQL의 루트 사용자에 대한 패스워드를 설정한다. 다음과 같이 명령을 실행하면 MySQL에 대한 설치와 설정 프로세스를 시작한다.

```
# mysql_secure_installation
```

MySQL을 설치하는 동안, 패스워드를 요구하는 프롬프트가 뜨면서 여러 가지 설정 사항을 입력할 것이다. 여기서는 루트 패스워드로 openstack을 사용한다. 실제로 클라우드를 운영하는 단계에서는 이보다 더 안전한 패스워드로 변경하기 바란다.

나머지 질문 사항에 대해 [Y]es를 선택하면 설정 프로세스가 종료된다. 이제 컨트롤러 노드에 MySQL 서버가 성공적으로 설치됐다.

MySQL 데이터베이스 클라이언트 설치

컴퓨트 노드에서는 MySQL 서버가 아닌, MySQL 클라이언트로 설정해야 한다. 컴퓨트 노드(compute01)에서 다음과 같이 명령을 실행하여 MySQL 클라이언트를 설치한다.

```
# yum -y install mysql MySQL-python
```


메시징 서버 설치와 설정

오픈스택 기반 클라우드에서 메시징 기술로 AMQPAdvanced Message Queue Protocol를 사용한다. 노바와 신더, 뉴트론과 같은 컴포넌트는 API를 호출할 때 내부적으로 AMQP로 통신한다. 먼저 AMQP 브로커인 Qpid를 설치하는 과정을 살펴보자. 이 외에도 RabbitMQ나 ZeroMQ 등도 많이 사용한다.

컨트롤러 노드에서 다음과 같이 명령을 실행시켜 메시징 서버를 설치한다.

```
# yum -y install qpid-cpp-server memcached
```

설치 과정을 단축하도록 /etc/qpidd.conf 파일을 열고 auth 옵션 값을 no로
설정해 Qpid 인증 과정을 끈다.

```
# sed -i "/^auth/s/auth=yes/auth=no/" /etc/qpidd.conf
```

 테스트 환경에서는 인증을 꺼도 되지만, 실제 배포 단계에서는 활성화시켜야 한다. 인증을
사용하는 방법에 대한 자세한 사항은 Qpid 문서를 참고하기 바란다.

다음과 같이 qpid 서비스를 구동시키고, 부팅할 때 자동으로 구동되도록 설정
한다.

```
# service qpidd start
# chkconfig qpidd on
```

아이덴티티 서비스 설치와 설정

오픈스택에서 아이덴티티Identity 서비스를 제공하는 키스톤Keystone은 오픈스
택 클라우드의 사용자와 서비스에 대한 인증authentication과 권한 검사authorization
를 담당한다. 키스톤은 컨트롤러 노드에만 설치할 수 있으며, python-
keystoneclient도 함께 설치해야 한다.

```
# yum -y install openstack-keystone python-keystoneclient
```

crudini를 사용해 키스톤에서 데이터베이스로 MySQL을 사용하도록 설정한
다. 여기서는 유저네임과 패스워드를 모두 keystone으로 사용한다.

```
# crudini --set /etc/keystone/keystone.conf sql connection mysql://
keystone:keystone@controller/keystone
```

이 책에서는 설정 과정을 간소화하기 위해 안전하지 않은 패스워드를 사용했지만, 실제 배포 단계에서는 이렇게 쓰면 안 된다. http://www.strongpasswordgenerator.org를 통해 강력한 패스워드를 생성할 수 있다.

openstack-db 커맨드로 키스톤 데이터베이스와 관련 테이블, 그리고 키스톤 서비스에서 데이터베이스에 접속할 때 사용할 데이터베이스 사용자 이름인 keystone을 생성한다.

```
# openstack-db --init --service keystone --password keystone
```

MySQL root 사용자의 패스워드를 물어보는 프롬프트가 뜰 것이다. 변경하지 않았다면, 앞서 설정했던 openstack을 입력한다.

이제 키스톤과 다른 오픈스택 서비스가 공유하기 위한 인증 토큰을 정의한다. 이렇게 정의한 인증 토큰, admin_token은 관리자 권한을 가진 사용자가 정해지지 않았거나 패스워드를 잃어버린 경우에, 키스톤에 대한 설정을 변경할 때 사용할 수 있다. 클라이언트에서 키스톤에 대해 호출할 때 이러한 인증 토큰도 함께 전달되는데, 키스톤에서는 이 토큰을 검사하여 올바른 것이라고 확인된 경우에만 클라이언트에서 요청한 동작을 수행한다.

OpenSSL로 랜덤 토큰을 생성하여 설정 파일에 저장한다.

```
# ADMIN_TOKEN=$(openssl rand -hex 10)
# crudini --set /etc/keystone/keystone.conf DEFAULT admin_token
$ADMIN_TOKEN
```

디폴트 설정에 의하면, 키스톤은 인증을 처리할 때 PKI 토큰을 사용한다. 서명 키와 인증서는 다음과 같은 단계를 거쳐 생성한다.

```
# keystone-manage pki_setup --keystone-user keystone --keystone-group
keystone
# chown -R keystone:keystone /etc/keystone/* /var/log/keystone/
keystone.log
```

crudini를 사용하여 provider 값을 PKI로 설정하도록 /etc/keystone/keystone.conf를 편집한다.

```
# crudini --set /etc/keystone/keystone.conf token provider keystone.
token.providers.pki.Provider
```

이제 다음과 같이 명령을 실행해 키스톤 서비스를 구동시키고, 부팅할 때 자동으로 시작하도록 설정한다.

```
# service openstack-keystone start
# chkconfig openstack-keystone on
```

키스톤에서 사용자와 테넌트, 롤 정의

키스톤 설치가 끝났다면, 이제 여러 오픈스택 서비스에서 사용할 테넌트tenant와 사용자, 롤role, (서비스의) 엔드포인트endpoint 등을 설정하자.

일반적으로 유저네임과 패스워드는 키스톤을 통해 인증할 때 사용한다. 아직 사용자를 생성한 적이 없으므로, 앞서 생성해 둔 인증 토큰을 사용해야 한다. 이 토큰은 keystone 커맨드의 --os-token 옵션을 통해 전달하거나, OS_SERVICE_TOKEN 환경 변수의 값으로 설정할 수 있다. 여기서는 OS_SERVICE_TOKEN과 OS_SERVICE_ENDPOINT 환경 변수를 사용하여 인증 토큰과 키스톤 서비스가 구동되는 위치(엔드포인트)를 지정한다.

이러한 환경 변수는 export 커맨드로 설정한다. OS_SERVICE_TOKEN 값은 앞서 설정한 $ADMIN_TOKEN 값으로 지정한다.

```
# export OS_SERVICE_TOKEN=$ADMIN_TOKEN
# export OS_SERVICE_ENDPOINT=http://controller:35357/v2.0
```

키스톤에서 테넌트tenant는 사용자에 대한 논리적인 그룹으로, 여기에 리소스가 할당된다. 이처럼 리소스는 사용자에 직접 할당되지 않고 테넌트에 할당된다. 관리자를 위해 admin 테넌트를 생성하고, 다른 오픈스택 서비스를 위해

service 테넌트를 생성한다.

```
# keystone tenant-create --name=admin --description="Admin Tenant"
# keystone tenant-create --name=service --description="Service Tenant"
```

나중에 다른 클라우드 사용자를 위한 테넌트도 생성할 수 있다. 이제 관리자를 위한 admin 사용자를 생성한다. admin 사용자에 대한 패스워드와 이메일 주소도 설정한다.

```
# keystone user-create --name=admin --pass=secrete --email=admin@
learningneutron.com
```

admin 사용자를 생성했다면 관리자 역할의 admin 롤을 생성한다.

```
# keystone role-create --name=admin
```

생성한 모든 롤은 오픈스택 서비스의 policy.json 파일에 정의된 롤 중 하나에 매핑되어야 한다. 디폴트로 제공되는 정책 파일에서는 admin 롤로 서비스에 접근한다. 키스톤에서 사용자 계정을 관리하는 방법에 대한 자세한 사항은 http://docs.openstack.org/admin-guide-cloud/content/keystone-user-management.html을 참고하기 바란다.

마지막으로 admin 테넌트로 admin 사용자가 로그인할 때, admin 롤을 맡도록 설정한다.

```
# keystone user-role-add --user=admin --tenant=admin --role=admin
```

키스톤에서 서비스와 API 엔드포인트 정의

설치된 모든 오픈스택 서비스는 키스톤에 등록해야 한다. 그래야 네트워크 상의 위치를 추적할 수 있다. 서비스를 등록할 때 다음과 같은 두 가지 커맨드를 사용한다.

- keystone service-create: 생성할 서비스를 표현한다.
- keystone endpoint-create: 서비스의 API 엔드포인트를 설정한다.

키스톤도 하나의 서비스이므로, 반드시 등록해줘야 한다. 키스톤에 대한 서비스 엔트리는 다음과 같은 커맨드로 생성할 수 있다.

```
# keystone service-create --name=keystone --type=identity
--description="Keystone Identity Service"
```

커맨드를 실행시키면, 다음과 같이 테이블 형태로 결과가 표시된다. 여기에 나온 ID는 나중에 실행할 커맨드에서 사용한다.

```
+-------------+----------------------------------+
|  Property   |              Value               |
+-------------+----------------------------------+
| description | Keystone Identity Service        |
| id          | 47b36f2684e94cfdbd78ba912e6091ec |
| name        | keystone                         |
| type        | identity                         |
+-------------+----------------------------------+
```

이번에는 앞에서 실행한 커맨드에서 리턴한 ID로 아이덴티티 서비스의 API 엔드포인트를 지정한다. 엔드포인트를 지정할 때 공용 API와 내부 API, 관리자 API에 대한 URL을 지정해야 한다. 여기서 지정한 세 가지 URL이 네트워크 설정 사항과 NAT 사용 여부에 따라, 세 종류의 서로 다른 IP 네트워크에 대한 주소가 될 수도 있다. URL을 채울 때 컨트롤러에 대한 짧은 이름을 사용할 것이다. 한 호스트에서 다른 호스트를 참조할 때 DNS나 로컬 /etc/hosts를 이용해 호스트네임으로 참조한다. 이에 대한 커맨드는 다음과 같이 구성된다.

```
# keystone endpoint-create \
  --service-id=`keystone service-get keystone | awk '/ id / { print
$4}'` \
  --publicurl=http://controller:5000/v2.0 \
  --internalurl=http://controller:5000/v2.0 \
  --adminurl=http://controller:35357/v2.0
```

이를 실행시키면 다음과 같은 결과를 얻는다.

```
+-------------+----------------------------------+
|  Property   |              Value               |
+-------------+----------------------------------+
| adminurl    | http://controller:35357/v2.0     |
| id          | 7c1112c14cd8494fbd8dadb09581926f |
| internalurl | http://controller:5000/v2.0      |
| publicurl   | http://controller:5000/v2.0      |
| region      | regionOne                        |
| service_id  | 47b36f2684e94cfdbd78ba912e6091ec |
+-------------+----------------------------------+
```

키스톤이 제대로 설치됐는지 확인

키스톤이 제대로 설치됐는지 확인하기 위해 다음과 같이 unset 커맨드로 OS_SERVICE_TOKEN과 OS_SERVICE_ENDPOINT 환경 변수를 해제한다. 이 변수는 관리자와 키스톤 서비스를 등록할 때만 필요한 것이다.

```
# unset OS_SERVICE_TOKEN OS_SERVICE_ENDPOINT
```

환경 변수가 해제되면 유저네임으로 인증할 수 있어야 한다. 앞서 지정한 admin 유저네임과 패스워드로 인증 토큰을 요청할 수 있다.

```
# keystone --os-username=admin --os-password=secrete --os-auth-
url=http://controller:35357/v2.0 token-get
```

키스톤이 제대로 설치됐다면, 지정한 사용자 ID에 대해 토큰을 요청하면 제대로 응답해야 한다. 이렇게 함으로써 적절한 credential로 사용자 계정이 제대로 생성됐는지 확인할 수 있다. 위 커맨드를 실행한 결과는 다음과 같다.

```
+----------+----------------------------------+
| Property |              Value               |
+----------+----------------------------------+
| expires  |       2014-07-25T00:45:46Z        |
|    id    |      <Base64로 인코딩된 토큰>      |
| user_id  | 6d8b854881ff4568a22342fae7cc4df6 |
+----------+----------------------------------+
```

이번에는 테넌트의 인증이 제대로 처리되는지 확인해보자.

```
# keystone --os-username=admin --os-password=secrete --os-tenant-
name=admin --os-auth-url=http://controller:35357/v2.0 token-get
```

이 커맨드를 실행시키면 새로운 토큰을 리턴하는데, 이번에는 admin 테넌트의 테넌트 ID를 얻게 된다. 이를 통해 사용자 계정이 지정한 테넌트의 롤이 명시적으로 정의됐는지, 그리고 해당 테넌트가 실제로 존재하는지를 확인할 수 있다.

환경 변수 설정

오픈스택 커맨드를 실행시킬 때마다 credential을 지정하는 번거로움을 피하려면, 필요할 때마다 환경 변수 값을 로드할 수 있도록 파일에 담아두면 좋다.

```
# mkdir ~/credentials

# cat >> ~/credentials/admin <<EOF
export OS_USERNAME=admin
export OS_PASSWORD=secrete
export OS_TENANT_NAME=admin
export OS_AUTH_URL=http://controller:35357/v2.0
EOF
```

파일로부터 환경 변수를 로드할 때 source 커맨드를 사용한다. 키스톤의 동작을 테스트하기 위해 다음과 같은 커맨드를 실행시켜보자.

```
# source ~/credentials/admin
# keystone token-get
# keystone user-list
```

키스톤이 제대로 설정됐다면 요청한 토큰과 사용자 리스트가 다음과 같이 리턴될 것이다.

```
[root@controller ~]# keystone user-list
+----------------------------------+-------+---------+-----------------------------+
|                id                | name  | enabled |            email            |
+----------------------------------+-------+---------+-----------------------------+
| 6d8b854881ff4568a22342fae7cc4df6 | admin |  True   | admin@learningneutron.com   |
+----------------------------------+-------+---------+-----------------------------+
```

이미지 서비스 설치와 설정

오픈스택에서는 글랜스Glance라는 이미지 서비스를 제공한다. 이 서비스는 인스턴스의 이미지와 스냅샷을 저장해뒀다가, 인스턴스가 생성될 때 컴퓨트 노드에게 이미지를 제공한다.

글랜스를 설치하려면 컨트롤러 노드에서 다음과 같이 커맨드를 실행시킨다.

```
# yum -y install openstack-glance
```

openstack-db 커맨드로 글랜스 데이터베이스를 초기화하고, glance라는 사용자를 MySQL에 추가한다.

```
# openstack-db --init --service glance --password glance
```

crudini로 글랜스 설정 파일에 SQL 연결 스트링을 설정한다.

```
# crudini --set /etc/glance/glance-api.conf DEFAULT sql_connection
mysql://glance:glance@controller/glance
# crudini --set /etc/glance/glance-registry.conf DEFAULT sql_
connection mysql://glance:glance@controller/glance
```

그런 다음, 아래와 같이 키스톤에 glance라는 사용자를 추가하고, 적절한 롤을 설정한다.

```
# keystone user-create --name=glance --pass=glance --email=glance@
learningneutron.com
# keystone user-role-add --user=glance --tenant=service --role=admin
```

crudini로 글랜스 설정 파일에 키스톤 속성을 설정한다.

```
# crudini --set /etc/glance/glance-api.conf keystone_authtoken auth_
host controller
# crudini --set /etc/glance/glance-api.conf  keystone_authtoken admin_
user glance
# crudini --set /etc/glance/glance-api.conf keystone_authtoken admin_
tenant_name service
# crudini --set /etc/glance/glance-api.conf keystone_authtoken admin_
password glance
# crudini --set /etc/glance/glance-registry.conf keystone_authtoken
auth_host controller
# crudini --set /etc/glance/glance-registry.conf keystone_authtoken
admin_user glance
# crudini --set /etc/glance/glance-registry.conf keystone_authtoken
admin_tenant_name service
# crudini --set /etc/glance/glance-registry.conf keystone_authtoken
admin_password glance
```

글랜스에서 제공하는 디폴트 설정 파일을 다음과 같이 복사한 뒤, 적절히 수정한다.

```
# cp /usr/share/glance/glance-api-dist-paste.ini /etc/glance/glance-
api-paste.ini
# cp /usr/share/glance/glance-registry-dist-paste.ini /etc/glance/
glance-registry-paste.ini
```

앞에서 실행한 커맨드에 나온 파일들은 다음과 같은 옵션을 담고 있도록 반드시 수정해야 한다.

```
# crudini --set /etc/glance/glance-api-paste.ini filter:authtoken auth_
host controller
# crudini --set /etc/glance/glance-api-paste.ini filter:authtoken
admin_user glance

# crudini --set /etc/glance/glance-api-paste.ini filter:authtoken
admin_tenant_name service
# crudini --set /etc/glance/glance-api-paste.ini filter:authtoken
admin_password glance
```

```
# crudini --set /etc/glance/glance-api-paste.ini filter:authtoken flavor
keystone

# crudini --set /etc/glance/glance-registry-paste.ini filter:authtoken
auth_host controller
# crudini --set /etc/glance/glance-registry-paste.ini filter:authtoken
admin_user glance
# crudini --set /etc/glance/glance-registry-paste.ini filter:authtoken
admin_tenant_name service
# crudini --set /etc/glance/glance-registry-paste.ini filter:authtoken
admin_password glance
# crudini --set /etc/glance/glance-registry-paste.ini filter:authtoken
flavor keystone
```

이제 글랜스 서비스를 구동한 다음 부팅할 때 자동으로 실행되도록 설정한다.

```
# service openstack-glance-api start
# service openstack-glance-registry start
# chkconfig openstack-glance-api on
# chkconfig openstack-glance-registry on
```

키스톤에 글랜스 서비스와 API 엔드포인트 정의

다른 오픈스택 서비스와 마찬가지로 글랜스도 service-create와 endpoint-create 커맨드로 키스톤 데이터베이스에 추가해야 한다.

```
# keystone service-create --name=glance --type=image
--description="Glance Image Service"
```

이 커맨드를 실행시키면 다음과 같은 결과를 얻게 된다.

```
+-------------+----------------------------------+
|  Property   |              Value               |
+-------------+----------------------------------+
| description |       Glance Image Service       |
|     id      | bbbacfbe630341b181659f00a2ef6a90 |
```

```
|    name    |           glance               |
|    type    |           image                |
+------------+--------------------------------+
```

여기서 얻은 id 값을 아래의 커맨드에서 service-id 값으로 지정한다.

```
# keystone endpoint-create \
  --service-id=`keystone service-get glance | awk '/ id / { print $4
}'` \
  --publicurl=http://controller:9292 \
  --internalurl=http://controller:9292 \
  --adminurl=http://controller:9292
```

이 커맨드를 실행시킨 결과는 다음과 같다.

```
+-------------+----------------------------------+
|  Property   |             Value                |
+-------------+----------------------------------+
|  adminurl   |      http://controller:9292      |
|     id      | 32504596c4cc4661a04adbf1dfb97c08 |
| internalurl |      http://controller:9292      |
|  publicurl  |      http://controller:9292      |
|   region    |            regionOne             |
| service_id  | bbbacfbe630341b181659f00a2ef6a90 |
+-------------+----------------------------------+
```

글랜스 서비스가 제대로 설치됐는지 확인

글랜스가 제대로 설치됐는지 확인하기 위해, 인터넷에서 테스트 이미지를 다운로드한 다음 이미지 서버에 제대로 업로드되는지 확인해보자.

```
# mkdir /var/tmp/images ; cd /var/tmp/images/
# wget http://cdn.download.cirros-cloud.net/0.3.1/cirros-0.3.1-x86_64-
disk.img
```

다음과 같이 커맨드를 실행시켜 이미지를 글랜스에 업로드해보자.

```
# glance image-create --name=CirrOS-0.3.1 --disk-format=qcow2
--container-format=bare --is-public=true --file /var/tmp/images/cirros-
0.3.1-x86_64-disk.img
```

image-list 커맨드를 실행해 글랜스에 이미지가 올라갔는지 확인보자. 제대로 설정됐다면 다음과 같은 결과를 볼 수 있다.

CirrOS에서 제공하는 기능은 거의 없지만, 오픈스택 컴퓨트 기능을 확인하는 용도로 굉장히 유용하다. CirrOS 말고도 오픈스택에서 당장 쓸 수 있는 이미지로 다음과 같은 것이 있다.

- 우분투 클라우드 이미지: http://cloud-images.ubuntu.com/
- 레드햇 기반 이미지: http://openstack.redhat.com/Image_resources

원격에 저장된 이미지를 설치하려면 다음과 같이 --file 대신 --location 옵션을 사용한다.

```
# glance image-create --name=Ubuntu-14.04 --disk-format=qcow2
--container-format=bare --is-public=true --location http://cloud-
images.ubuntu.com/trusty/current/trusty-server-cloudimg-amd64-disk1.img
```

다시 image-list 커맨드를 실행시켜보면, 다음과 같이 새로운 이미지가 추가된 것을 확인할 수 있다.

컴퓨트 서비스 설치와 설정

오픈스택 컴퓨트는 클라우드 운영자와 테넌트가 가상 머신 인스턴스를 구동시키는 데 필요한 서비스를 제공한다. 이러한 서비스 중 대부분은 컨트롤러 노드에서 동작하며, openstack-nova-compute 서비스만 컴퓨트 노드에서 동작하면서, 가상 머신 인스턴스를 구동시키는 역할을 한다.

컨트롤러 노드 컴포넌트 설치와 설정

컨트롤러 노드에서 openstack-nova 패키지를 설치하면, 이 노트에서 사용되는 다양한 노바 서비스가 설치된다.

```
# yum -y install openstack-nova python-novaclient
```

openstack-db 커맨드로 노바 서비스를 위한 데이터베이스와 관련 테이블, 그리고 MySQL 사용자를 생성한다.

```
# openstack-db --init --service nova --password nova
```

crudini로 노바 컴퓨트 서비스에서 MySQL을 데이터베이스로 사용하도록 설정한다.

```
# crudini --set /etc/nova/nova.conf database connection mysql://
nova:nova@controller/nova
```

노바에서 Qpid를 메시지 브로커로 사용하도록 설정한다.

```
# crudini --set /etc/nova/nova.conf DEFAULT rpc_backend nova.
openstack.common.rpc.impl_qpid
# crudini --set /etc/nova/nova.conf DEFAULT qpid_hostname controller
```

오픈스택 컴포넌트로 제공되는 VNC Proxy를 통해 VNC 클라이언트로 인스턴스에 접속할 수 있다. VNC는 Virtual Network Computing의 약자로, Remote Frame Buffer 프로토콜을 사용해 데스크탑 화면을 네트워크를 통해 다른 컴퓨터에서 제어할 수 있게 해준다. 컨트롤러는 호라이즌 대시보드나 다른 VNC 클라이언트와 제대로 동작하도록, VNC 서비스로 컴퓨트 노드와 통신할 수 있어야 한다.

crudini로 my_ip, vncserver_listen, vncserver_proxyclient_address 옵션 값을 컨트롤러 노드의 (관리 네트워크의) IP로 설정한다.

```
# crudini --set /etc/nova/nova.conf DEFAULT my_ip 10.254.254.100
# crudini --set /etc/nova/nova.conf DEFAULT vncserver_listen
10.254.254.100
# crudini --set /etc/nova/nova.conf DEFAULT vncserver_proxyclient_
address 10.254.254.100
```

노바 서비스를 인증하도록 키스톤에 nova라는 사용자를 생성한다. 그런 다음 nova 사용자를 service 테넌트로 설정하고, admin 롤을 지정한다.

```
# keystone user-create --name=nova --pass=nova --email=nova@
learningneutron.com
# keystone user-role-add --user=nova --tenant=service --role=admin
```

노바에 다음과 같이 키스톤 credential을 설정한다.

```
# crudini --set /etc/nova/nova.conf DEFAULT auth_strategy keystone
# crudini --set /etc/nova/nova.conf keystone_authtoken auth_host
controller
# crudini --set /etc/nova/nova.conf keystone_authtoken auth_protocol
http
# crudini --set /etc/nova/nova.conf keystone_authtoken auth_port 35357
# crudini --set /etc/nova/nova.conf keystone_authtoken admin_user nova
# crudini --set /etc/nova/nova.conf keystone_authtoken admin_tenant_
name service
# crudini --set /etc/nova/nova.conf keystone_authtoken admin_password
nova
```

현재 설치된 오픈스택의 /etc/nova/api-paste.ini 파일에 credential을 추가해야 한다. 각 옵션은 ini 파일의 [filter:authtoken] 섹션에 추가한다.

```
# crudini --set /etc/nova/api-paste.ini filter:authtoken auth_host
controller
```

```
# crudini --set /etc/nova/api-paste.ini filter:authtoken auth_port
35357
# crudini --set /etc/nova/api-paste.ini filter:authtoken auth_protocol
http
# crudini --set /etc/nova/api-paste.ini filter:authtoken auth_uri
http://controller:5000/v2.0
# crudini --set /etc/nova/api-paste.ini filter:authtoken admin_tenant_
name service
# crudini --set /etc/nova/api-paste.ini filter:authtoken admin_user
nova
# crudini --set /etc/nova/api-paste.ini filter:authtoken admin_password
nova
```

다음과 같이 /etc/nova/nova.conf 파일에 api_paste_config=/etc/nova/
api-paste.ini 옵션을 반드시 설정한다.

```
# crudini --set /etc/nova/nova.conf DEFAULT api_paste_config /etc/nova/
api-paste.ini
```

그런 다음, 다른 오픈스택 서비스에서 노바를 찾을 수 있도록 아이덴티티 서비스(키스톤)에 등록한다. 서비스를 등록한 다음 엔드포인트도 지정한다.

```
# keystone service-create --name=nova --type=compute
--description="Nova Compute service"
```

이를 실행시키면 다음과 같은 결과를 얻게 된다.

```
+-------------+----------------------------------+
|  Property   |              Value               |
+-------------+----------------------------------+
| description |       Nova Compute service       |
|     id      | a946cbd06a124ec39662622cc2d6e4ec |
|    name     |               nova               |
|    type     |             compute              |
+-------------+----------------------------------+
```

여기에 나온 id로 엔드포인트를 생성한다.

```
# keystone endpoint-create \
  --service-id=`keystone service-get nova | awk '/ id / { print $4 }'` \
  --publicurl=http://controller:8774/v2/%\(tenant_id\)s \
  --internalurl=http://controller:8774/v2/%\(tenant_id\)s \
  --adminurl=http://controller:8774/v2/%\(tenant_id\)s
```

노바 서비스를 구동시킨 뒤, 시스템을 부팅할 때 자동으로 구동되도록 설정한다.

```
# service openstack-nova-api start
# service openstack-nova-cert start
# service openstack-nova-consoleauth start
# service openstack-nova-scheduler start
# service openstack-nova-conductor start
# service openstack-nova-novncproxy start
# service openstack-nova-console start
# chkconfig openstack-nova-api on
# chkconfig openstack-nova-cert on
# chkconfig openstack-nova-consoleauth on
# chkconfig openstack-nova-scheduler on
# chkconfig openstack-nova-conductor on
# chkconfig openstack-nova-novncproxy on
# chkconfig openstack-nova-console on
```

 openstack-nova-network 서비스는 openstack-nova 패키지와 함께 설치되는데, 여기
서 구동시키지 않는다. openstack-nova-network는 레거시 네트워킹 서비스로서, 현재
는 뉴트론이 대신한다. 뉴트론의 설치 방법은 3장, '뉴트론 설치'에서 자세히 다룬다.

컴퓨트 노드 컴포넌트 설치와 설정

컨트롤러 노드에 노바 서비스를 설정했다면, 다른 호스트 중 하나를 컴퓨트 노
드로 설정해야 한다. 컴퓨트 노드는 컨트롤러 노드로부터 요청을 받아서, 가상
머신 인스턴스를 구동하게 된다. 별도의 컴퓨트 노드를 통해 서비스를 구분함
으로써, 컴퓨트 노드를 추가하는 방식으로 노바 서비스를 확장시킬 수 있다.

컴퓨트 노드에서 openstack-nova-compute 패키지를 설치한다. 이 패키지는 컴퓨트 노드에 가상화 서비스를 제공한다.

```
# yum -y install openstack-nova-compute
```

crudini를 사용하여 /etc/nova/nova.conf 파일에, 데이터베이스로 MySQL을 사용하도록 설정하고, 여러 가지 키스톤 인증 관련 설정 값을 지정한다. 앞 절에서 nova라는 키스톤 사용자를 설정한 바 있다. 실행 과정은 다음과 같다.

```
# crudini --set /etc/nova/nova.conf database connection mysql://
nova:nova@controller/nova
# crudini --set /etc/nova/nova.conf DEFAULT auth_strategy keystone
# crudini --set /etc/nova/nova.conf keystone_authtoken auth_host
controller
# crudini --set /etc/nova/nova.conf keystone_authtoken auth_protocol
http
# crudini --set /etc/nova/nova.conf keystone_authtoken auth_port 35357
# crudini --set /etc/nova/nova.conf keystone_authtoken admin_user nova
# crudini --set /etc/nova/nova.conf keystone_authtoken admin_tenant_
name service
# crudini --set /etc/nova/nova.conf keystone_authtoken admin_password
nova
```

이제, 컨트롤러 노드에 설정된 Qpid를 메시지 브로커로 사용하도록 설정한다.

```
# crudini --set /etc/nova/nova.conf DEFAULT rpc_backend nova.
openstack.common.rpc.impl_qpid
# crudini --set /etc/nova/nova.conf DEFAULT qpid_hostname controller
```

그런 다음, 컨트롤러 노드의 프록시를 통해 인스턴스에 원격으로 접속하도록 노바를 설정한다. 원격 콘솔은 호라이즌 대시보드를 통해 접근할 수 있다. 다음과 같이 컴퓨트 노드의 (관리 네트워크의) IP를 설정한다.

```
# crudini --set /etc/nova/nova.conf DEFAULT my_ip 10.254.254.101
# crudini --set /etc/nova/nova.conf DEFAULT vnc_enabled True
# crudini --set /etc/nova/nova.conf DEFAULT vncserver_listen 0.0.0.0
# crudini --set /etc/nova/nova.conf DEFAULT vncserver_proxyclient_
```

```
address 10.254.254.101
# crudini --set /etc/nova/nova.conf DEFAULT novncproxy_base_url
http://controller:6080/vnc_auto.html
```

이제 글랜스 이미지 서비스를 구동하는 호스트를 설정한다. 앞에서 설치한 바에 의하면 컨트롤러 노드에서 글랜스가 구동된다.

```
# crudini --set /etc/nova/nova.conf DEFAULT glance_host controller
```

[filter:authtoken] 섹션에 credential을 추가하도록 /etc/nova/api-paste.ini 파일을 수정한다.

```
# crudini --set /etc/nova/api-paste.ini filter:authtoken auth_host
controller
# crudini --set /etc/nova/api-paste.ini filter:authtoken auth_port 35357
# crudini --set /etc/nova/api-paste.ini filter:authtoken auth_protocol http
# crudini --set /etc/nova/api-paste.ini filter:authtoken admin_tenant_
name service
# crudini --set /etc/nova/api-paste.ini filter:authtoken admin_user nova
# crudini --set /etc/nova/api-paste.ini filter:authtoken admin_password nova
```

/etc/nova/nova.conf 파일에 api_paste_config 옵션 값을 /etc/nova/api-paste.ini로 설정해야 한다.

```
# crudini --set /etc/nova/nova.conf DEFAULT api_paste_config /etc/nova/
api-paste.ini
```

노바 서비스를 구동하고, 시스템 부팅 시 자동으로 동작하도록 설정한다.

```
# service libvirtd start
# service messagebus start
# service openstack-nova-compute start
# chkconfig libvirtd on
# chkconfig messagebus on
# chkconfig openstack-nova-compute on
```

서비스끼리 통신할 수 있는지 확인

노바 서비스의 상태를 확인하려면 컨트롤러 노드에서 nova service-list를 실행시켜본다.

```
# nova service-list
```

그러면 다음과 같이, 현재 등록된 모든 노바 서비스의 상태를 확인할 수 있다.

이 화면을 보면, 컨트롤러와 컴퓨트 노드에서 구동되는 서비스의 상태가 모두 Status 컬럼에 표시된 것을 볼 수 있다. nova service-list 커맨드는 어느 노드에서나 실행시킬 수 있지만 적절한 인증 credential을 지정해야 한다. 결과가 노드마다 다르게 나타난다면, 모든 노드의 NTP 동기화가 제대로 됐는지 확인해야 한다.

오픈스택 대시보드 설치

오픈스택 대시보드(코드명 호라이즌Horizon)는 컴퓨트와 네트워킹, 스토리지, 아이덴티티 등과 같은 오픈스택 서비스의 웹 기반 사용자 인터페이스를 제공한다.

호라이즌을 설치하려면 다음과 같이 컨트롤러 노드에서 패키지를 설치한다.

```
# yum -y install mod_wsgi openstack-dashboard
```

대시보드의 연결 설정

/etc/openstack-dashboard/local_settings 파일을 보면 ALLOWED_HOSTS에 대한 디폴트 값이 다음과 같이 설정된 것을 볼 수 있다.

```
ALLOWED_HOSTS = ['horizon.example.com', 'localhost']
```

여기에 나온 도메인과 호스트네임은 아파치 웹서버가 응답할 HTTP 호스트를 의미한다. 이 설정에 의하면 사용자가 브라우저에서 http://horizon.example.com을 입력하여 호라이즌 대시보드에 접속해야 한다. 필요하다면 컨트롤러의 (관리 및 API 네트워크상의) IP에 대한 도메인을 추가해도 된다. 아니면 다음과 같이 '#' 기호로 이 라인을 주석 처리하고, 모든 호스트 헤더의 허용하도록 설정한다.

```
# sed -i 's/ALLOWED_HOSTS/#ALLOWED_HOSTS/' /etc/openstack-dashboard/
local_settings
```


키스톤 서버 지정

아이덴티티 서버에 대한 호스트네임을 설정하도록 /etc/openstack-dashboard/local_settings 파일을 수정한다. 앞에서는 키스톤 서비스가 컨트롤러 노드에서 구동하도록 설정했다. 다음과 같이 OPENSTACK_HOST와 OPENSTACK_KEYSTONE_URL 값을 변경한다.

```
# sed -i "/OPENSTACK_HOST/c\OPENSTACK_HOST = \"controller\"" /etc/
openstack-dashboard/local_settings
# sed -i -e "\$aOPENSTACK_KEYSTONE_URL = \"http://controller:5000/
v2.0\"" /etc/openstack-dashboard/local_settings
```

리스너 주소 변경

디폴트 설정에 의하면 아파치 웹 서버는 임의의 IPv6 주소와 80포트에 대해 HTTP 요청을 받도록 설정되어 있다. 10.254.254.100에 대해 요청을 받도록 다음과 같이 /etc/httpd/conf/httpd.conf 파일의 `Listen` 값을 10.254.254.100으로 수정한다.

```
# sed -i 's/Listen 80/Listen 10.254.254.100:80/' /etc/httpd/conf/
httpd.conf
```

이제 파일을 저장하고, 대시보드를 구동한다. `chkconfig`로 시스템 부팅 시 이 서비스도 구동하도록 설정한다.

```
# service httpd start
# chkconfig httpd on
```

대시보드가 구동하는지 확인

컨트롤러 노드의 관리 네트워크에 접속 가능한 머신의 웹 브라우저에서 다음과 같은 URL로 접속해보자.

- http://controller/dashboard/

이 장의 앞에서 /etc/hosts 파일에 호스트네임과 IP에 대한 매핑을 추가한 바 있다. 대시보드가 제대로 동작한다면 다음과 같은 화면을 볼 수 있다. 여기서 사용할 유저네임과 패스워드는 '키스톤에서 사용자와 테넌트, 롤 정의'절에서 `admin`과 `secrete`로 설정한 바 있다.

정상적으로 로그인했다면, 디폴트 설정에 의해 대시보드 화면이 Admin 탭의 Overview 페이지로 이동할 것이다. 여기서 설정 사항을 확인할 수 있다. 아래의 화면을 보면 System Info 패널을 통해 Services, Compute Services, Availability Zones, Host Aggregates 등과 같은 설정 사항을 볼 수 있다.

노바 서비스 상태를 보려면 Compute Services 탭을 클릭한다. 그러면 CLI에서 nova service-list를 실행했을 때와 같은 내용이 표시된다.

정리

지금까지 클라우드를 구축할 노드에 오픈스택 아이덴티티(키스톤)와 이미지(글랜스), 대시보드, 컴퓨트(노바) 서비스를 설치했다. 아직 네트워킹 서비스(뉴트론)를 설치하지 않았기 때문에, 인스턴스를 구동시킬 환경이 갖춰지진 않았다. 설치하거나 테스트하는 동안 발생한 문제는 /var/log/nova/, /var/log/glance, /var/log/httpd, /var/log/keystone 등에 있는 로그 메시지를 참조해 해결한다.

3장에서는 네트워킹 서비스인 뉴트론을 설치한다. 그러면서 오픈스택 네트워킹 서비스의 아키텍처에 대한 사항도 하나씩 살펴본다.

3

뉴트론 설치

오픈스택 네트워킹 서비스는 노바 서비스에서 관리하는 리소스에 대한 가상 네트워킹 서비스를 제공한다. 이 장에서는 이전 장까지 설치한 오픈스택 환경에서 뉴트론 네트워킹 서비스를 설치하는 방법에 대해 하나씩 살펴본다.

이 과정에서 설치할 서비스는 다음과 같다.

- 뉴트론 API 서버
- 스위칭 플러그인
- DHCP 에이전트
- 메타데이터 에이전트

이 장을 읽고 나면, 뉴트론에서 제공하는 다양한 에이전트에 대한 기본적인 기능과 가상 스위칭 인프라를 구성하는 기반 기술에 대해 이해할 수 있을 것이다.

뉴트론의 기본 구성 요소

오픈스택 하바나 버전에서는 뉴트론 API 2.0 버전으로 네트워크 설정을 관리한다. 뉴트론 API는 다음과 같은 리소스를 관리할 때 사용된다.

- 네트워크: 여기서 네트워크란 독립된 2계층 브로드캐스트 도메인으로서, 이를 생성한 테넌트에 할당된다. 적절히 설정하면 다른 테넌트와 공유할 수 있다. 네트워크는 뉴트론 API의 핵심 요소로서, 아래 나오는 서브넷과 포트가 반드시 지정돼야 한다.

- 서브넷: 서브넷이란 가상 머신 인스턴스에 할당할 수 있는 IP 주소에 대한, IPv4 또는 IPv6 주소 블록이다. 서브넷마다 CIDR가 지정되야 하며, 서브넷이 속할 네트워크가 지정돼야 한다. 하나의 네트워크에 여러 개의 서브넷을 할당할 수도 있고, 이러한 서브넷이 연속적이지 않을 수도 있다. 인스턴스에 대해 할당할 수 있는 주소 범위를 제한하도록 DHCP 할당 범위를 설정할 수도 있다.

- 포트: 뉴트론에서 말하는 포트는 논리적인 가상 스위치의 포트를 의미한다. 가상 머신 인터페이스는 이러한 뉴트론 포트에 매핑된다. 각 포트마다 연결될 인터페이스의 MAC 주소와 IP 주소를 정의한다. 뉴트론의 포트 정보는 뉴트론 데이터베이스에 저장되며, 플러그인 에이전트에서 가상 스위칭 인프라에 연결할 때, 이러한 데이터베이스를 통해 포트 정보를 알아낸다.

클라우드 관리자는 네트워크와 서브넷을 생성하고 설정한 다음, 노바와 같은 서비스에서 이러한 네트워크의 포트에 가상 디바이스를 연결하는 방식으로 네트워크 토폴로지를 설정한다. 뉴트론 API는 현재 사용하는 네트워킹 플러그인의 종류가 다르더라도, 사용자에게 일관성 있는 인터페이스로 다룰 수 있게 해준다. 뉴트론 API에 대한 자세한 사항은 http://docs.openstack.org/api/openstack-network/2.0/content/를 참고하기 바란다.

네트워크 네임스페이스로 여러 네트워크 혼용

오픈스택은 기본적으로 멀티테넌시multitenancy를 지원하도록 설계됐다. 따라서 사용자가 자신만의 컴퓨트와 네트워크 리소스로 구성한 그룹을 여러 개 생성할 수 있다. 뉴트론에서는 각 테넌트마다 사설 네트워크와 라우터, 방화벽, 로드 밸런서 등을 별도로 구성하는 기능을 제공한다. 또한 네트워크 네임스페이스를 통해 이렇게 구성한 네트워크를 서로 격리시켜준다.

네트워크 네임스페이스network namespace는 네트워크 스택의 논리적인 복사본으로서, 각 네임스페이스마다 라우터와 방화벽 룰, 네트워크 인터페이스 디바이스를 별도로 구성할 수 있다. 테넌트에서 생성한 네트워크와 라우터, 로드 밸런서는 네트워크 네임스페이스로 표현한다. 네트워크 네임스페이스를 활성화시키면, 뉴트론에서는 각 네트워크에 대해 독립적인 DHCP와 라우팅 서비스를 제공하여, 다른 테넌트의 네트워크뿐만 아니라, 같은 테넌트 안에 있는 네트워크도 서로 구분하게 해준다.

네트워크 네임스페이스는 다음과 같은 명명 룰을 따른다.

qdhcp-<네트워크 UUID>
qrouter-<라우터 UUID>
qlbaas-<로드 밸런서 UUID>

qdhcp 네임스페이스는 DHCP 프로토콜을 통해 인스턴스에게 IP 주소를 할당하는 DHCP 서비스를 제공한다. qdhcp 네임스페이스는 가상 스위치에 연결된 인터페이스를 가지고 있어서, 동일한 네트워크나 서브넷에 있는 다른 리소스와 서로 통신할 수 있다.

qrouter 네임스페이스는 현재 연결된 서브넷에 있는 인스턴스의 트래픽을 라우팅해준다. qdhcp 네임스페이스와 마찬가지로, qrouter 네임스페이스도 설정에 따라 한 개 이상의 가상 스위치와 연결될 수 있다.

qlbaas 네임스페이스는 로드 밸런서를 표현하며, 인스턴스에 대한 트래픽을 로드 밸런싱하는 HAProxy와 같은 로드 밸런싱 서비스를 제공한다. qlbaas 네임스페이스는 한 개의 가상 스위치에 연결돼 같은 네트워크나 서브넷에 존재하는 다른 리소스와 서로 통신할 수 있다.

일반적으로 네트워크 네임스페이스는 컨트롤러나 네트워크 노드에만 존재한다. `ip netns` 커맨드를 사용하면 현재 생성된 네임스페이스 목록을 살펴볼 수 있으며, 다음과 같은 문법을 통해 네임스페이스 안에 원하는 커맨드를 실행시킬 수 있다.

```
ip netns exec NAME <커맨드>
```

네임스페이스에서 실행시킬 수 있는 커맨드로 `ip`, `route`, `iptables` 등이 있으며, 이러한 커맨드의 실행 결과는 이들이 실행된 네임스페이스에 대한 정보에만 영향을 준다.

네트워크 네임스페이스에 대한 자세한 사항은 ip netns에 대한 페이지 http://man7.org/linux/man-pages/man8/ip-netns.8.html을 참고하기 바란다.

플러그인으로 네트워크 기능 확장

뉴트론이 나오기 전에는 오픈스택 네트워킹 기능을 nova-network에서 구현했으며, 이를 통해 리눅스 브릿지와 VLAN, iptables 등 기본적인 네트워킹 기능을 제공했다. 뉴트론이 등장하면서 네트워킹 기능을 확장하고 뉴트론 API를 구현하는 서드 파티 플러그인을 지원하게 됐다.

플러그인은 다양한 소프트웨어와 하드웨어 기반 기술을 활용해 관리자나 테넌트에서 생성한 네트워크를 구현한다. 이 책에서는 다음과 같은 네트워크 플러그인을 주로 다룰 것이다.

- LinuxBridge
- OVS_{Open vSwitch}

LinuxBridge와 OVS 플러그인은 VLAN을 사용하거나 GRE 또는 VXLAN을 이

용한 오버레이 네트워크를 사용하여 인스턴스와 다른 네트워크 리소스에 대해 L2 연결을 제공한다. 두 플러그인 모두 L2 스위칭을 제공하지만, 각각 동작하는 방식은 차이가 있다.

LinuxBridge와 OVS 플러그인은 일종의 모노리딕monolithic 플러그인으로서, 다른 네트워킹 플러그인과 동시에 사용할 수 없다. LinuxBridge와 OVS 플러그인은 아이스하우스Icehouse 버전부터, 여러 L2 플러그인이 동시에 동작할 수 있는 ML2Modular Layer 2 플러그인으로 대체됐다. 이 책에서는 ML2에 대해 다루지 않지만 부록 B, 'ML2 설정'에서 ML2 플러그인 파일과 이들에 대한 설정 사항에 대해 간략히 정리했다. ML2에 관한 자세한 사항은 http://www.openstack.org에 있는 'OpenStack Neutron Modular Layer 2 Plugin Deep Dive'라는 제목의 발표 자료를 참고하기 바란다.

시스코나 브로케이드, VMWare와 같은 서드 파티 벤더는 뉴트론에서 하드웨어 스위치와 오픈플로우OpenFlow 컨트롤러를 비롯한 여러 가지 네트워크 리소스에 직접 연결할 수 있는 플러그인을 제공한다. 이러한 플러그인의 사용법에 대해서는 이 책에서 다루지 않으며, 현재 뉴트론에서 사용할 수 있는 플러그인에 대한 자세한 사항은 http://docs.openstack.org/admin-guide- cloud/content/section_plugin-arch.html을 참고하기 바란다.

뉴트론 서비스 설치와 설정

여기서는 오픈스택 네트워킹을 구성하는 다양한 서비스를 별도의 네트워크 노드가 아닌 컨트롤러 노드에 설치한다. 일부 뉴트론 설정 파일은 모든 노드에 대해 설치해야 하기도 하며, 이러한 설정 파일은 패키지 형태로만 설치할 수 있다.

뉴트론 서비스를 설치하기 위해, 모든 노드에서 다음과 같은 커맨드를 실행시킨다.

```
# yum -y install openstack-neutron
```

그러면 /etc/init.d/에 다음과 같은 서비스가 설치될 것이다.

```
neutron-server
neutron-dhcp-agent
neutron-metadata-agent
neutron-l3-agent
neutron-lbaas-agent
```

설치는 모든 노드에 했지만, 실제로는 컨트롤러 노드에서만 구동시킬 것이다.

뉴트론 데이터베이스 생성

openstack-db 커맨드에 버그가 있어서, 이 커맨드로 뉴트론 데이터베이스와 사용자를 생성할 수는 없다. 따라서 다음과 같이 컨트롤러 노드에서 mysql 클라이언트로 생성한다.

```
# mysql -u root -p
```

이 커맨드를 실행시킨 후 나타나는 프롬프트에서 MySQL 루트 패스워드를 입력한다. 앞에서 패스워드를 openstack으로 지정했었다.

mysql> 프롬프트에서 다음과 같이 입력한다.

```
CREATE DATABASE neutron;
GRANT ALL PRIVILEGES ON neutron.* TO 'neutron'@'localhost' IDENTIFIED
BY 'neutron';
GRANT ALL PRIVILEGES ON neutron.* TO 'neutron'@'%' IDENTIFIED BY
'neutron';
quit;
```

모든 노드에서 앞에서 설정한 값을 MySQL 데이터베이스 연결 스트링으로 사용하도록 뉴트론을 설정한다.

```
# crudini --set /etc/neutron/neutron.conf database connection mysql://
neutron:neutron@controller/neutron
```

키스톤에서 뉴트론 사용자와 롤, 엔드포인트 설정

뉴트론 서비스가 제대로 동작하려면, 키스톤에서 뉴트론의 사용자와 역할, 엔드포인트 등을 설정해야 한다. 컨트롤러 노드에서 다음과 같은 커맨드를 실행시켜서 키스톤에 neutron이란 사용자를 생성하고, 이 사용자를 service 테넌트와 admin 롤에 추가한다.

```
# keystone user-create --name=neutron --pass=neutron --email=neutron@
learningneutron.com
# keystone user-role-add --user=neutron --tenant=service --role=admin
```

다음과 같이 커맨드를 실행시켜 키스톤에 오픈스택 네트워킹 서비스를 생성한다.

```
# keystone service-create --name=neutron --type=network
--description="OpenStack Networking Service"
```

그러면 다음과 같은 결과를 확인할 수 있다.

```
+-------------+----------------------------------+
|   Property  |              Value               |
+-------------+----------------------------------+
| description |    OpenStack Networking Service  |
|     id      | 42856efa0bcd4fd6a279e8c84b060b90 |
|    name     |             neutron              |
|    type     |             network              |
+-------------+----------------------------------+
```

엔드포인트는 다음과 같이 keystone endpoint-create 커맨드로 생성한다.

```
# keystone endpoint-create \
    --service-id `keystone service-get neutron | awk '/ id / { print
$4}'` \
    --publicurl http://controller:9696 \
    --adminurl http://controller:9696 \
    --internalurl http://controller:9696
```

그러면 다음과 같이 엔드포인트가 생성된 것을 볼 수 있다.

```
+-------------+--------------------------------+
|  Property   |             Value              |
+-------------+--------------------------------+
|  adminurl   |      http://controller:9696    |
|     id      | 627d19b745b347c0a57b0226221ef161 |
| internalurl |      http://controller:9696    |
|  publicurl  |      http://controller:9696    |
|   region    |           regionOne            |
| service_id  | 42856efa0bcd4fd6a279e8c84b060b90 |
+-------------+--------------------------------+
```

패킷 포워딩 활성화

노드에서 가상 머신 인스턴스의 트래픽을 제대로 포워딩하려면 다음과 같이
세 개의 커널 파라미터를 모든 노드에 설정해야 한다.

- net.ipv4.ip_forward

- net.ipv4.conf.all.rp_filter

- net.ipv4.conf.default.rp_filter

net.ipv4.ip_forward 커널 파라미터는 노드에서 인스턴스에서 발생한 트래
픽을 네트워크로 포워딩하도록 설정한다. 디폴트 값은 0이며, sysctl 커맨드
로 확인할 수 있다.

```
[root@controller ~]# sysctl net.ipv4.ip_forward
net.ipv4.ip_forward = 0
```

IP 포워딩이 동작하도록 net.ipv4.ip_forward 값을 1로 설정한다. 모든 노드
에서 다음과 같이 커맨드를 실행시킨다.

```
# sed -i "/net.ipv4.ip_forward/c\net.ipv4.ip_forward = 1" /etc/sysctl.conf
```

net.ipv4.conf.default.rp_filter와 net.ipv4.conf.all.rp_filter 커널 파라미터는 라우터 단계에서 IP 주소 스푸핑spoofing을 방지해 DoSDenial of Service 공격을 방지하는 메커니즘인 reverse path 필터링에 대한 것이다. 이 기능을 켜두면, 리눅스 커널에서 모든 패킷을 검사해 소스 주소가 패킷이 들어온 인터페이스를 통해 되돌아갈 수 있도록 구성됐는지 확인한다. 이렇게 검사하지 않으면 소스 주소를 수정하여 보낸 악의적인 패킷을 포워딩하여 타겟 머신에서 제대로 응답할 수 없게 될 수 있다.

오픈스택에서는 뉴트론을 통해 모든 컴퓨트 노드의 iptable에 스푸핑 방지 규칙을 구현하고 있다. 따라서 이러한 두 개의 rp_filter 커널 파라미터의 값을 0으로 설정해 꺼두는 것이 좋다.

모든 노드에서 다음과 같이 커맨드를 실행시켜 /etc/sysctl.conf 파일의 파라미터의 값을 수정한다.

```
# sed -i "/net.ipv4.conf.default.rp_filter/c\net.ipv4.conf.default.rp_
filter = 0" /etc/sysctl.conf
# sed -i -e "\$anet.ipv4.conf.all.rp_filter = 0" /etc/sysctl.conf
```

모든 노드에서 다음과 같이 sysctl 커맨드를 실행시켜 변경사항을 메모리에 로드한다.

```
# sysctl -p
```

뉴트론에서 키스톤을 사용하도록 설정

뉴트론 설정 파일은 /etc/neutron/neutron.conf에 있으며, 오픈스택 관리자는 여기에 담긴 값을 설정하여 자신의 입맛에 맞도록 구성할 수 있다. 우리가 설치하는 과정에서 여러 가지 설정 값을 변경해야 한다.

모든 노드에서 crudini 유틸리티로 뉴트론 설정을 변경한다.

뉴트론에 대한 인증을 키스톤으로 처리하도록 다음과 같이 설정을 변경한다.

```
# crudini --set /etc/neutron/neutron.conf DEFAULT auth_strategy keystone
```

api_paste_config 미들웨어 설정 파일을 다음과 같이 설정한다.

```
# crudini --set /etc/neutron/neutron.conf DEFAULT api_paste_config /
etc/neutron/api-paste.ini
```

keystone_authentication 설정 값을 다음과 같이 적절히 변경한다. 키스톤의 neutron 사용자에 대한 유저네임과 패스워드는 앞 장에서 설정한 바 있다.

```
# crudini --set /etc/neutron/neutron.conf keystone_authtoken auth_
host controller
# crudini --set /etc/neutron/neutron.conf keystone_authtoken auth_
port 35357
# crudini --set /etc/neutron/neutron.conf keystone_authtoken auth_
protocol http
# crudini --set /etc/neutron/neutron.conf keystone_authtoken admin_
tenant_name service
# crudini --set /etc/neutron/neutron.conf keystone_authtoken admin_
user neutron
# crudini --set /etc/neutron/neutron.conf keystone_authtoken admin_
password neutron
```

인증에 대한 환경 변수가 제대로 설정되도록 /etc/neutron/api-paste.ini 미들웨어 설정 파일을 수정한다. 뉴트론에서 아이덴티티 서비스 API에 접근하도록 다음과 같이 변경한다.

```
# crudini --set /etc/neutron/api-paste.ini filter:authtoken auth_host
controller
# crudini --set /etc/neutron/api-paste.ini filter:authtoken auth_uri
http://controller:5000
# crudini --set /etc/neutron/api-paste.ini filter:authtoken admin_
tenant_name service
# crudini --set /etc/neutron/api-paste.ini filter:authtoken admin_user
neutron
# crudini --set /etc/neutron/api-paste.ini filter:authtoken admin_
password neutron
```

뉴트론에서 메시징 서비스를 사용하도록 설정

뉴트론은 AMQP 메시징 버스를 통해 다양한 오픈스택 서비스와 통신한다. 뉴트론에서 Qpid를 메시징 브로커로 사용하도록, 모든 노드에서 다음과 같이 설정한다.

```
# crudini --set /etc/neutron/neutron.conf DEFAULT rpc_backend neutron.
openstack.common.rpc.impl_qpid
```

Qpid 인증 설정은 앞에서 다른 오픈스택 서비스에 대해 설정한 것과 일치해야 한다.

```
# crudini --set /etc/neutron/neutron.conf DEFAULT qpid_hostname
controller
# crudini --set /etc/neutron/neutron.conf DEFAULT qpid_port 5672
# crudini --set /etc/neutron/neutron.conf DEFAULT qpid_username guest
# crudini --set /etc/neutron/neutron.conf DEFAULT qpid_password guest
```

루트 헬퍼 설정

루트 헬퍼는 호스트에서 루트 권한을 악용하여 오픈스택 관련 커맨드를 잘못 실행하지 않도록, 오픈스택에서 제공하는 보안 메커니즘이다. 오픈스택에서는 뉴트론 관련 커맨드를 실행할 때, 루트로 직접 실행하지 않고 sudo neutron-rootwrap /etc/neutron/rootwrap.conf <커맨드>를 호출한다. 호스트에 sudoers 항목으로 추가해두면 오픈스택에서 neutron-rootwrap을 루트로 실행시킬 수 있다. neutron-rootwrap에서는 설정 파일에서 필터 정의를 찾아서 커맨드 필터를 로드한다. 요청한 커맨드가 필터에 정의된 커맨드 중에 있다면, 이 커맨드를 루트로 실행하고, 매칭되는 것이 없다면 요청을 거부한다.

클라우드가 커져감에 따라, 뉴트론 API을 호출하는 커맨드에 대한 처리 속도가 점점 느려질 수도 있다. neutron-rootwrap 커맨드 필터 대신 sudo를 사용하면 보안에 대한 안전성은 떨어지지만, 커맨드의 실행 속도는 높일 수 있다.

/etc/neutron/neutron.conf 파일을 보면 다음과 같은 설정 옵션을 볼 수 있다.

```
# Change to "sudo" to skip the filtering and just run the command directly
# root_helper = sudo neutron-rootwrap /etc/neutron/rootwrap.conf
```

커맨드 필터링을 사용하지 않으려면 root_helper 값으로 sudo만 지정한다. 뉴트론 서비스를 구동한 상태에서 새로운 변경 사항을 반영하려면, 이 줄에 대한 주석을 해제하고 neutron-server 서비스를 재구동해야 한다.[1]

노바에서 뉴트론 네트워킹을 사용하도록 설정

뉴트론으로 노바에 대한 네트워크를 관리하려면 /etc/nova/nova.conf 파일에 적절한 옵션을 설정해야 한다. 모든 노드에서 crudini로 노바 노드의 네트워킹 설정을 변경한다.

```
# crudini --set /etc/nova/nova.conf DEFAULT network_api_class nova.
network.neutronv2.api.API
# crudini --set /etc/nova/nova.conf DEFAULT neutron_url http://
controller:9696
```

다음과 같이 실행시켜 키스톤의 뉴트론 credential을 노바에 제공한다.

```
# crudini --set /etc/nova/nova.conf DEFAULT neutron_auth_strategy keystone
# crudini --set /etc/nova/nova.conf DEFAULT neutron_admin_tenant_name
service
# crudini --set /etc/nova/nova.conf DEFAULT neutron_admin_username neutron
# crudini --set /etc/nova/nova.conf DEFAULT neutron_admin_password neutron
# crudini --set /etc/nova/nova.conf DEFAULT neutron_admin_auth_url
http://controller:35357/v2.0
```

노바에서는 firewall_driver 설정 옵션으로 방화벽의 동작을 지정하며, 원래 nova-network 서비스를 위해 구현된 기능이다. 뉴트론을 사용할 때는 노바에

---

1 sudo만 사용하면 neutron-openvswitch-agent가 제대로 구동되지 않을 수도 있다. 이럴 땐 neutron-rootwrap 필터링을 사용하도록 설정한다. - 옮긴이

서 자체적으로 방화벽을 동작시키지 않도록, 이 옵션을 `nova.virt.firewall.NoopFirewallDriver`로 변경한다.

```
# crudini --set /etc/nova/nova.conf DEFAULT firewall_driver nova.virt.firewall.NoopFirewallDriver
```

`security_group_api` 설정 옵션은 노바에서 시큐리티 그룹에 대해 동작할 때 사용할 API를 지정한다. `nova-network` 대신 뉴트론을 사용하도록 설치하려면, 이 옵션 값을 `neutron`으로 지정한다.

```
# crudini --set /etc/nova/nova.conf DEFAULT security_group_api neutron
```

네트워킹 플러그인을 결정했다면 노바에 몇 가지 설정을 더 추가해야 한다. LinuxBridge와 OVS 네트워킹 플러그인과, 여기에 관련된 노바 설정 방법에 대해서는 4장, '가상 스위칭 인프라 만들기'에서 자세히 설명한다.

뉴트론 서비스 설정

뉴트론을 구동시키기 전에, 뉴트론에서 제공하는 다양한 플러그인과 에이전트를 적절히 설정해야 한다. 우리가 사용할 뉴트론 플러그인은 지금 설치 단계에 결정해야 한다. `neutron-server` 서비스와 `neutron-dhcp-agent` 서비스만 보더라도, 네트워킹 플러그인 설정을 하지 않으면 구동할 수 없다.

다음과 같이 모든 노드에 LinuxBridge와 OVS 플러그인을 설치한다.

```
# yum -y install openstack-neutron-linuxbridge
# yum -y install openstack-neutron-openvswitch
```

두 플러그인에 대해서는 4장, '가상 스위칭 인프라 만들기'에서 자세히 살펴보기로 하고, 여기서는 뉴트론 서비스를 구동하고, 뉴트론 CLI를 사용하기 위해, LinuxBridge 플러그인을 사용하도록 설정할 것이다.

neutron-server 설정

neutron-server 서비스는 사용자에게 뉴트론 API를 제공하며, 호출된 API를 적절한 뉴트론 플러그인에게 전달한다.

디폴트 설정에 의하면 /etc/neutron/neutron.conf의 bind_host에 나온 모든 주소에 대해 API 호출을 받을 수 있도록 설정되어 있다.

```
bind_host = 0.0.0.0
```

좀 더 보안을 강화하려면 API를 관리 네트워크나 API 네트워크에게만 공개하는 것이 좋다. crudini를 사용해 bind_host 값을 컨트롤러 노드의 관리 네트워크 상의 주소로 설정한다.

```
# crudini --set /etc/neutron/neutron.conf DEFAULT bind_host
10.254.254.100
```

다음과 같은 옵션도 조정한다.

- core_plugin

- dhcp_lease_duration

- allow_overlapping_ips

core_plugin 옵션은 뉴트론에서 사용할 네트워킹 플러그인을 지정한다. LinuxBridge와 OVS는 다음과 같은 플러그인을 사용한다.

- LinuxBridge: neutron.plugins.linuxbridge.lb_neutron_plugin. LinuxBridgePluginV2

- OVS: neutron.plugins.openvswitch.ovs_neutron_plugin. OVSNeutronPluginV2

모든 노드에서 crudini를 사용해 /etc/neutron/neutron.conf의 core_plugin 값을 LinuxBridge 플러그인으로 설정한다.

```
# crudini --set /etc/neutron/neutron.conf DEFAULT core_plugin neutron.
plugins.linuxbridge.lb_neutron_plugin.LinuxBridgePluginV2
```

dhcp_lease_duration 옵션은 인스턴스에 할당한 IP 주소를 사용할 수 있는 기간을 지정한다. 디폴트 값은 24시간에 해당하는 86400초로 지정된다. 이 값은 인스턴스의 DHCP 클라이언트에서 갱신해야 하며, 구체적인 동작 방식은 OS마다 다르다. 일반적으로 인스턴스에서는 이 기간이 종료되기 전에 갱신한다.

주의할 점은 dhcp_lease_duration 값이 IP 주소가 인스턴스에 연동되는 기간을 의미하지 않는다는 것이다. 뉴트론을 통해 인스턴스에 IP 주소가 할당되면, 해당 인스턴스를 종료하더라도 인스턴스나 포트를 삭제하기 전까지 계속 지정되어 있다.

allow_overlapping_ips 옵션은 테넌트에서 생성한 서브넷을 다른 테넌트와 중첩할지 여부를 지정한다. 이 기능을 사용하려면 네트워크 네임스페이스를 사용해야 한다. 커널과 배포본에 따라 네임스페이스를 지원하지 않을 수 있어서, 테넌트 네트워크의 구성 방식도 달라진다. 2장, '오픈스택 설치'에서 권장하는 커널에서는 네트워크 네임스페이스를 지원한다. 여기서는 이 값을 디폴트 값인 True로 남겨둔다.

neutron-server 구동

CentOS를 비롯한 RHEL 기반 OS에서 neutron-server 서비스를 구동하려면, 선택한 플러그인 설정 파일의 심볼릭 링크가 /etc/neutron 디렉토리에 존재해야 한다. 다음과 같은 경로에 각 플러그인에 대한 설정 파일이 있다.

- LinuxBridge: /etc/neutron/plugins/linuxbridge/linuxbridge_conf.ini
- OVS: /etc/neutron/plugins/openvswitch/ovs_neutron_plugin.ini

LinuxBridge 설정 파일의 심볼릭 링크를 생성하도록, 모든 노드에서 다음과 같이 커맨드를 실행한다.

```
# ln -s /etc/neutron/plugins/linuxbridge/linuxbridge_conf.ini /etc/
neutron/plugin.ini
```

심볼릭 링크를 생성했다면, 뉴트론 데이터베이스에서 적절한 스키마를 사용하도록, 현재 설치한 오픈스택 버전을 지정한다.

데이터베이스에 하바나 버전을 사용한다는 것을 알려주도록, 컨트롤러 노드에서 다음과 같이 neutron-db-manage 커맨드를 실행한다.

```
# neutron-db-manage --config-file /etc/neutron/plugin.ini --config-file /
etc/neutron/neutron.conf stamp havana
```

컨트롤러에서 neutron-server 서비스를 구동하고, 부팅할 때 자동으로 시작하도록 설정한다.

```
# service neutron-server start
# chkconfig neutron-server on
```

뉴트론 DHCP 에이전트 설정

neutron-dhcp-agent 서비스는 DHCP를 사용하는 각 네트워크에 대해 dnsmasq 프로세스를 띄우고 제어하는 역할을 담당한다. 이 에이전트는 메타데이터 시스템을 구성하는 neutron-ns-metadata-proxy 프로세스도 띄우며, 모든 뉴트론 플러그인에서 이를 사용한다.

뉴트론에서는 무료로 제공되는 경량 DNS 포워더forwarder이자 DHCP 서버인 dnsmasq를 통해 네트워크에 DHCP 서비스를 제공한다. DHCP 드라이버는 /etc/neutron/dhcp_agent.ini 설정 파일에 지정한다.

```
# The agent can use other DHCP drivers.  Dnsmasq is the simplest and
requires
# no additional setup of the DHCP server.
# dhcp_driver = neutron.agent.linux.dhcp.Dnsmasq
```

디폴트로 `dhcp_driver`는 `neutron.agent.linux.dhcp.Dnsmasq`로 설정되어 있으며, 여기서는 그냥 주석처리 된 상태로 남겨둬도 별다른 문제는 발생하지 않는다.

이 외에도 dhcp_agent.ini 설정 파일에서 중요한 항목으로 다음과 같은 것이 있다.

- `interface_driver`
- `use_namespaces`
- `enable_isolated_metadata`
- `enable_metadata_network`
- `dhcp_domain`

`interface_driver` 옵션은 현재 뉴트론에서 선택한 네트워킹 플러그인에 맞게 설정해야 한다.

- LinuxBridge: neutron.agent.linux.interface.BridgeInterfaceDriver
- OVS: neutron.agent.linux.interface.OVSInterfaceDriver

한 번에 한 개의 `interface_driver`만 설정할 수 있다. 앞에서 설치하는 과정에서 LinuxBridge를 선택했으므로, LinuxBridge에 대한 드라이버를 설정한다. 컨트롤러 노드에서 `crudini`를 사용해 DHCP `interface_driver` 값을 `neutron.agent.linux.interface.BridgeInterfaceDriver`로 지정한다.

```
# crudini --set /etc/neutron/dhcp_agent.ini DEFAULT interface_driver
neutron.agent.linux.interface.BridgeInterfaceDriver
```

`use_namespaces` 옵션은 DHCP에 대해 네트워크 네임스페이스의 적용 여부를 지정한다. 이 값을 `True`로 설정하면 DHCP 에이전트에 스케줄된 모든 네트워크에서 qdhcp-<네트워크 UUID>라는 이름의 네임스페이스를 갖는다. 여기서 <네트워크 UUID>는 모든 네트워크에 할당된 고유 UUID를 말한다. 디폴트로

use_namespaces 옵션은 True로 설정되어 있다. 이 값을 False로 변경하면 테넌트 간의 네트워크를 중첩시킬 수 없으므로 테넌트 네트워크를 구성하는 데 제약을 받는다. 2장, '오픈스택 설치'에서 제시한 커널 버전에서는 네트워크 네임스페이스를 지원하므로, 오픈스택을 설치할 때 이 값을 True로 남겨둔다.

enable_isolated_metadata 옵션은 방화벽이나 라우터와 같은 물리 디바이스에서 인스턴스에 대한 디폴트 게이트웨이 역할을 수행하면서, 뉴트론에서 별도로 인스턴스에 대한 메타데이터 서비스를 제공할 때 유용하다. L3 에이전트를 사용할 경우, 인스턴스에서는 디폴트 게이트웨이 역할을 하는 뉴트론 라우터를 통해 메타데이터 서비스를 찾게 된다. 여기서 독립된isolated 네트워크란 뉴트론 라우터가 게이트웨이 역할을 하지 않고, 뉴트론에서 인스턴스의 DHCP 요청을 처리하는 네트워크를 말한다. 인스턴스에서 플랫 네트워크나 VLAN을 사용하지만, L3 에이전트는 사용하지 않는 경우가 여기에 해당한다. 디폴트로 enable_isolated_metadata 옵션은 False로 설정된다. 이 값을 True로 설정하면 DHCP를 통해 인스턴스에게 메타데이터 서비스의 경로를 제공할 수 있다. 메타데이터를 사용하는 방법과, 관련된 설정 내용은 5장, '뉴트론 네트워크 생성'에서 자세히 설명한다. 지금 설치 과정에서 이 값을 False에서 True로 변경하고, 이 라인에 대한 주석을 해제한다.

```
# sed -i "/# enable_isolated_metadata/c\enable_isolated_metadata =
True" /etc/neutron/dhcp_agent.ini
```

enable_metadata_network 옵션은 L3 에이전트를 사용할 수도 있는 상황에서 메타데이터 에이전트가 라우터와 다른 호스트에 있을 때 설정한다. 이 값을 True로 설정하면 서브넷 CIDR가 169.254.0.0/16을 포함하는 네트워크를 메타데이터 네트워크로 인식한다. 뉴트론 라우터에 연결할 때 라우터가 설치된 노드에 메타데이터 프록시도 띄워서, 이 라우터에 연결된 모든 네트워크에서 메타데이터 정보를 얻을 수 있게 한다.

dhcp_domain 옵션은 DHCP를 통해 IP를 받은 인스턴스에게 제공할 DNS 검색 도메인을 지정한다. 디폴트로 openstacklocal이 설정되며, 원하는 값으로 얼마든지 변경할 수 있다. 지금 설치 과정에선 이 값을 learningneutron.com으로 변경하고, 해당 라인에 대한 주석을 해제한다.

```
# sed -i "/# dhcp_domain/c\dhcp_domain = learningneutron.com" /etc/neutron/dhcp_agent.ini
```

여기서 다루지 않은 설정 옵션에 대해서는 디폴트 값만으로 충분하므로, 특별한 경우가 아니라면 값을 변경할 필요는 없다.

뉴트론 DHCP 에이전트 구동

컨트롤러 노드에서 다음과 같은 커맨드를 입력해 neutron-dhcp-agent 서비스를 구동하고, 시스템을 부팅할 때 자동으로 구동되도록 설정한다.

```
# service neutron-dhcp-agent start
# chkconfig neutron-dhcp-agent on
```

neutron-dhcp-agent의 상태를 확인하면 다음과 나오는 것을 확인할 수 있다.

```
[root@controller ~]# service neutron-dhcp-agent status
neutron-dhcp-agent (pid  7380) is running...
```

문제가 없다면 에이전트가 동작 상태에 놓인다.

 원서를 집필할 당시엔 DHCP 에이전트를 구동시키기 위해 OVS 플러그인과 관련 파일의 존재 여부를 확인하는 버그가 있었다. https://bugzilla.redhat.com의 Bug 1019487에 이 문제가 리포팅됐다. 위에 나온 방법대로 실행했는데 에이전트가 죽는다면 LinuxBridge뿐만 아니라 openstack-neutron-openvswitch 패키지도 설치하기 바란다.

뉴트론 메타데이터 에이전트 설정

노바에서는 메타데이터 서비스를 이용해 가상 머신 인스턴스에서 자신의 호스트네임, 공개 키 등과 같은 정보를 가져온다. 인스턴스는 부팅 과정에서 http://169.254.169.254로 메타데이터 서비스에 접속해 정보를 얻는다.

`neutron-metadata-agent`는 DHCP나 라우터 네임스페이스를 통해 컨트롤러 노드에 있는 `openstack-nova-metadata-api`(또는 `openstack-nova-api`) 서비스에게 프록시를 제공한다. 메타데이터 에이전트는 모든 네트워크마다 `neutron-ns-metadata-proxy` 프로세스를 띄운다. 뉴트론에서는 다양한 방식으로 인스턴스에게 메타데이터를 제공하며, 뉴트론 라우터를 기반으로 동작한다. 메타데이터의 사용법과 동작 방식에 대해서는 5장, '뉴트론 네트워크 생성'에서 자세히 설명한다. 컨트롤러 노드에서 뉴트론 네트워킹 서비스를 설치했을 때 동작하는 과정을 개략적으로 표현하면 다음과 같다.

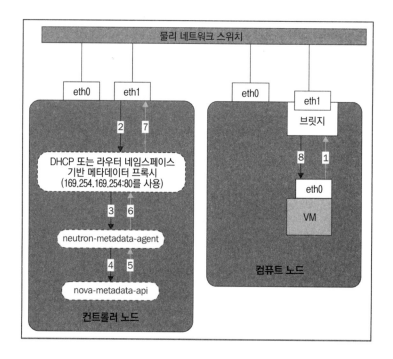

위 그림을 보면 인스턴스에서 메타데이터 서비스에 요청할 때, 다음과 같이 동
작하는 것을 알 수 있다.

1. 인스턴스는 부팅 과정에서 HTTP를 통해 169.254.169.254로 메타데이
   터를 요청한다.

2. 메타데이터에 대한 요청은 라우터 설정에 따라 DHCP나 라우터 네임스페
   이스로 전달된다.

3. 메타데이터 프록시는 들어온 요청을 유닉스 소켓을 통해 뉴트론 메타데
   이터 에이전트에게 전달한다.

4. 뉴트론 메타데이터 에이전트는 이 요청을 노바 메타데이터 API로 전달한다.

5. 노바 메타데이터 API 서비스는 요청에 응답한 다음 뉴트론 메타데이터 에
   이전트로 다시 전달한다.

6. 뉴트론 메타데이터 에이전트는 전달받은 응답을 메타데이터 프록시에게
   다시 전달한다.

7. 메타데이터 프록시는 HTTP를 통해 인스턴스에게 응답을 보낸다.

8. 인스턴스는 메타데이터를 처리한 다음 부팅을 계속 진행한다.

메타데이터에 대한 동작이 제대로 수행되려면, 뉴트론과 노바가 공유 비밀 패
스워드shared secrete password로 통신할 수 있도록 설정해야 한다. 컨트롤러 노드
에서 openssl 유틸리티를 사용해 랜덤 값으로 공유 비밀번호shared secret를 생
성한다.

```
# METADATA_SECRET=$(openssl rand -hex 10)
```

컨트롤러 노드에서 crudini를 사용해 /etc/nova/nova.conf 파일에 이 값을
설정하고, 메타데이터 프록시를 활성화한다.

```
# crudini --set /etc/nova/nova.conf DEFAULT neutron_metadata_proxy_
shared_secret $METADATA_SECRET
# crudini --set /etc/nova/nova.conf DEFAULT service_neutron_metadata_
proxy true
```

동일한 공유 비밀번호shared secret를 사용하고 인증에 대한 설정 값도 적절히 지정하도록, 다음과 같이 crudini로 /etc/neutron/metadata_agent.ini를 설정한다.

```
# crudini --set /etc/neutron/metadata_agent.ini DEFAULT auth_url
http://controller:5000/v2.0
# crudini --set /etc/neutron/metadata_agent.ini DEFAULT auth_region
regionOne
# crudini --set /etc/neutron/metadata_agent.ini DEFAULT admin_tenant_
name service
# crudini --set /etc/neutron/metadata_agent.ini DEFAULT admin_user
neutron
# crudini --set /etc/neutron/metadata_agent.ini DEFAULT admin_password
neutron
# crudini --set /etc/neutron/metadata_agent.ini DEFAULT nova_metadata_
ip controller
# crudini --set /etc/neutron/metadata_agent.ini DEFAULT metadata_
proxy_shared_secret $METADATA_SECRET
```

컨트롤러 노드에서 다음과 같이 커맨드를 실행시켜 neutron-metadata-agent 서비스를 구동하고, 부팅할 때 자동으로 동작하도록 설정한다.

```
# service neutron-metadata-agent start
# chkconfig neutron-metadata-agent on
```

뉴트론 L3 에이전트 설정

오픈스택에서는 사용자가 API를 통해 가상 라우터를 동적으로 생성하고 설정할 수 있는 확장 기능도 제공한다. 이때 라우터는 L2 네트워크를 서로 연결하고, 외부에서 사설 네트워크에 접속할 수 있도록 유동 IP를 제공한다. neutron-l3-agent는 리눅스 IP 스택과 iptables를 사용해 L3 포워딩과 NAT 기능을 제공한다. 여러 개의 라우터를 사용하여 IP 네트워크가 서로 중첩될 수 있도록 neutron-l3-agent에서는 네트워크 네임스페이스를 사용하여 독립된 포워딩 컨텍스트를 제공한다. 뉴트론에서 라우터를 생성하고 관리하는 방법에 대해서는 6장, '뉴트론 라우터 생성'에서 자세히 다룬다.

뉴트론 LBaaS 에이전트 설정

오픈스택에서는 API를 통해 가상 로드 밸런서를 동적으로 띄우고 설정할 수 있는 확장 기능을 제공한다. 하바나와 아이스하우스 버전에서는 오픈 소스 소프트웨어 로드 밸런서인 HAProxy를 사용한다. neutron-lbaas-agent는 디폴트로 네트워크 네임스페이스를 사용해 IP 또는 VIP마다 독립된 로드밸런싱 컨텍스트를 제공한다. 뉴트론에서 로드 밸런서를 생성하고 관리하는 방법에 대해서는 7장, '로드밸런싱'에서 자세히 설명한다.

뉴트론 커맨드라인 인터페이스

openstack-neutron 패키지에는 네트워킹 서비스뿐만 아니라, 뉴트론 API의 인터페이스로 커맨드라인 클라이언트도 제공한다. 리눅스 커맨드라인에서 neutron 커맨드를 실행해 뉴트론 셸을 띄울 수 있다.

```
# neutron
```

neutron 셸에서는 오픈스택 클라우드의 네트워크 설정을 생성하고, 읽고, 업데이트하고, 삭제하는 데 필요한 여러 가지 커맨드를 제공한다. 뉴트론 셸에서 물음표나 help를 입력하면, 이러한 커맨드 목록을 볼 수 있다. 리눅스 커맨드라인에서 neutron help를 입력하면, 각 커맨드의 기능에 대한 간략한 설명도 함께 볼 수 있다.

여기에 나온 커맨드에 대해서는 4장에서 하나씩 살펴볼 것이다. 서드 파티 플러그인의 커맨드를 비롯한 기본 뉴트론 기능을 벗어난 커맨드에 대해서는 부록 A, '뉴트론 커맨드'를 참고하기 바란다.

정리

뉴트론에서는 네트워크에 관련된 전반적인 정보를 데이터베이스를 통해 관리한다. 가상 네트워크에 대한 설정은 각 노드에 설치된 네트워크 플러그인 에이전트에서 처리한다. DHCP와 메타데이터 서비스는 컨트롤러 노드나, 전용 네트워크 노드에서 실행되며, 인스턴스의 부팅 과정에 필요한 IP 주소와 인스턴스 관련 데이터를 제공한다.

이제 모든 노드에 대해 오픈스택 네트워킹 서비스를 설치했으니, 인스턴스를 생성하기 전에 L2 네트워킹 플러그인만 잘 설정해주면 된다.

4장에서는 LinuxBridge와 OVS 플러그인의 설정 방법에 대해 자세히 살펴볼 것이다. 이 과정에서 플러그인에서 제공하는 기능과 인스턴스에 대한 L2 연결 방식을 기준으로, 두 플러그인의 장단점을 간략히 비교해볼 것이다. 하바나에서는 ML2 플러그인을 사용하지 않지만, 관심있는 독자를 위해 부록 B, 'ML2 설정'에서 설정 방법을 간략히 정리했다.

4

가상 스위칭 인프라 만들기

오픈스택 네트워킹의 핵심 기능 중 하나는 인스턴스에서 가상 및 물리 네트워크 인프라를 동적으로 설정할 수 있게 해주는 것이다. 생성한 인스턴스를 제대로 활용하려면, 이들의 기반이 되는 스위칭 인프라를 제대로 구성해야 한다.

이 장에서는 오픈스택 하바나 버전에서 제공하는 두 가지 네트워킹 플러그인인 LinuxBridge와 OVSOpen vSwitch에 대해 자세히 살펴본다. 두 종류의 플러그인은 일명 모노리딕 플러그인monolithic plugin으로서, 한 번에 한 가지 플러그인만 사용할 수 있다. 하바나부터 ML2Modular Layer 2라는 플러그인이 도입됐으며, 이후 버전에서는 이러한 두 플러그인 대신 ML2를 사용한다. ML2는 여러 개의 L2 기술을 동시에 사용할 수 있도록 설정할 수 있다. ML2에 대한 설정 방법은 이 책에서 자세히 다루지 않고, 부록에서 간략히 설명한다.

LinuxBridge와 OVS 플러그인은 나름대로 장점과 용도가 있으며, 인스턴스와 다른 가상 네트워킹 리소스를 연결하는 방식도 약간씩 차이가 있다. 이 장에서는, 뒷 장에서 네트워크와 인스턴스를 제대로 생성할 수 있도록, 두 플러그인 모두 설치하고 설정해볼 것이다.

인스턴스에 대한 L2 연결 제공

뉴트론과 노바는 서로 연동하여 클라우드의 물리 서버에 대한 네트워킹을 설정한다. 리눅스브릿지와 OVS 플러그인은 모두 뉴트론과 노바에서 인스턴스나 다른 네트워크 리소스에 연결하는데 필요한 기능을 제공하고 있다.

가상 네트워크 인터페이스

기본적으로 오픈스택은 커널 기반 가상 머신인 KVM을 사용해 가상화 인프라를 제공한다. 이때 커널에서는 다양한 프로세서에서 제공하는 하드웨어 가상화 기능을 활용한다.

인스턴스가 처음 부팅될 때, 호스트에 대해 탭tap 인터페이스라는 가상 네트워크 인터페이스를 생성한다. 이러한 탭 인터페이스가 바로 게스트 인스턴스에서 사용하는 네트워크 인터페이스다. 따라서 호스트에 있는 인스턴스는 탭 인터페이스를 통해 물리 네트워크에 연결하게 된다.

오픈스택에서 탭 인터페이스의 이름은 인스턴스에 연결된 뉴트론의 포트 UUID로 지정한다. 탭 인터페이스의 이름에 뉴트론 포트 UUID를 활용하는 것은 기술적인 이유라기보다는, 호스트를 리부팅한 뒤에도 탭 인터페이스 이름을 유지할 때 보기 좋기 때문이다. 뒷 장에 나오는 예제를 통해 이러한 동작을 살펴볼 것이다.

브릿징

뉴트론에서는 네트워크 브릿지bridge를 이용해 인스턴스를 연결한다. 네트워크 브릿지는 두 개 이상의 L2 네트워크를 연결해 하나의 통합aggregate 네트워크를 생성한다. 리눅스 브릿지는 여러 개의 네트워크 인터페이스를 연결하는 가상 인터페이스다. 뉴트론에서 브릿지는 물리 인터페이스 한 개와 여러 개의 가상 또는 탭 인터페이스로 구성된다. 여기서 물리 인터페이스란 eth0과 같은 이더넷 인터페이스부터, 한 개 이상의 이더넷 인터페이스나 가상 VLAN 인터페이스로 구성된 본딩된 인터페이스로 구성될 수 있다. 이러한 리눅스 브릿지에 여러 개의 물리 및 가상 네트워크 인터페이스가 연결될 수 있다.

정상적인 상태에서는 네트워크 인터페이스가 무작위 모드가 아닌 상태non-promiscuous로 동작하여, 주소가 자신으로 지정되지 않거나 브로드캐스트가 아닌 프레임은 그냥 버린다. 브릿지로 동작하려면 물리 네트워크 인터페이스를 무작위promiscuous 모드로 전환해야 한다. 무작위 모드에서는 모든 프레임이 거쳐갈 수 있기 때문에, 다른 머신이나 다른 네트워크 디바이스의 프레임을 호스트에서 보고 처리할 수 있다.

뉴트론에서 리눅스 브릿지로 동작하는 과정을 그림으로 표현하면 다음과 같다.

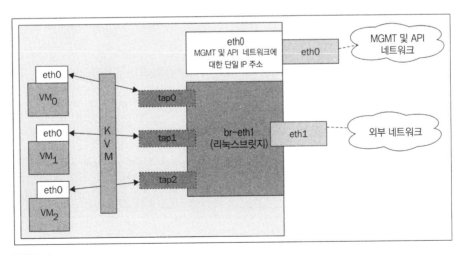

그림 4-1

그림을 보면, 리눅스 브릿지인 br-eth1이 한 개의 물리 인터페이스(eth1)와 세 개의 가상 인터페이스(tap0, tap1, tap2)로 구성된 것을 볼 수 있다. 세 개의 탭 인터페이스는 각각의 게스트 인스턴스에 있는 네트워크 인터페이스에 매핑된다. 인스턴스의 eth0으로 들어오는 트래픽은 여기에 매핑된 탭 인터페이스뿐만 아니라 브릿지 인터페이스, 그리고 브릿지에 있는 물리 인터페이스에서도 볼 수 있다.

브릿지 인터페이스 설정

우리가 뉴트론을 설치할 환경에서는 물리 네트워크 인터페이스 eth1을 브릿지로 활용한다. 컨트롤러 노드와 컴퓨트 노드에서 /etc/sysconfig/network-scripts/ifcfg-eth1에 있는 eth1의 설정 파일을 다음과 같이 수정한다.

 # nano /etc/sysconfig/network-scripts/ifcfg-eth1

```
DEVICE=eth1
TYPE=Ethernet
ONBOOT=yes
NM_CONTROLLED=yes
BOOTPROTO=none
```

파일을 저장한 후 인터페이스를 다음과 같이 재구동한다.

 # ifdown eth1; ifup eth1

별다른 문제가 없다면, 인터페이스가 제대로 로딩돼 리눅스브릿지나 OVS 플러그인에서 사용할 수 있는 상태가 된다. 커맨드라인에서 ip addr를 실행시켜 보면 다음과 같은 결과를 볼 수 있다.

```
3: eth1: <BROADCAST,MULTICAST,UP,LOWER_UP> mtu 1500 qdisc mq state UP qlen 1000
    link/ether 00:1d:09:66:54:b9 brd ff:ff:ff:ff:ff:ff
    inet6 fe80::21d:9ff:fe66:54b9/64 scope link
       valid_lft forever preferred_lft forever
```

이 인터페이스는 브릿지로 사용하므로 IP 주소를 직접 지정하면 안 된다. eth1에 IP가 지정된 상태에서 브릿지 모드로 변환하면 여기에 접근할 수 없다.

뉴트론 네트워크

뉴트론에서는 인스턴스에 대한 연결을 제공하는 네트워크로 다음과 같이 두 종류가 있다.

- 프로바이더 네트워크
- 테넌트 네트워크

프로바이더Provider 네트워크는 오픈스택 관리자가 생성한 네트워크로서, 데이터센터의 물리 네트워크에 직접 매핑된다. 주로 사용되는 프로바이더 네트워크로는 태깅을 사용하지 않는 플랫flat 네트워크와 802.1q 태깅을 사용하는 VLAN이 있다. 이 외에도 로컬이나 GRE와 같은 다른 네트워크도 설정할 수는 있지만, 이를 프로바이더 네트워크로 사용하는 경우는 드물다.

테넌트Tenant 네트워크는 같은 테넌트에 속한 인스턴스끼리 연결하도록 사용자가 생성한 네트워크다. 디폴트 설정에 의하면, 테넌트 네트워크는 다른 테넌트 네트워크 뿐만 아니라, 같은 테넌트 안에 있는 다른 네트워크와 서로 완전히 격리되어 있다.

뉴트론에서는 다음과 같은 타입의 네트워크를 제공한다.

- 로컬
- 플랫
- VLAN
- VXLAN과 GRE

로컬Local 네트워크는 다른 네트워크나 노드와 독립적으로 존재하며, 같은 컴퓨트 노드의 동일한 네트워크에 있는 인스턴스끼리만 서로 통신할 수 있다. 따라서 같은 네트워크라도 다른 호스트에 있는 인스턴스와는 통신할 수 없다. 이러한 제약 사항으로 인해, 테스트 용도로만 사용하는 것이 좋다.

플랫Flat 네트워크는 VLAN 태킹을 적용하지 않거나 네트워크가 분리되지 않은 네트워크다. 설정에 따라 인스턴스가 호스트 머신과 같은 네트워크에 존재할 수 있다.

VLAN 네트워크는 802.1q 태깅을 이용해 네트워크 트래픽을 분리한 네트워크다. 같은 VLAN에 존재하는 인스턴스는 같은 네트워크에 있는 것처럼 취급하며, 동일한 L2 브로드캐스트 도메인에 있게 된다. VLAN간 라우팅을 하려면 반드시 라우터를 사용해야 한다.

OVS 플러그인을 사용하면 GRE나 VXLAN를 통해 오버레이 네트워크를 생성할 수 있다. 오버레이 네트워크overlay network는 다른 네트워크 위에 또 하나의 컴퓨터 네트워크를 구성하는 것으로, 클라우드 내의 모든 호스트에 대한 P2PPeer-to-Peer 터널을 만든다. 이렇게 생성한 P2P 터널은 모든 호스트가 서로 연결된 하나의 메시 네트워크mesh network를 형성한다. 다음 그림은 하나의 컨트롤러와 세 개의 컴퓨트 노드로 구성된 클라우드에 대해 완전한 메시 오버레이 네트워크를 구성한 모습이다.

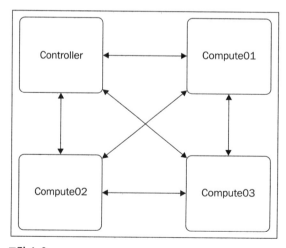

그림 4-2

이 그림을 보면, 모든 호스트에 대해 완전한 메시 형태의 GRE 및 VXLAN 오버레이 네트워크가 형성된 것을 볼 수 있다.

GRE나 VXLAN 네트워크가 생성되면, 고유 ID가 지정되며, 해당 트래픽을 이 ID로 캡슐화한다. 같은 네트워크에 있지만 다른 호스트에 있는 인스턴스끼리 주고 받을 경우, 데이터를 보내는 호스트에서 이 ID로 캡슐화해서 P2P로 연결된 GRE나 VXLAN 터널로 전달하면, 캡슐화를 풀고 적절한 곳으로 포워딩하게 된다.

GRE나 VXLAN 트래픽은 캡슐화되어 있기 때문에, 물리 네트워크 디바이스로는 이러한 네트워크에서 통신할 수 없다. 따라서 뉴트론 라우터를 사용하지 않으면, 클라우드에 있는 다른 네트워크와 완전히 분리된 네트워크를 형성하게 된다. 뉴트론 라우터를 생성하는 방법에 대해서는 6장, '뉴트론 라우터 생성'에서 자세히 다룬다.

네트워킹 플러그인 선택

뉴트론에서는 인스턴스끼리 서로 연결하는 데 필요한 기능을 네트워킹 플러그인을 통해 구현한다. 이 책에서는 LinuxBridge와 OVS 플러그인을 소개하며, 각각 구현 방식에 차이가 있다.

LinuxBridge

뉴트론에서 LinuxBridge 플러그인을 사용하도록 설정하면 bridge와 8021q라는 커널 모듈을 사용해 인스턴스와 네트워크 리소스를 가상 스위치에 연결하고 트래픽을 전달한다.

LinuxBridge를 기반으로 네트워크를 구현할 때, 다음 세 가지 타입의 가상 네트워킹 디바이스를 사용한다.

- 탭 디바이스
- VLAN 인터페이스
- 리눅스브릿지

탭 디바이스tap device는 KVM과 같은 하이퍼바이저에서 가상 네트워크 인터페이스 카드를 구현할 때 사용한다. 호스트에 있는 가상 인터페이스는 게스트 인스턴스에 존재하는 인터페이스 역할을 한다. 즉, 탭 디바이스로 이더넷 프레임을 보내면 게스트 OS에서 받을 수 있다.

리눅스에서는 가상 VLAN 인터페이스를 사용하여 802.1q VLAN 태깅을 지원한다. ethX.<vlan>라는 이름으로 VLAN 인터페이스를 생성해서 적절히 설정하면, 커널에서 VLAN 태깅된 패킷을 주고 받을 수 있다. VLAN 인터페이스는 물리 인터페이스인 ethX와 연계된다.

LinuxBridge는 여러 네트워크 인터페이스를 연결하는 가상 인터페이스다. 뉴트론에서 브릿지는 한 개의 물리 인터페이스와 한 개 이상의 가상 또는 탭 인터페이스로 구성된다. 물리 인터페이스는 eth0, eth1 등과 같은 이더넷 인터페이스뿐만 아니라, 한 개 이상의 이더넷 인터페이스로 구성된 본딩된 인터페이스, 그리고 VLAN 인터페이스 등으로 구성할 수 있다.

LinuxBridge로 내부 네트워크 연결

이더넷 프레임이 가상 머신 인스턴스에서 출발하여 원격에 있는 물리 네트워크로 도달하는 과정에서, 다음과 같이 호스트에 있는 세 종류 또는 네 종류의 디바이스를 통과한다.

- 탭 인터페이스: tapXXXX
- 리눅스 브릿지: brqYYYY

- VLAN 인터페이스: ethX.ZZZ(VLAN 태깅이 사용될 경우에만)

- 물리 인터페이스: ethX

뉴트론에서 리눅스 브릿지를 이용하는 과정에 대한 이해를 돕기 위해 몇 가지 예제를 살펴보자.

VLAN

인스턴스에서 VLAN 100이라는 하나의 네트워크로만 사용하도록 구성된 오픈스택 클라우드를 예로 들어보자. 컴퓨트 노드에서 네트워크 아키텍처는 아래 그림처럼 구성될 것이다.

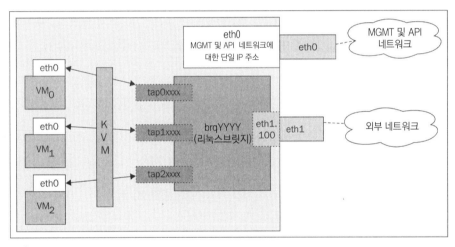

그림 4-3

그림에서는 세 개의 게스트 인스턴스가 탭 인터페이스를 통해 brqYYYY라는 리눅스브릿지와 연결되어 있다. eth1.100이라는 이름의 가상 인터페이스는 뉴트론에 의해 자동으로 생성돼 브릿지에 설치된다. eth1.100은 물리 인터페이스인 eth1에 연결된다. 인스턴스에서 발생한 트래픽이 리눅스 브릿지를 거쳐 물리 인터페이스로 나갈 때는 eth1.100 인터페이스에 의해 VLAN 100이라는 태그가 붙고, eth1로 전달된다. 반대로 eth1를 통해 인스턴스로 들어오는 인그레스ingress 트래픽의 경우 eth1.100에 의해 태깅이 해제되고 브릿지를 통해 적절한 인스턴스로 전달된다.

앞에서 본 그림처럼 설정했을 때, 리눅스 CLI에서 `brctl show` 커맨드를 실행시키면 다음과 같은 결과를 확인할 수 있다.

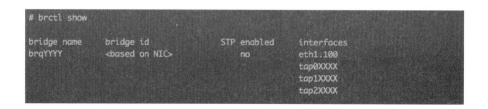

```
# brctl show

bridge name       bridge id              STP enabled       interfaces
brqYYYY           <based on NIC>         no                eth1.100
                                                           tap0XXXX
                                                           tap1XXXX
                                                           tap2XXXX
```

여기서 `bridge id`는 가상 VLAN 인터페이스의 부모 NIC을 기반으로 동적으로 생성된다. 여기서는 `eth1`이 부모 인터페이스다.

`brq` 접두어로 시작하는 브릿지 이름bridge name은 현재 연결된 뉴트론 네트워크의 UUID를 기반으로 지정된다. 각 네트워크마다 별도로 브릿지를 사용한다.

한 개 이상의 VLAN 네트워크가 필요할 경우에는, 별도의 가상 VLAN 인터페이스를 가진 리눅스 브릿지를 새로 생성한다. 가령 eth1.101라는 새로운 가상 인터페이스를 추가하도록 brqWWWW라는 브릿지를 생성하여 설정한 경우를 그림으로 표현하면 다음과 같다.

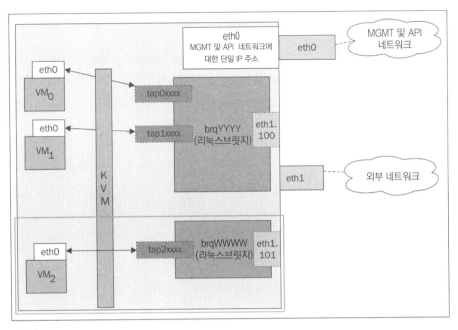

그림 4-4

이렇게 설정된 사항을 컴퓨트 노드에서 확인해보면 다음과 같이 표시된다.

```
# brctl show

bridge name       bridge id              STP enabled     interfaces
brqYYYY           <based on NIC>         no              eth1.100
                                                         tap0XXXX
                                                         tap1XXXX
brqWWWW           <based on NIC>         no              eth1.101
                                                         tap2XXXX
```

플랫

뉴트론에서 플랫flat 네트워크는 VLAN 태깅을 사용하지 않은 네트워크를 말한다. 플랫 네트워크에 연결된 인스턴스는 모두 같은 L2 브로드캐스팅 도메인에 속한다.

플랫 네트워크는 VLAN 태깅한 네트워크와 달리 가상 VLAN 인터페이스를 생성하지 않는다. 대신 네트워크와 연결된 호스트의 물리 인터페이스를 브릿지에 직접 연결한다. 따라서 물리 인터페이스와 브릿지마다 하나의 플랫 네트워크만 존재하게 된다.

다음 그림은 플랫 네트워크로 구성할 경우 브릿지에 하나의 (태깅되지 않은) 물리 인터페이스만 존재하는 경우를 보여준다.

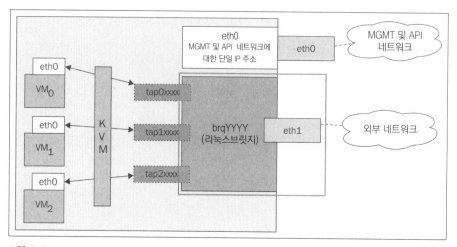

그림 4-5

그림을 보면 eth1은 brqYYYY라는 브릿지에 곧바로 연결되고, 게스트 인터페이스에 대한 세 개의 탭 인터페이스를 가지고 있는 것을 볼 수 있다. 여기서는 리눅스 커널이 호스트에 대한 VLAN 태깅 작업을 처리하지 않는다.

컴퓨트 노드에서 위와 같이 구성했다면 다음과 같이 표시된다.

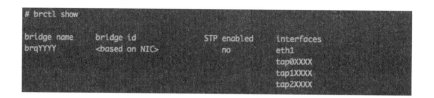

플랫 네트워크를 여러 개 생성하려면, 각 네트워크마다 별도의 물리 인터페이스를 연결해야 한다. 아래 그림은 두 개의 물리 인터페이스에 대해 별도의 플랫 네트워크를 구성한 예를 보여준다.

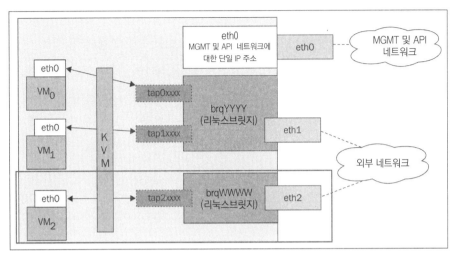

그림 4-6

위와 같이 구성했을 때, 컴퓨트 노드에서 다음과 같이 두 개의 플랫 네트워크에 대해 두 개의 물리 인터페이스를 사용하는 것을 확인할 수 있다.

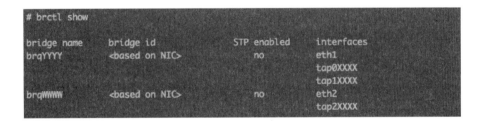

두 개의 플랫 네트워크를 사용할 경우, 호스트에서는 브릿지로 들어오는 트래픽에 대해 VLAN 태깅을 하지 않는다. 서로 다른 브릿지에 연결된 인스턴스끼리 통신하려면 라우터를 설정해야 한다.

로컬

뉴트론에서 로컬local 네트워크를 생성하면 VLAN ID나 물리 인터페이스를 지정할 수 없다. 이 경우 LinuxBridge 플러그인 에이전트는 한 개의 브릿지만 생성하고, 여기에 연결될 인스턴스에 대한 탭 인터페이스만 만들게 된다. 동일한 로컬 네트워크에 존재하는 인스턴스는 같은 브릿지에 연결되고, 서로 마음껏 통신할 수 있다. 호스트에 있는 브릿지에 물리 인터페이스나 가상 VLAN 인터페이스가 존재하지 않기 때문에, 인스턴스가 존재하는 호스트에서만 트래픽이 발생한다. 동일한 로컬 네트워크에 있는 인스턴스가 서로 다른 호스트에 존재할 경우에는 서로 통신할 수 없다.

다음 그림은 브릿지에 물리 인터페이스나 가상 VLAN 인터페이스를 설정하지 않은 경우를 보여준다.

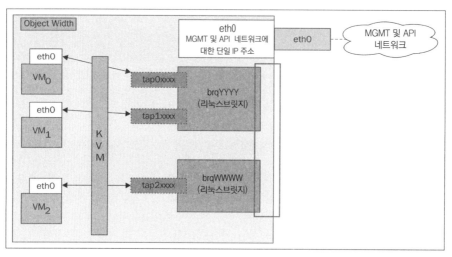

그림 4-7

이 그림을 보면, 두 개의 로컬 네트워크로 구성되어 있으며, 각각 brqYYYY와 brqWWWW라는 브릿지를 사용한다. 같은 브릿지에 연결된 인스턴스는 서로 통신할 수 있지만, 브릿지를 벗어나는 통신은 전혀 할 수 없다. 로컬 네트워크를 사용할 때는, 서로 다른 브릿지나 호스트에 있는 인스턴스가 서로 통신할 수 있는 방법은 없다.

OVS

OVSOpen vSwitch는 소프트웨어 기반 스위치로서, 가상 네트워크 브릿지와 플로우 룰을 사용해 호스트에 패킷을 포워딩한다. OVS에서는 다양한 기술과 프로토콜을 제공하지만, 아직 뉴트론에서는 OVS에서 제공하는 기능 중 일부만 활용하고 있다.

OVS의 핵심 컴포넌트는 다음과 같이 세 가지가 있다.

- 커널 모듈: OVS의 커널 모듈은 하드웨어 스위치의 ASIC에 해당한다. 스위치의 데이터 평면 역할을 하며, 패킷에 대한 처리 작업을 여기서 수행한다.

- OVS 데몬: ovs-vswitchd라는 이름을 가진 리눅스 프로세스로서, 모든 물리 호스트에서 유저 스페이스user space에서 구동되며, 커널 모듈의 동작을 제어한다.

- 데이터베이스 서버: OVS에서는 모든 물리 호스트마다 OVSDBOpen vSwitch Database Server라는 이름의 로컬 데이터베이스를 사용한다. 가상 스위치에 대한 설정을 여기서 관리한다.

뉴트론에서 OVS 플러그인을 사용하도록 설정하면 ovs-vsctl이나 ovs-ofctl 등과 같은 유저 스페이스 유틸리티와 함께 bridge와 openvswitch라는 커널 모듈을 이용해 OVS 데이터베이스를 관리하고, 인스턴스나 다른 네트워크 리소스를 가상 스위치에 연결한다.

OVS 기반으로 네트워크를 구성할 때 다음과 같은 다섯 가지 가상 네트워킹 디바이스가 사용된다.

- 탭 디바이스
- 리눅스 브릿지
- 가상 이더넷 케이블

- OVS 브릿지

- OVS 패치 포트

탭 디바이스와 리눅스 브릿지는 앞 절에서 설명한 바 있으며, OVS 기반 네트워크에서도 똑같이 적용된다. 가상 이더넷Virtual Ethernet(veth) 케이블은 네트워크 패치 케이블을 흉내낸 가상 인터페이스로서, 실제 케이블처럼 veth 케이블의 한쪽 끝에서 보낸 이더넷 프레임을 반대편 끝에서 받는다. 뉴트론에서는 veth 케이블로 네임스페이스나 브릿지와 같은 다양한 네트워크 리소스를 연결한다.

OVS 브릿지는 가상으로 구현됐을 뿐, 실제 물리 스위치처럼 동작한다. DHCP나 라우터 네임스페이스에서 사용하는 인터페이스나 인스턴스 탭 인터페이스와 같은 네트워크 인터페이스 디바이스는 OVS 브릿지 포트에 연결된다. 이때 포트는 물리 스위치의 포트처럼 설정할 수 있다. OVS에서는 연결된 디바이스의 MAC 주소나 인터페이스의 통계 정보 등과 같은 여러 가지 정보를 관리하게 된다.

OVS에서는 리눅스 veth 케이블과 비슷하게 동작하지만, OVS 브릿지에 좀 더 최적화된 패치 포트patch port라는 내장 포트 타입을 제공한다. 두 개의 OVS 브릿지를 연결할 때, 각 스위치에 맞물리는 양쪽 끝 포트를 패치 포트로 할당한다. 이때 다른 스위치쪽에 연결된 포트 이름(피어 네임peer name)도 함께 설정된다. 이해를 돕기 위해 그림으로 표현하면 다음과 같다.

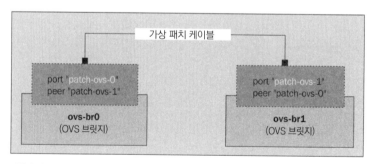

그림 4-8

122

그림을 보면, 두 개의 OVS 브릿지가 각 스위치에 있는 패치 포트를 통해 서로 연결된 것을 볼 수 있다.

OVS 패치 포트는 OVS 브릿지끼리 연결할 때만 사용한다. 이와 달리 리눅스 veth 케이블은 OVS 브릿지와 리눅스 브릿지를 연결하거나, 리눅스 브릿지를 다른 리눅스 브릿지와 연결할 때 사용된다.

OVS로 내부 네트워크 연결

가상 머신 인스턴스로부터 나온 이더넷 프레임이 호스트의 물리 인터페이스까지 거쳐 나오는 과정에서, 다음과 같은 아홉 가지의 디바이스를 거친다.

- 탭 인터페이스: tapXXXX
- 리눅스 브릿지: qbrYYYY
- veth 페어: qvbYYYY, qvoYYYY
- OVS 통합 브릿지: br-int
- OVS 패치 포트: int-br-ethX, phy-br-ethX
- OVS 프로바이더 브릿지: br-ethX
- 물리 인터페이스: ethX

OVS 브릿지 중 br-int는 통합 브릿지integration bridge로서, 인스턴스와 DHCP 서버, 라우터 등과 같은 여러 네트워크 리소스를 연결하는 가상 스위치로서 핵심적인 역할을 담당한다. 뉴트론 시큐리티 그룹security group을 사용할 경우에는, 인스턴스를 통합 브릿지에 직접 연결하지 않고, 통합 브릿지에 연결된 리눅스 브릿지를 통해 간접적으로 연결한다. 이처럼 OVS 기반으로 네트워크를 구성하는 과정에 굳이 리눅스 브릿지를 사용하는 이유는, 뉴트론 시큐리티 그룹을 구현하는 데 핵심이 되는 iptables 룰을 OVS 브릿지 포트에 직접 연결된 탭 디바이스에 둘 수 없기 때문이다. 이러한 한계를 극복하기 위해 탭 인터페이스를 리눅스 브릿지에 두고, 이를 다시 통합 브릿지에 연결한 것이다. 시큐리티 그룹에 대한 자세한 사항과, 이를 인터페이스에 적용하는 방법에 대해서는 8장, '네트워크에 연결된 인스턴스 보호'에서 자세히 설명한다.

또 다른 OVS 브릿지인 br-ethX는 프로바이더 브릿지provider bridge라 부르며, 물리 네트워크 인터페이스인 ethX(여기서 X는 0, 1, 2와 같은 물리 NIC에 붙인 일련 번호)에 연결해준다. 프로바이더 브릿지는 패치 포트 int-br-ethX와 phy-br-ethX에 연결된 가상 패치 케이블을 통해 통합 브릿지와 연결된다.

이를 그림으로 표현하면 다음과 같다.

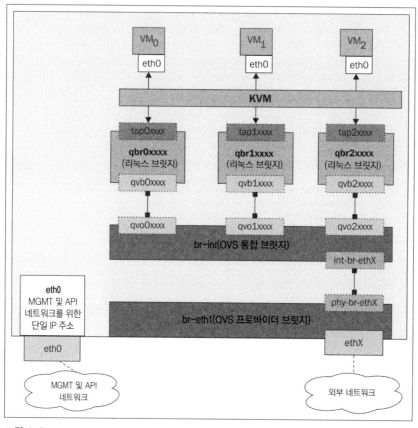

그림 4-9

그림을 보면, 인스턴스가 탭 인터페이스를 통해 리눅스 브릿지와 연결된 것을 볼 수 있다. 리눅스 브릿지는 veth 케이블을 통해 OVS 통합 브릿지에 연결된다. 통합 브릿지에 설정된 오픈플로우OpenFlow 룰을 통해 가상 스위치에 전달된 트래픽의 포워딩 동작을 제어한다. 통합 브릿지는 OVS 패치 케이블을 통해 프로바이더 브릿지와 연결된다. 마지막으로 프로바이더 브릿지는 물리 네트워크 인터페이스를 연결하여, 실제 네트워크를 통해 트래픽이 호스트로 들어오거나 나가게 한다.

OVS 플러그인을 사용하면 오픈스택을 구성하는 컨트롤러 노드와 네트워크 노드, 컴퓨트 노드마다 통합 브릿지와 프로바이더 브릿지를 갖게 된다. 노드마다 존재하는 가상 스위치는 물리 네트워크를 통해 서로 연결된다. 한 호스트에 여러 개의 프로바이더 브릿지를 사용하도록 설정할 수도 있지만, 이렇게 하려면 전용 물리 인터페이스를 사용하거나, 프로바이더 브릿지마다 가상 VLAN 인터페이스를 사용해야 한다.

가상 스위치의 포트 정보 확인

ovs-ofctl show <bridge> 커맨드를 사용하면 현재 설정된 가상 스위치의 상태를 볼 수 있다. 아래 그림은 이 커맨드로 compute01 노드의 통합 브릿지(br-int)에 있는 스위치 포트 정보를 출력하는 예를 보여주고 있다.

```
[root@compute01 ~]# ovs-ofctl show br-int
OFPT_FEATURES_REPLY (xid=0x2): dpid:0000f6606ec02545
n_tables:254, n_buffers:256
capabilities: FLOW_STATS TABLE_STATS PORT_STATS QUEUE_STATS ARP_MATCH_IP
actions: OUTPUT SET_VLAN_VID SET_VLAN_PCP STRIP_VLAN SET_DL_SRC SET_DL_DST SET_NW_SRC SET_NW_DST SET_NW_TOS SET_TP_SRC SET_TP_DST ENQUEUE
 1(patch-tun): addr:aa:93:5d:8b:bc:68
     config:     0
     state:      0
     speed: 0 Mbps now, 0 Mbps max
 2(int-br-eth1): addr:02:7e:02:f9:9b:5e
     config:     0
     state:      0
     current:    10GB-FD COPPER
     speed: 10000 Mbps now, 0 Mbps max
 5(qvo04c49e4a-a6): addr:3a:39:e2:e2:df:ca
     config:     0
     state:      0
     current:    10GB-FD COPPER
     speed: 10000 Mbps now, 0 Mbps max
 6(qvofe2d048e-bc): addr:e6:98:c5:04:c7:85
     config:     0
     state:      0
     current:    10GB-FD COPPER
     speed: 10000 Mbps now, 0 Mbps max
 LOCAL(br-int): addr:f6:60:6e:c0:25:45
     config:     0
     state:      0
     speed: 0 Mbps now, 0 Mbps max
OFPT_GET_CONFIG_REPLY (xid=0x4): frags=normal miss_send_len=0
```

화면을 보면 다음과 같은 컴포넌트로 구성된 것을 볼 수 있다.

- 1번 포트는 patch-tun이라는 이름을 갖고 있으며, OVS 패치 케이블의
  한쪽 끝에 해당하며, 반대쪽 끝은 (그림에는 나오지 않은) 터널 브릿지에 연결
  되어 있다.

- 2번 포트는 int-br-eth1라는 이름을 갖고 있으며, 리눅스 veth 케이블
  의 한쪽 끝에 해당하며, 반대쪽 끝은 프로바이더 브릿지(br-eth1)에 연결
  된다.

- 5번 포트는 qvo04c49e4a-a6라는 이름을 갖고 있으며, 04c49e4a-a6로
  시작하는 뉴트론 포트의 UUID와 관련 있다.

- 6번 포트는 qvofe2d048e-bc라는 이름을 갖고 있으며, fe2d048e-bc로
  시작하는 뉴트론 포트의 UUID와 관련 있다.

- br-int라는 이름의 LOCAL 포트를 통해 관리 네트워크의 트래픽이 가
  상 스위치를 거쳐간다.

이를 그림으로 표현하면 다음과 같다.

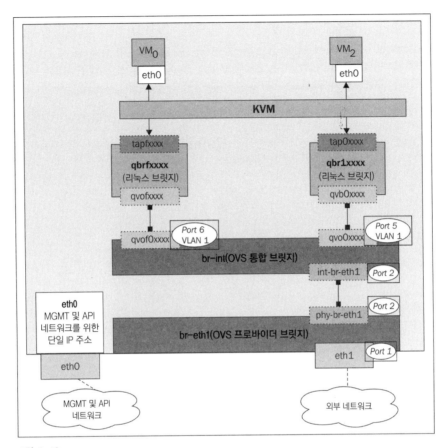

그림 4-10

포트에 연결된 로컬 VLAN 확인

인스턴스나 다른 네트워크 리소스에 연결된 통합 브릿지의 포트는 모두, 해당 호스트에 대한 로컬 VLAN에 속한다. OVS 데이터베이스는 호스트마다 독립적으로 존재하며, 물리 네트워크와 무관하게 VLAN 정보를 각 호스트마다 자체적으로 관리한다. 따라서 특정한 호스트에서 동일한 뉴트론 네트워크에 존재하는 인스턴스는 통합 브릿지에서 동일한 VLAN에 속하게 된다.

`ovs-vsctl show` 커맨드를 사용하면, 현재 호스트에 있는 모든 가상 스위치에서

사용하는 모든 포트의 내부 VLAN 태그를 볼 수 있다. 가령 OVS 브릿지가 설정된 compute01 노드에서 이 커맨드를 실행하는 예를 들면 다음과 같다.

```
[root@compute01 ~]# ovs-vsctl show
f3b5fa36-6459-40a0-b823-468e7d6fed7f
    Bridge "br-eth1"
        Port "br-eth1"
            Interface "br-eth1"
                type: internal
        Port "eth1"
            Interface "eth1"
        Port "phy-br-eth1"
            Interface "phy-br-eth1"
    Bridge br-tun
        Port "gre-1"
            Interface "gre-1"
                type: gre
                options: {in_key=flow, local_ip="172.18.0.101", out_key=flow, remote_ip="172.18.0.100"}
        Port patch-int
            Interface patch-int
                type: patch
                options: {peer=patch-tun}
        Port br-tun
            Interface br-tun
                type: internal
    Bridge br-int
        Port "int-br-eth1"
            Interface "int-br-eth1"
        Port patch-tun
            Interface patch-tun
                type: patch
                options: {peer=patch-int}
        Port "qvofe2d048e-bc"
            tag: 1
            Interface "qvofe2d048e-bc"
        Port br-int
            Interface br-int
                type: internal
        Port "qvo04c49e4a-a6"
            tag: 2
            Interface "qvo04c49e4a-a6"
    ovs_version: "1.11.0"
```

여기서 빨간색 박스로 표시한 통합 브릿지의 두 포트 qvo04c49e4a-a6와 qvofe2d048e-bc를 보면, 각각 VLAN 태그가 다르게 설정돼 있다. 이 포트는 서로 다른 두 개의 뉴트론 네트워크에 있는 인스턴스에 각각 연결되며, VLAN ID로 서로 구분한다. 이러한 VLAN ID는 OVS에서 임의로 정하며, openvswitch 서비스를 재구동하거나 시스템을 재부팅하면 다른 값으로 변경될 수 있다.

플로우 룰 프로그래밍

LinuxBridge 플러그인을 사용할 때와 달리, OVS 플러그인에서는 트래픽을 태깅할 때 호스트에 있는 가상 VLAN 인터페이스를 사용하지 않는다. 그 대신 가상 스위치에 대한 플로우 룰flow rule을 프로그래밍해서 스위치를 거쳐가는 트래픽의 포워딩 동작을 제어한다. 가상 스위치로 트래픽이 들어오면, 스위치에 정의된 플로우 룰에 따라 VLAN 태그를 추가하거나 잘라내거나 변환하여 내보내게 된다. 또한 특정한 조건에 해당하는 트래픽을 끊어버리도록 룰을 구성할 수 있다. OVS에서는 트래픽에 대한 동작을 변경할 수 있는데, 여기에 대해서는 이 책에서 다루지 않으므로 오픈플로우 관련 자료와 서적을 참고하기 바란다.

`ovs-ofctl dump-flows <브릿지>` 커맨드를 사용하면 인자로 지정한 브릿지에 설정된 플로우 룰을 볼 수 있다. OVS 플러그인 에이전트는 뉴트론 데이터베이스에 저장된 네트워크 정보를 OVS 플로우로 변환해줄 뿐만 아니라, 네트워크에 적용될 플로우에 대한 변경 사항을 지속적으로 관리한다.

VLAN 네트워크에 대한 플로우 룰

컨트롤러 노드와 컴퓨트 노드가 VLAN 30이란 물리 네트워크에 연결된 예를 살펴보자. 트래픽이 물리 인터페이스인 eth1을 통해 프로바이더 브릿지로 들어오면, 이 브릿지에 설정된 플로우 룰에 따라 트래픽을 처리한다. 예를 들어 다음과 같은 경우를 살펴보자.

```
[root@compute01 ~]# ovs-ofctl dump-flows br-eth1
NXST_FLOW reply (xid=0x4):
 cookie=0x0, duration=6114.377s, table=0, n_packets=101, n_bytes=5984, idle_age=723, priority=4,in_port=2,dl_vlan=1 actions=mod_vlan_vid:30,NORMAL
 cookie=0x0, duration=6120.067s, table=0, n_packets=31, n_bytes=2300, idle_age=830, priority=2,in_port=2 actions=drop
 cookie=0x0, duration=6121.345s, table=0, n_packets=27866, n_bytes=1816978, idle_age=1, priority=1 actions=NORMAL
```

플로우 룰은 위에서부터 아래 방향으로 적용된다. 위에 나온 두 룰은 다음과 같은 특정한 인바운드inbound 포트에 대해 적용된다.

`in_port=2`

그림 4-10에 설정된 바에 의하면, 물리 인터페이스인 eth1을 통해 br-eth1 브릿지로 들어온 트래픽은 2번이 아닌 1번 포트로만 들어온다. 따라서 처음 나온 두 개의 룰은 적용되지 않고, 통합 브릿지로 포워딩되는 트래픽은 세 번째 룰에 적용된다.

```
cookie=0x0, duration=6121.345s, table=0, n_packets=27866,
n_bytes=1816978, idle_age=1, priority=1 actions=NORMAL
```

플로우 룰에서 액션이 NORMAL로 설정되면 OVS는 러닝 스위치처럼 동작한다. 즉, 스위치의 학습을 끝내고 FDB 테이블을 업데이트할 때까지 트래픽을 모든 포트로 포워딩한다. FDB 테이블은 CAM 또는 MAC 주소 테이블에 해당한다. 이는 적절한 경로를 찾을 때까지 모든 포트로 플러딩하는 하드웨어 스위치와 똑같이 동작한다.

프로바이더 브릿지의 2번 포트를 통해 나가서 통합 브릿지의 2번 포트로 들어가는 트래픽은, 다음과 같이 통합 브릿지(br-int)에 설정된 플로우 룰에 따라 처리한다.

```
[root@compute01 ~]# ovs-ofctl dump-flows br-int
NXST_FLOW reply (xid=0x4):
cookie=0x0, duration=6100.376s, table=0, n_packets=15, n_bytes=1904, idle_age=709, priority=3,in_port=2,dl_vlan=30 actions=mod_vlan_vid:1,NORMAL
cookie=0x0, duration=6106.342s, table=0, n_packets=7, n_bytes=532, idle_age=6079, priority=2,in_port=2 actions=drop
cookie=0x0, duration=6107.76s, table=0, n_packets=126, n_bytes=7680, idle_age=709, priority=1 actions=NORMAL
```

첫 번째 룰은 원래 30으로 설정된 VLAN ID 값을 컴퓨트 노드의 통합 브릿지에서 내부적으로 사용하는 값(1)으로 변경한다.

```
cookie=0x0, duration=6100.376s, table=0, n_packets=15, n_bytes=1904,
idle_age=709, priority=3,in_port=2,dl_vlan=30 actions=mod_vlan_
vid:1,NORMAL
```

따라서 인스턴스로 전달될, VLAN 30으로 태깅된 트래픽이, 프로바이더 브릿지를 거쳐 통합 브릿지로 오게 되면, VLAN 태그를 제거하고 로컬 VLAN 값인 1로 교체된다. 그런 다음 MAC 주소에 따라 해당 인스턴스가 있는 포트로 포워딩된다. 두 번째 룰은 프로바이더 브릿지로부터 2번 포트에 들어오는 트래픽 중 VLAN 30이 아닌 것들은 모두 무시(drop)하도록 구성되어 있다.

```
cookie=0x0, duration=6106.342s, table=0, n_packets=7, n_bytes=532,
idle_age=6079, priority=2,in_port=2 actions=drop
```

인스턴스로 갔다가 다시 통합 브릿지로 되돌아오는 트래픽은 VLAN 1로 태깅
되어 있으며, 프로바이더 브릿지로 포워딩될 때는 다음과 같은 세 번째 룰이
적용된다.

```
cookie=0x0, duration=6107.76s, table=0, n_packets=126, n_bytes=7680,
idle_age=709, priority=1 actions=NORMAL
```

프로바이더 브릿지로 들어온 트래픽은 다음과 같은 플로우 룰이 적용된다.

```
[root@compute01 ~]# ovs-ofctl dump-flows br-eth1
NXST_FLOW reply (xid=0x4):
 cookie=0x0, duration=6114.377s, table=0, n_packets=101, n_bytes=5984, idle_age=723, priority=4,in_port=2,dl_vlan=1 actions=mod_vlan_vid:30,NORMAL
 cookie=0x0, duration=6120.067s, table=0, n_packets=31, n_bytes=2300, idle_age=830, priority=2,in_port=2 actions=drop
 cookie=0x0, duration=6121.345s, table=0, n_packets=27866, n_bytes=1816978, idle_age=1, priority=1 actions=NORMAL
```

여기에 나온 플로우 룰은 앞에서 본 프로바이더 브릿지에 대해 적용된 플로우
룰과 비슷하지만, 이번에는 처음 나온 두 개의 룰에 따라 통합 브릿지로부터 2번
포트를 통해 들어오는 트래픽을 처리한다.

```
cookie=0x0, duration=6114.377s, table=0, n_packets=101, n_bytes=5984,
idle_age=723, priority=4,in_port=2,dl_vlan=1 actions=mod_vlan_
vid:30,NORMAL
cookie=0x0, duration=6120.067s, table=0, n_packets=31, n_bytes=2300,
idle_age=830, priority=2,in_port=2 actions=drop
```

프로바이더 브릿지에 설정된 첫 번째 플로우 룰에서는 이더넷 헤더의 VLAN
ID 값을 확인하고, 이 값이 1이면 30으로 변경하여 물리 인터페이스를 통해
내보낸다. 통합 브릿지의 2번 포트를 통해 들어오는 트래픽 중 VLAN이 1이 아
닌 것들은 모두 무시한다.

노드에 할당된 인스턴스나 리소스가 없는 네트워크에 대해서는 브릿지에 플로
우 룰을 설정할 수 없다. 가상 스위치에 대한 플로우 룰은 그 노드에서 동작하
는 neutron-openvswitch-agent 서비스를 통해 생성한다.

플랫 네트워크에 대한 플로우 룰

뉴트론에서 플랫 네트워크는 태깅을 사용하지 않기 때문에 802.1q VLAN 태그가 설정되어 있지 않다. 그러나 뉴트론에서 내부적으로 플랫 네트워크를 처리할 때 VLAN 네트워크인 것처럼 처리한다. OVS 데이터베이스를 보면 플랫 네트워크에 대해 로컬 VLAN ID가 설정되어 있으며, 동일한 통합 브릿지에 연결된 플랫 네트워크에 속한 인스턴스는 모두 동일한 로컬 VLAN으로 설정된다. 그러나 통합 브릿지나 프로바이더 브릿지에 설정한 플로우 룰을 통해 VLAN과 플랫 네트워크를 구분할 수 있다. 트래픽이 브릿지를 거쳐갈 때 로컬 VLAN ID과 물리 VLAN ID를 변환하지 않고, 플로우 룰에 따라 이더넷 헤더에서 로컬 VLAN ID를 붙이거나 떼어내게 된다.

다음과 같이 VLAN 태그를 사용하지 않은 플랫 네트워크를 추가한 경우를 예를 들어보자.

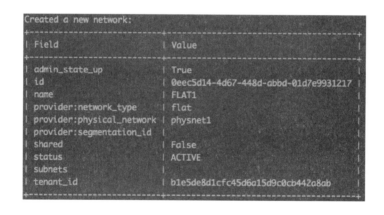

```
Created a new network:
+-----------------------------+--------------------------------------+
| Field                       | Value                                |
+-----------------------------+--------------------------------------+
| admin_state_up              | True                                 |
| id                          | 0eec5d14-4d67-448d-abbd-01d7e9931217 |
| name                        | FLAT1                                |
| provider:network_type       | flat                                 |
| provider:physical_network   | physnet1                             |
| provider:segmentation_id    |                                      |
| shared                      | False                                |
| status                      | ACTIVE                               |
| subnets                     |                                      |
| tenant_id                   | b1e5de8d1cfc45d6a15d9c0cb442a8ab     |
+-----------------------------+--------------------------------------+
```

물리 스위치에서는 이 네트워크가 compute01의 eth1에 연결된 스위치 포트에서 (태깅하지 않은) 네이티브 VLAN처럼 설정된다. 인스턴스는 다음과 같이 설정된 가상 스위치를 통해 구성된 FLAT1 네트워크에서 구동된다.

```
Bridge br-int
    Port "int-br-eth1"
        Interface "int-br-eth1"
    Port "qvofe2d048e-bc"
        tag: 1
        Interface "qvofe2d048e-bc"
    Port br-int
        Interface br-int
            type: internal
    Port "qvo04c49e4a-a6"
        tag: 3
        Interface "qvo04c49e4a-a6"
    Port patch-tun
        Interface patch-tun
            type: patch
            options: {peer=patch-int}
    Port "qvob7f563c0-c0"
        tag: 2
        Interface "qvob7f563c0-c0"
```

박스로 표시한 포트를 보면, 플랫 네트워크이지만 로컬 VLAN ID 값으로 2가 설정된 것을 볼 수 있다. 아래 화면에 나온 통합 브릿지에 설정된 플로우 룰을 보면 VLAN ID가 설정되지 않은 이더넷 프레임이 들어올 때, 이 프레임의 VLAN 헤더 값을 수정하도록 설정된 것을 볼 수 있다.

```
[root@compute01 ~]# ovs-ofctl dump-flows br-int
NXST_FLOW reply (xid=0x4):
 cookie=0x0, duration=558.978s, table=0, n_packets=1, n_bytes=70, idle_age=555, priority=3,in_port=2,vlan_tci=0x0000 actions=mod_vlan_vid:2,NORMAL
 cookie=0x0, duration=559.677s, table=0, n_packets=0, n_bytes=0, idle_age=559, priority=3,in_port=2,dl_vlan=30 actions=mod_vlan_vid:1,NORMAL
 cookie=0x0, duration=565.53s, table=0, n_packets=5, n_bytes=398, idle_age=559, priority=2,in_port=2 actions=drop
 cookie=0x0, duration=566.935s, table=0, n_packets=31, n_bytes=2252, idle_age=342, priority=1 actions=NORMAL
```

따라서 들어오는 트래픽에 VLAN 값으로 2를 설정한 다음, VLAN 2에 해당하는 통합 브릿지에 연결된 인스턴스로 포워딩한다.

다음 그림에서 보는 바와 같이, 인스턴스에 왔다가 다시 나가는 트래픽이 프로바이더 브릿지에 설정된 플로우 룰에 적용되면서 다시 VLAN ID가 삭제된다.

```
[root@compute01 ~]# ovs-ofctl dump-flows br-eth1
NXST_FLOW reply (xid=0x4):
 cookie=0x0, duration=647.879s, table=0, n_packets=4, n_bytes=288, idle_age=641, priority=4,in_port=2,dl_vlan=1 actions=mod_vlan_vid:30,NORMAL
 cookie=0x0, duration=647.129s, table=0, n_packets=10, n_bytes=686, idle_age=430, priority=4,in_port=2,dl_vlan=2 actions=strip_vlan,NORMAL
 cookie=0x0, duration=653.42s, table=0, n_packets=28, n_bytes=1504, idle_age=643, priority=2,in_port=2 actions=drop
 cookie=0x0, duration=654.687s, table=0, n_packets=2983, n_bytes=196849, idle_age=1, priority=1 actions=NORMAL
```

이렇게 태깅을 삭제한 트래픽은 물리 인터페이스인 eth1으로 전달되어 물리 스위치에 의해 처리하게 된다.

로컬 네트워크에 대한 플로우 룰

OVS로 구현한 로컬 네트워크는 LinuxBridge를 사용할 때와 똑같이 동작한다. 즉, 인스턴스는 통합 브릿지에 연결되고, 동일한 네트워크나 로컬 VLAN에 있는 인스턴스끼리 통신할 수 있다. 로컬 네트워크에 대해서는 플로우 룰이 생성되지 않는다. 같은 네트워크에 있는 인스턴스에서 발생한 트래픽은 가상 스위치, 정확히 말하면 해당 컴퓨트 노드 안에만 머물게 된다. 따라서 인스턴스가 속한 호스트가 DHCP나 메타데이터 서비스가 구동되는 호스트와 다르다면, 이러한 서비스를 사용할 수 없다.

L2 네트워킹 플러그인 설정

neutron-server 서비스를 구동하여 뉴트론 API를 사용하려면 네트워킹 플러그인부터 지정해야 한다. 이 절에서는 LinuxBridge 플러그인과 OVS 플러그인을 설치하고 설정하는 방법에 대해 자세히 살펴본다.

 플러그인을 바꾸는 것은 쉽지 않다. 잘못하다간 뉴트론 네트워크 설정 자체가 날아가버릴 수도 있다. 최대한 쉽게 구성하려면 LinuxBridge 플러그인을 사용하는 것이 좋다.

LinuxBridge 플러그인 설정

3장에서는 뉴트론 커맨드라인 인터페이스를 사용하기에 앞서, LinuxBridge 플러그인을 사용하도록 지정했다. 노바나 DHCP 에이전트와 같은 서비스도 이와 마찬가지로, 네트워크 플러그인부터 지정해야 이러한 서비스를 구동시킬 수 있다.

노바에서 리눅스브릿지를 사용하도록 설정

인스턴스가 네트워크에 제대로 연결되려면 네트워킹 플러그인으로 리눅스브릿지를 사용한다는 것을 노바에게 알려줘야 한다. 이를 위해 /etc/nova/nova.conf에 있는 `linuxnet_interface_driver`와 `libvirt_vif_driver` 옵션을 적절히 설정해야 한다.

다음과 같이 모든 노드에서 `crudini`를 사용해 `LinuxBridge` 드라이버를 사용하도록 nova.conf의 값을 업데이트한다.

```
# crudini --set /etc/nova/nova.conf DEFAULT linuxnet_interface_
driver nova.network.linux_net.LinuxBridgeInterfaceDriver
# crudini --set /etc/nova/nova.conf DEFAULT libvirt_vif_driver nova.
virt.libvirt.vif.NeutronLinuxBridgeVIFDriver
```

DHCP 에이전트에서 LinuxBridge를 사용하도록 설정

뉴트론에서 DHCP 네임스페이스 인터페이스를 적절한 네트워크 브릿지에 연결하려면, 먼저 DHCP 에이전트에서 LinuxBridge 드라이버를 사용하도록 설정해야 한다.

컨트롤러 노드에서 `crudini`를 이용해 뉴트론 DHCP 에이전트의 `interface_driver` 옵션을 LinuxBridge 드라이버로 설정한다.

```
# crudini --set /etc/neutron/dhcp_agent.ini DEFAULT interface_driver
neutron.agent.linux.interface.BridgeInterfaceDriver
```

DHCP 에이전트에 대한 다른 설정 옵션에 대해서는 이전 장에서 참고하기 바란다.

LinuxBridge 플러그인 설정 옵션

LinuxBridge 플러그인을 설치했다면 /etc/neutron/plugins/linuxbridge/
linuxbridge_conf.ini에 설정 파일이 생긴 것을 볼 수 있다.

linuxbridge_conf.ini 파일은 다음과 같은 설정 옵션으로 구성된다.

- `tenant_network_type`
- `physical_interface_mappings`
- `network_vlan_ranges`
- `firewall_driver`

테넌트 네트워크 타입

`tenant_network_type` 설정 옵션은 테넌트에서 생성할 네트워크의 종류를 지
정한다. LinuxBridge 플러그인을 사용할 때 지원되는 테넌트 네트워크로 `flat`,
`vlan`, `local`이 있다.

 LinuxBridge에 대한 ML2 플러그인에서는 VXLAN 오버레이 네트워킹을 지원하며, vxlan
이라는 테넌트 네트워크 타입도 설정할 수 있다. 그러나 이 책을 집필하는 시점에서는
CentOS 6.5 커널에서 VXLAN을 지원하지 않았다.

다음과 같이 모든 노드에서 crudini 유틸리티를 사용해 `tenant_network_type`
값을 `vlan`으로 지정하도록 플러그인 설정 파일을 업데이트한다.

```
# crudini --set /etc/neutron/plugins/linuxbridge/linuxbridge_conf.ini
vlans tenant_network_type vlan
```

언제든지 이 값을 변경하려면 모든 노드에 대해 이 설정 파일을 적절히 수정하
고, LinuxBridge 플러그인 에이전트를 재구동시킨다.

물리 인터페이스 매핑

`physical_interface_mappings` 설정 옵션은 서버에 있는 물리 인터페이스에 대한 가상의 인터페이스 이름이나 레이블에 대한 매핑 정보를 지정한다. 네트워크가 생성되면 `physnet1`과 같은 인터페이스 레이블이 붙는데, `physical_interface_mappings` 설정 옵션에 의해, 이 값을 다시 `eth1`과 같은 물리 인터페이스에 매핑된다. 이 옵션은 다음과 같이 설정한다.

physical_interface_mappings = physnet1:eth1

여기서 선택한 레이블은 모든 노드에 대해 동일하게 설정해야 한다. 다만 레이블에 매핑된 물리 인터페이스는 달라질 수 있다. 예를 들어 어떤 노드에서는 `physnet1`이 1Gbit 인터페이스에 매핑되고, 다른 노드에서는 10Gbit 인터페이스에 매핑될 수도 있다.

여러 개의 인터페이스에 대한 매핑도 가능하다. 그냥 콤마로 구분해서 이어 적어주면 된다.

physical_interface_mappings = physnet1:eth1,physnet2:eth2

지금 설치하는 과정에서, 물리 네트워크 인터페이스로 `eth1` 인터페이스를 사용할 것이다. 따라서 테넌트에서 사용하는 모든 VLAN은 반드시 `eth1`을 거치게 된다. 테넌트에서 VLAN 네트워크를 생성할 때 `eth1`에 연결된 물리 스위치 포트에서 반드시 802.1q VLAN 태깅을 지원해야 한다.

모든 노드에서 `crudini`를 사용해 LinuxBridge 플러그인에서 물리 인터페이스 레이블로 `physnet1`을 사용하고, 물리 네트워크 인터페이스로 `eth1`을 사용하도록 설정한다.

```
# crudini --set /etc/neutron/plugins/linuxbridge/linuxbridge_conf.ini
linux_bridge physical_interface_mappings physnet1:eth1
```

네트워크 VLAN 범위

network_vlan_ranges 옵션은 테넌트 네트워크가 생성될 때 할당할 VLAN 값의 범위를 지정한다. 사용 가능한 VLAN 개수가 0에 다다르면, 테넌트에서 더이상 네트워크를 생성할 수 없게 된다. 이 값은 tenant_network_type이 vlan으로 설정될 경우에만 적용된다. 이 값을 비워두면 호스트에 가상 VLAN 인터페이스가 생성되지 않기 때문에, 로컬 네트워크만 생성할 수 있다.

모든 노드에서 crudini를 사용해 physnet1에 대한 VLAN 값의 범위를 다음과 같이 설정한다.

```
# crudini --set /etc/neutron/plugins/linuxbridge/linuxbridge_conf.ini
vlans network_vlan_ranges physnet1:30:33
```

방화벽 드라이버

firewall_driver 옵션은 뉴트론의 시큐리티 그룹에서 사용할 방화벽 드라이버를 지정한다. 다음과 같은 두 가지 값 중 하나로 설정할 수 있다.

- neutron.agent.firewall.NoopFirewallDriver
- neutron.agent.linux.iptables_firewall.IptablesFirewallDriver

방화벽을 사용하지 않고 시큐리티 그룹 룰을 적용하지 않으려면 firewall_driver 옵션을 neutron.agent.firewall.NoopFirewallDriver로 지정한다. 시큐리티 그룹을 위해 iptables 기반 방화벽을 사용할 경우에는, 이 값을 neutron.agent.linux.iptables_firewall.IptablesFirewallDriver로 지정한다. LinuxBridge 플러그인에서는 디폴트로 이 값을 NoopFirewallDriver로 설정한다.

여기서는 iptables 기반 방화벽을 사용하도록 설정할 것이다. 뉴트론에서는 호스트에 적용할 규칙에 대한 설정을 처리한다. 모든 노드에서 crudini를 사용해 다음과 같이 firewall_driver 옵션을 설정한다.

```
# crudini --set /etc/neutron/plugins/linuxbridge/linuxbridge_conf.ini
securitygroup firewall_driver neutron.agent.linux.iptables_firewall.
IptablesFirewallDriver
```

서비스 재구동

이제 네트워킹 플러그인으로 LinuxBridge를 사용하도록 설정했다. 이러한 사항이 제대로 반영되려면 몇몇 서비스를 새로 시작하거나 재구동해야 한다.

모든 노드에서 다음과 같은 서비스를 구동시키고, 부팅할 때 자동으로 시작하도록 설정한다.

```
# service neutron-linuxbridge-agent start
# chkconfig neutron-linuxbridge-agent on
```

컨트롤러 노드에서 다음과 같은 서비스를 재구동한다.

```
# service openstack-nova-api restart
# service neutron-server restart
# service neutron-dhcp-agent restart
```

컴퓨트 노드에서 다음과 같은 서비스를 재구동한다.

```
# service openstack-nova-compute restart
```

OVS 플러그인 설정

LinuxBridge와 OVS 플러그인은 서로 다른 데이터베이스 스키마를 사용하기 때문에 데이터베이스를 공유할 수 없다. ML2를 사용하면 모든 플러그인에서 사용할 수 있는 공통 스키마를 생성할 수 있으므로 이러한 문제를 해결할 수 있다.

1. 컨트롤러 노드에서 MySQL 클라이언트를 통해 OVS 플러그인에서 사용할 데이터베이스를 새로 만든다.

   ```
   # mysql -u root -p
   ```

2. 앞에서 설정한 것과 동일한 패스워드(openstack)로 지정한다.

3. mysql> 프롬프트에서 다음과 같이 커맨드를 실행시켜 ovs_neutron이라는 이름의 데이터베이스를 생성하고, neutron 사용자에게 접근 권한을 부여한다.

```
CREATE DATABASE ovs_neutron;
GRANT ALL PRIVILEGES ON ovs_neutron.* TO 'neutron'@'localhost'
IDENTIFIED BY 'neutron';
GRANT ALL PRIVILEGES ON ovs_neutron.* TO 'neutron'@'%';
QUIT;
```

뉴트론에서 OVS를 사용하도록 설정

OVS 플러그인을 사용하려면, 모든 호스트에 대한 뉴트론 설정 파일에서 core_plugin과 database 옵션 값을 변경해야 한다.

다음과 같이 MySQL 데이터베이스 연결 스트링으로, 앞서 설정한 값을 사용하도록 뉴트론 설정을 변경한다.

```
# crudini --set /etc/neutron/neutron.conf database connection mysql://
neutron:neutron@controller/ovs_neutron
```

core_plugin 옵션 값을 neutron.plugins.openvswitch.ovs_neutron_plugin.OVSNeutronPluginV2으로 변경한다.

```
# crudini --set /etc/neutron/neutron.conf DEFAULT core_plugin neutron.
plugins.openvswitch.ovs_neutron_plugin.OVSNeutronPluginV2
```

설정 파일을 수정했다면 plugin.ini라는 심볼릭 링크도 만들어줘야 한다. 이 링크는 neutron-server가 구동할 때, 알맞은 플러그인 설정 파일을 가리키고 있어야 한다. OVS를 사용할 경우, 다음과 같이 심볼릭 링크를 생성한다. 앞서 LinuxBridge를 사용했다가 OVS로 바꿨다면, 예전에 LinuxBridge 플러그인의 설정 파일을 가리키던 심볼릭 링크를 반드시 지워준 다음, OVS에 대한 것으로 만들어줘야 한다.

```
# ln -s /etc/neutron/plugins/openvswitch/ovs_neutron_plugin.ini /etc/
neutron/plugin.ini
```

neutron-server를 구동시키기 전에 뉴트론 데이터베이스도 havana로 지정돼야 한다. 이를 위해 컨트롤러 노드에서 다음과 같이 neutron-db-manage 커맨드를 실행한다.

```
# neutron-db-manage --config-file /etc/neutron/plugin.ini --config-file /
etc/neutron/neutron.conf stamp havana
```

노바에서 OVS를 사용하도록 설정

인스턴스가 네트워크에 제대로 연결되려면 네트워킹 플러그인으로 OVS를 사용한다는 것을 노바에게 알려줘야 한다. 이를 위해 /etc/nova/nova.conf에서 linuxnet_interface_driver와 libvirt_vif_driver 옵션을 수정해야 한다.

모든 노드에서 다음과 같이 crudini를 사용해 linuxnet_interface_driver와 libvirt_vif_driver 옵션을 설정한다.

```
# crudini --set /etc/nova/nova.conf DEFAULT linuxnet_interface_driver
nova.network.linux_net.LinuxOVSInterfaceDriver
# crudini --set /etc/nova/nova.conf DEFAULT libvirt_vif_driver nova.
virt.libvirt.vif.LibvirtHybridOVSBridgeDriver
```

DHCP 에이전트에서 OVS를 사용하도록 설정

DHCP 네임스페이스의 탭 인터페이스가 통합 브릿지에 제대로 연결되려면, DHCP 에이전트에서 OVS 인터페이스 드라이버를 사용하도록 설정해야 한다.

컨트롤러 노드의 DHCP 설정 파일에서 interface_driver 옵션을 다음과 같이 설정한다.

```
# crudini --set /etc/neutron/dhcp_agent.ini DEFAULT interface_driver
neutron.agent.linux.interface.OVSInterfaceDriver
```

다른 DHCP 에이전트 관련 옵션에 대해서는 이전 장을 참고하기 바란다.

OVS 플러그인 설정 옵션

OVS를 설치했다면 /etc/neutron/plugins/openvswitch/ovs_neutron_plugin.ini라는 설정 파일이 생긴 것을 볼 수 있다.

ovs_neutron_plugin.ini 파일은 다음과 같은 옵션으로 구성된다.

- tenant_network_type
- network_vlan_ranges
- enable_tunneling
- tunnel_type
- tunnel_id_ranges
- integration_bridge
- tunnel_bridge
- local_ip
- bridge_mappings
- firewall_driver
- database

브릿지 매핑

bridge_mappings 옵션은 가상 인터페이스 이름이나 레이블을 서버에 설정된 네트워크 브릿지에 매핑한다. 가상 VLAN 인터페이스를 가지는 브릿지를 여러 개 설정하는 LinuxBridge 플러그인과 달리 OVS 플러그인에서는 하나의 물리 인터페이스를 가지는 브릿지 인터페이스 하나만 사용하고, 플로우 룰을 이용하여 VLAN 태그를 추가하거나 삭제한다.

네트워크를 생성할 때 physnet1과 같은 인터페이스 레이블이 붙는다. 이 레이블은 다시 eth1과 같은 물리 인터페이스를 가지고 있는 br-eth1과 같은 브릿지에 매핑된다. 레이블과 브릿지 인터페이스에 대한 매핑 정보는 bridge_mappings 옵션으로 지정한다. 설정 파일에는 다음과 같이 표현한다.

bridge_mappings = physnet1:br-eth1

이렇게 지정한 레이블은 모든 노드에 대해 동일하게 유지해야 한다. 단, 레이블에 매핑된 브릿지 인터페이스는 달라질 수 있다. 가령, 어떤 노드에서는 physnet1이 1Gbit 브릿지 인터페이스에 매핑되고, 다른 노드에서는 10Gbit 브릿지 인터페이스에 매핑되는 경우를 들 수 있다.

여러 개를 매핑할 수도 있으며, 다음과 같이 콤마로 구분해 나열하면 된다.

bridge_mappings = physnet1:br-eth1,physnet2:br-eth2

여기서는 physnet1이 br-eth1에 매핑되도록 설정할 것이다. 모든 노드에서 다음과 같이 OVS 플러그인 설정 파일에 브릿지 매핑 옵션을 추가한다.

```
# crudini --set /etc/neutron/plugins/openvswitch/ovs_neutron_plugin.ini
OVS bridge_mappings physnet1:br-eth1
```

브릿지 설정하기

OVS 플러그인 에이전트를 구동하기 전에 bridge_mappings 옵션에서 지정한 브릿지가 실제로 호스트에 존재해야 한다. 다음과 같이 모든 노드에서 openvswitch 서비스를 구동하여 새로운 브릿지 설정을 적용하고, 부팅할 때 자동으로 시작하도록 설정한다.

```
# service openvswitch start
# chkconfig openvswitch on
```

모든 노드에서 OVS 유틸리티인 ovs-vsctl을 사용해 br-eth1이라는 브릿지를 생성한다.

```
# ovs-vsctl add-br br-eth1
```

그다음 커맨드로 방금 생성한 브릿지에 물리 인터페이스 eth1을 추가한다.

```
# ovs-vsctl add-port br-eth1 eth1
```

VLAN 네트워크를 생성할 경우에는 eth1에 연결된 물리 스위치 포트에서 802.1q VLAN 태깅을 지원해야 한다.

테넌트 네트워크 타입

LinuxBridge 플러그인을 사용할 때는 tenant_network_type 설정 옵션으로 테넌트에서 생성할 수 있는 네트워크 타입을 지정했다. OVS 플러그인에서는 flat, vlan, local, gre, vxlan, none 등과 같은 타입을 지원한다. 설정만 제대로 해주면 관리자는 언제든지 이러한 다섯 가지 타입으로 네트워크를 생성할 수 있다.

모든 노드에서 다음과 같이 crudini를 사용해 tenant_network_type 옵션을 vlan으로 설정한다.

```
# crudini --set /etc/neutron/plugins/openvswitch/ovs_neutron_plugin.
ini OVS tenant_network_type vlan
```

언제든지 tenant_network_type 값을 vlan이 아닌 다른 값으로 변경하려면, 모든 노드를 플러그인 설정 파일에서 원하는 타입으로 변경한 다음 OVS 플러그인 에이전트를 재구동하면 된다.

네트워크 VLAN 범위

network_vlan_ranges 옵션은 tenant_network_type 값으로 vlan이 설정됐을 때, 테넌트 네트워크를 생성할 때 사용할 수 있는 VLAN 값의 범위를 지정한다. 이 값이 0에 도달하면 테넌트에서 더 이상 네트워크를 생성할 수 없게 된다. 이 값을 비워두면 GRE, VXLAN, 로컬 네트워크만 생성할 수 있다.

예를 들어 테넌트 네트워크로 사용할 수 있는 VLAN 범위를 30에서 33까지 지정하려면 다음과 같이 설정한다.

```
network_vlan_ranges = physnet1:30:33
```

다음과 같이 콤마로 구분하여 나열하면 연속적이지 않은 범위로도 지정할 수 있다.

```
network_vlan_ranges = physnet1:30:33,physnet1:50:55,physnet1:66:70
```

뉴트론 플러그인 에이전트가 제대로 구동되려면 network_vlan_ranges 옵션이 지정되어 있어야 한다. 최소한 인터페이스 레이블만이라도 지정되어 있어야 한다. 여기서는 physnet1에서 VLAN 30부터 33까지 사용하도록 설정한다. 모든 노드에서 다음과 같이 crudini를 사용하여 network_vlan_ranges 값을 설정한다.

```
# crudini --set /etc/neutron/plugins/openvswitch/ovs_neutron_plugin.ini
OVS network_vlan_ranges physnet1:30:33
```

언제든지 이 값이 변경되면 neutron-server 서비스를 재구동해야 변경 사항이 반영된다.

터널링 켜기

GRE나 VXLAN를 지원하려면 enable_tunneling 옵션을 true로 설정해야 한다. OVS 1.10 이상의 버전에서는 두 기술 모두 지원한다. 현재 설치된 OVS 버전을 확인하려면 다음과 같이 ovs-vsctl -V를 실행한다.

```
[root@controller ~]# ovs-vsctl -V
ovs-vsctl (Open vSwitch) 1.11.0
Compiled Jul 30 2013 18:14:53
```

GRE나 VXLAN 터널링을 사용하려면 모든 노드에서 enable_tunneling 옵션을 true로 설정한다.

```
# crudini --set /etc/neutron/plugins/openvswitch/ovs_neutron_plugin.ini
OVS enable_tunneling true
```

터널 타입

tunnel_type 옵션은 플러그인에서 지원하는 터널의 타입을 지정한다. 현재 사용할 수 있는 옵션으로 gre와 vxlan이 있다. enable_tunneling이 true일 경우, 이 값을 별도로 지정하지 않으면 디폴트 값인 gre를 사용하게 된다. VXLAN을 사용하려면 이 값을 vxlan으로 지정한다.

 이 책의 원서를 집필하는 시점에 오픈스택 하바나와 아이스하우스버전에는 CentOS나 RHEL OS에 설치된 OVS 모듈의 버전을 뉴트론에서 제대로 알아내지 못하는 버그가 있었다. 따라서 OVS 커널 모듈을 사용할 때 VXLAN을 사용하도록 설정할 수 없었다. 여기에 대한 자세한 사항은 아래 버그 리포트를 참고하기 바란다.

- https://bugs.launchpad.net/neutron/+bug/1322139

터널 ID 범위

GRE나 VXLAN을 사용하는 네트워크를 생성하면 고유 IDsegmentation ID가 할당되며, 이 값으로 트래픽을 캡슐화한다. 트래픽이 OVS 터널 브릿지를 통과할 때 패킷의 캡슐화 헤더의 필드에 이 값을 설정한다. VXLAN의 경우 VXLAN ID 헤더 필드를, GRE 패킷에 대해서는 KEY 헤더 필드를 사용한다.

tunnel_id_ranges 옵션은 tunnel_type이 gre나 vxlan으로 설정될 경우, 테넌트 네트워크에서 사용할 수 있는 ID 범위를 콤마로 구분하여 지정한다.

예제에서는 ID를 1부터 1000까지 사용하도록 설정한다.

```
tunnel_id_ranges = 1:1000
```

다음과 같이 콤마로 구분하여 적어주면 tunnel_id_ranges 옵션을 연속되지 않는 값으로도 지정할 수 있다.

```
tunnel_id_ranges = 1:1000,2000:2500
```

모든 ID를 사용했다면 테넌트에서 더 이상 네트워크를 새로 생성할 수 없게 된다. 그러나 오픈스택 관리자는 이 값을 벗어난 ID라도 직접 지정하여 네트워크를 생성해줄 수 있다.

우리가 설치할 환경에서는 이 값을 1:1000으로 지정한다. 모든 노드에서 다음과 같이 설정한다.

```
# crudini --set /etc/neutron/plugins/openvswitch/ovs_neutron_plugin.ini
OVS tunnel_id_ranges 1:1000
```

통합 브릿지

integration_bridge 옵션은 각 노드에서 사용할 통합 브릿지의 이름을 지정한다. 각 노드마다 한 개의 통합 브릿지만 존재한다. 앞서 언급한 바와 같이 통합 브릿지는 가상 스위치이기 때문에, 모든 가상 머신의 가상 네트워크 인터페이스VIF, virtual network interface가 연결된다. 통합 브릿지에 대한 디폴트 이름은 br-int며, 이 값은 변경할 수 없다.

OVS 플러그인 에이전트가 구동할 때 통합 브릿지가 호스트에 존재해야 한다. 모든 노드에서 ovs-vsctl 유틸리티로 br-int라는 브릿지를 생성한다.

```
# ovs-vsctl add-br br-int
```

뉴트론에서 네트워크 리소스를 가상 스위치에 연결시켜주기 때문에, 통합 브릿지에 인터페이스를 직접 추가할 필요는 없다.

터널 브릿지

터널 브릿지는 일종의 가상 스위치로서, 통합 브릿지와 프로바이더 브릿지와 비슷하며, GRE나 VXLAN 터널의 엔드포인트를 연결할 때 사용된다. 이 브릿지에 플로우 룰을 지정해 테넌트 트래픽이 브릿지를 통과할 때, 패킷에 대한 캡슐화를 처리하게 할 수 있다.

tunnel_bridge 옵션은 터널 브릿지의 이름을 지정한다. 디폴트 값은 br-tun 이며, 이 값을 변경할 수 없다. 이 브릿지는 뉴트론에서 자동으로 만들어주기 때문에, 직접 생성하지 않아도 된다.

로컬 IP

local_ip 옵션은 enable_tunneling 옵션이 true로 설정된 경우, GRE나 VXLAN 오버레이 네트워크를 구성하는 사용될 노드에 대한 로컬 IP 주소를 지정한다. 1장에서 오버레이 네트워크를 구성하는 방법에 대해 설명한 바 있다. 우리가 설치할 환경에서는 오버레이 네트워크를 거치는 모든 게스트 트래픽이 eth1의 가상 VLAN 인터페이스 20번을 사용하도록 설정한다.

다음 표는 각 호스트에 대해 설정할 IP 주소와 가상 인터페이스 이름을 보여준다.

호스트네임	인터페이스	IP 주소
Controller	eth1.20	172.18.0.100
Compute01	eth1.20	172.18.0.101

crudini를 사용해 local_ip 값을 다음과 같이 설정한다.

컨트롤러 노드에서는 다음과 같이 커맨드를 실행한다.

```
# crudini --set /etc/neutron/plugins/openvswitch/ovs_neutron_plugin.ini
OVS local_ip 172.18.0.100
```

컴퓨트 노드에서는 다음과 같이 커맨드를 실행한다.

```
# crudini --set /etc/neutron/plugins/openvswitch/ovs_neutron_plugin.ini
OVS local_ip 172.18.0.101
```

오버레이 트래픽에 대한 가상 VLAN 인터페이스 설정하기

CentOS에서는 가상 VLAN 인터페이스(서브인터페이스subinterface라고도 부름)를 물리 인터페이스처럼 설정한다. 따라서 물리 인터페이스뿐만 아니라 가상 VLAN 인터페이스에 대해서도 /etc/sysconfig/network-script/에 인터페이스 파일이 생성되어야 한다.

모든 노드에서 텍스트 에디터를 사용하여 /etc/sysconfig/network-scripts/ifcfg-eth1.20을 생성한다. 컨트롤러 노드에서는 eth1.20을 다음과 같이 설정한다.

```
DEVICE=eth1.20
BOOTPROTO=none
ONBOOT=yes
IPADDR=172.18.0.100
NETMASK=255.255.255.0
VLAN=yes
```

컴퓨트 노드에서는 eth1.20을 다음과 같이 설정한다.

```
DEVICE=eth1.20
BOOTPROTO=none
ONBOOT=yes
IPADDR=172.18.0.101
NETMASK=255.255.255.0
VLAN=yes
```

변경 사항을 반영하도록, 각 노드에서 ifdown과 ifup 커맨드를 차례대로 실행하여 인터페이스를 재구동한다.

```
# ifdown eth1; ifdown eth1.20; ifup eth1; ifup eth1.20
```

컨트롤러 노드에서 컴퓨트 노드(172.18.0.101)로 핑ping을 실행시켜서 연결 상태를 확인해본다.

```
[root@controller ~]# ping 172.18.0.101
PING 172.18.0.101 (172.18.0.101) 56(84) bytes of data.
64 bytes from 172.18.0.101: icmp_seq=1 ttl=64 time=1.13 ms
64 bytes from 172.18.0.101: icmp_seq=2 ttl=64 time=0.168 ms
^C
--- 172.18.0.101 ping statistics ---
2 packets transmitted, 2 received, 0% packet loss, time 1408ms
rtt min/avg/max/mdev = 0.168/0.650/1.133/0.483 ms
```

문제가 발생했다면 오버레이 네트워크를 생성하기 전에 해결하고 넘어간다.

방화벽 드라이버

firewall_driver 옵션은 뉴트론에서 시큐리티 그룹 기능을 사용할 때 이용할 방화벽 드라이버를 지정한다. OVS에서는 다음과 같은 두 가지 값 중 하나로 설정할 수 있다.

- neutron.agent.firewall.NoopFirewallDriver
- neutron.agent.linux.iptables_firewall.OVSHybridIptables
  FirewallDriver

방화벽을 사용하지 않고 시큐리티 그룹의 규칙도 적용하지 않으려면, 이 값을 neutron.agent.firewall.NoopFirewallDriver로 지정한다. 시큐리티 그룹에 대해 iptables 기반 방화벽을 사용하려면, 이 값을 neutron.agent.linux.iptables_firewall.OVSHybridIptablesFirewallDriver로 지정한다.

우리가 설치할 환경에서는 iptables 기반의 방화벽을 사용하도록 지정한다. 그러면 뉴트론에서 호스트에 대해 설정된 규칙에 따라 처리한다. 모든 노드에서 다음과 같이 설정한다. 물론 다음과 같이 crudini 커맨드를 사용하지 않고, 직접 파일을 열고 수정해도 된다.

```
# crudini --set /etc/neutron/plugins/openvswitch/ovs_neutron_
plugin.ini securitygroup neutron.agent.linux.iptables_firewall.
OVSHybridIptablesFirewallDriver
```

데이터베이스

OVS 플러그인이 제대로 동작하려면 적절한 데이터베이스를 사용하도록 설정해야 한다.

모든 노드에서 다음과 같이 플러그인이 새로운 데이터베이스와 앞에서 설정한 값으로 구성된 MySQL 데이터베이스 연결 스트링을 사용하도록 설정한다.

```
# crudini --set /etc/neutron/plugins/openvswitch/ovs_neutron_plugin.ini
database connection mysql://neutron:neutron@controller/ovs_neutron
```

OVS 플러그인을 사용하도록 서비스 재구동

지금까지 OVS 플러그인을 사용하도록 설정을 변경했다. 수정된 사항이 제대로 반영되려면 몇 가지 서비스를 시작하거나 재구동시켜야 한다.

앞서 LinuxBridge 플러그인으로 설정했다가 OVS로 바꿨다면, LinuxBridge 에이전트부터 종료하고 부팅할 때 자동으로 뜨지 않도록 설정한다(모든 노드에서).

```
# service neutron-linuxbridge-agent stop
# chkconfig neutron-linuxbridge-agent off
```

모든 노드에서 OVS 플러그인 에이전트를 구동하고, 부팅할 때 자동으로 뜨도록 설정한다.[1]

```
# service neutron-openvswitch-agent start
# chkconfig neutron-openvswitch-agent on
```

컨트롤러 노드에서 다음과 같은 서비스를 재구동한다.

```
# service neutron-server restart
# service neutron-dhcp-agent restart
```

---

1 설정에 문제가 있으면 neutron-openvswitch-agent가 구동되지 않는다. /var/log/neutron-openvswitch-agent.log를 보면 원인을 찾는데 도움이 될 것이다. - 옮긴이

컴퓨트 노드에서 다음과 같은 서비스를 재구동한다.

```
# service openstack-nova-compute restart
```

정리

뉴트론에서 제공하는 LinuxBridge 플러그인과 OVS 플러그인은 각각 나름의
방식으로 가상 머신 인스턴스를 네트워크에 연결시켜준다. OVS에서는 오버레
이 네트워크처럼 LinuxBridge에는 없는 기능도 제공하지만, LinuxBridge보
다 설정하거나 문제를 해결하기가 더 복잡하다. OVS는 플로우 룰을 통해 트래
픽을 처리한다. 이를 위해 유저 스페이스 유틸리티와 커널 모듈을 동시에 사용
한다. LinuxBridge 플러그인은 8021q와 bridge라는 커널 모듈을 사용하며,
트래픽에 대한 VLAN 태깅을 위해 호스트에서 가상 VLAN 인터페이스를 사용
한다. ML2 플러그인이 도입되면서 VXLAN 오버레이 네트워킹을 LinuxBridge
로 간단히 사용할 수 있게 됐다. 오픈플로우 컨트롤러를 사용하거나, 서드 파
티 솔루션 및 플러그인에서 요구하지 않는다면 대부분의 경우 LinuxBridge만
으로 충분할 것이다.

5장에서는 인스턴스에 대한 연결을 위해, 다양한 종류의 네트워크를 생성해볼
것이다. 네트워크를 생성하는 과정은 플러그인을 통해 보이지는 않지만 내부
구현 방식은 플러그인에 따라 다를 수 있다.

5

뉴트론 네트워크 생성

앞 장에서는 클라우드 네트워킹 기능을 뒷받침하는 가상 스위칭 인프라를 구성했다. 이 장에서는 이를 기반으로 오픈스택 리소스를 구성한다. 이를 위해 다음과 같은 작업을 수행한다.

- 네트워크와 서브넷 생성하기
- 네트워크에 인스턴스 붙이기
- DHCP와 메타데이터 서비스 사용하기

뉴트론의 대표적인 리소스인 네트워크와 서브넷, 포트에 대해서는 3장, '뉴트론 설치'에서 설명한 바 있다. 이러한 리소스와 인스턴스, DHCP나 메타데이터 서비스 사이의 관계에 대해 하나씩 살펴보자.

네트워크 관리

뉴트론에서는 사용자가 CLI를 통해 뉴트론 API를 직접 호출할 수 있는 기능을 제공한다. 다음과 같이 컨트롤러 노드에서 neutron 커맨드를 실행해 뉴트론 클라이언트로 들어가보자.[1]

```
[root@controller ~]# neutron
(neutron)
```

이렇게 띄운 프롬프트에서 클라우드에 대한 네트워크와 서브넷, 포트를 생성하거나 수정하거나 삭제하는 여러 가지 커맨드를 실행시킬 수 있다.

네트워크 관리와 관련된 커맨드로 다음과 같은 것이 있다.

- net-create
- net-delete
- net-list
- net-show
- net-update
- subnet-create
- subnet-delete
- subnet-list
- subnet-show
- subnet-update
- port-create
- port-delete
- port-list
- port-show
- port-update

---

1 OS_USERNAME, OS_PASSWORD를 비롯한 키스톤 관련 환경변수가 설정돼 있지 않으면 곧바로 실행되지 않는다. 2장 '환경 변수 설정' 절에서 설명한 '~/credentials'에 저장해 둔 환경 변수 파일을 다시 실행시킨다. – 옮긴이

LinuxBridge와 OVS 플러그인 중 어느 것을 사용해도 네트워크와 서브넷을 생성하고, 수정하고, 삭제하는 과정은 동일하다. 그러나 인스턴스나 다른 리소스를 네트워크에 연결하는 과정은 플러그인의 종류에 따라 다르다.

4장에서는 인스턴스를 연결할 때 다음과 같은 두 종류의 네트워크를 사용한다고 소개한 바 있다.

- 프로바이더 네트워크Provider network
- 테넌트 네트워크Tenant network

프로바이더 네트워크와 테넌트 네트워크는 기술적으로는 차이가 없지만, 클라우드의 사용자가 활용하는 방식에서 차이가 있다. 프로바이더 네트워크는 오픈스택 관리자가 생성하며, 라우터의 외부 인터페이스에 연결할 수 있기 때문에 라우터 뒤에 있는 인스턴스를 외부 네트워크에 연결할 수 있다. 프로바이더 네트워크를 인터넷이나 다른 외부 네트워크에 대한 게이트웨이로 사용할 경우에는, 주로 플랫 네트워크나 VLAN으로 구성한 다음 외부 라우터를 사용하여 클라우드에 들어오고 나가는 트래픽을 적절히 라우팅한다. 테넌트에서 인스턴스를 외부 프로바이더 네트워크에 직접 붙일 수는 없다.

이와 달리 테넌트 네트워크는 사용자가 생성하며, 기본적으로 클라우드에 존재하는 다른 네트워크와 분리된다. 물리 인프라를 설정할 수 없으므로 외부와 연결하려면 테넌트 네트워크를 뉴트론 라우터와 연결해야 한다. 뉴트론 라우터의 설정 방법에 대해서는 6장, '뉴트론 라우터 생성'에서 자세히 설명한다.

CLI에서 네트워크 관리

CLI에서 `net-create-h` 커맨드를 실행시키면 뉴트론 클라이언트에서 네트워크를 생성하는 데 필요한 커맨드 문법을 볼 수 있다.

```
(neutron) net-create -h
usage: net-create [-h] [-f {shell,table}] [-c COLUMN]
        [--variable VARIABLE] [--prefix PREFIX]
        [--request-format {json,xml}]
        [--tenant-id TENANT_ID]
        [--admin-state-down] [--shared]
        NAME
```

여기에는 프로바이더 네트워크에 대해 설정할 수 있는 속성이 제대로 표시되지 않았다. 가령 다음과 같이 프로바이더 네트워크에 대한 세 가지 속성을 설정할 수 있다.

- provider:network_type
- provider:physical_network
- provider:segmentation_id

프로바이더 네트워크에 대해 다음과 같은 속성도 설정할 수 있다.

- router:external
- shared

다음과 같은 속성은 프로바이더 네트워크뿐만 아니라, 테넌트 네트워크도 설정할 수 있다.

- admin-state-down
- tenant-id

프로바이더 네트워크 속성 중 network_type은 생성할 네트워크의 타입을 지정한다. 현재 사용하는 네트워킹 플러그인의 종류에 따라, 이 값으로 flat, vlan, local, gre, vxlan 등을 사용할 수 있다. 프로바이더 네트워크의 경우 GRE나 VXLAN과 같은 오버레이 네트워크 타입으로 지정하는 일이 드물다. 그러나 오픈스택 관리자가 테넌트 대신 직접 테넌트 ID를 지정해 GRE나 VXLAN 네트워크를 생성할 수는 있다.

프로바이더 네트워크의 `physical_network` 속성은 호스트를 통해 트래픽을 포워딩할 때 사용할 물리 인터페이스를 지정한다. 이 속성을 지정한 값은 LinuxBridge나 OVS 플러그인 설정에 있는 `bridge_mappings`나 `physical_interface_mappings` 옵션에도 영향을 준다.

프로바이더 네트워크 속성 중 `segmentation_id`는 해당 네트워크에 대한 고유 ID를 지정한다. VLAN으로 생성할 때는 호스트에 대한 802.1q VLAN ID를 지정한다. GRE나 VXLAN 네트워크로 생성할 때는 이 값을 임의로 지정할 수 있지만, 같은 타입의 다른 네트워크에서 사용하지 않는 고유한 정수 값으로 할당해야 한다. 이 ID는 GRE 키나 VXLAN VNI 헤더 필드 등에 지정되어 네트워크를 분리_{isolation}하는 데 사용된다. `segmentation_id`를 별도로 지정하지 않으면, 플러그인 설정 파일에 지정된 테넌트 범위를 벗어나지 않는 값으로 자동으로 할당한다. 사용자가 네트워크를 생성할 때 ID를 직접 지정할 수 없다. 테넌트에 지정된 범위의 값을 다 썼다면 사용자는 이 타입으로 더 이상 생성할 수 없다.

`router:external` 속성은 불리언 값으로 지정한다. `true`로 설정하면 이 네트워크를 뉴트론 라우터에 대한 게이트웨이 네트워크로 활용한다. 뉴트론 라우터에 대해서는 6장, '뉴트론 라우터 생성'에서 자세히 설명한다.

`shared`도 불리언 값으로 지정하며, `true`로 설정하면 모든 테넌트에서 이 네트워크를 사용할 수 있다. 이 속성은 관리자가 생성한 네트워크에 대해서만 설정할 수 있으며, 사용자가 생성한 네트워크에서는 건드릴 수 없다.

`admin-state-down` 속성도 불리언 값으로 지정하며, `true`로 설정하면 네트워크를 사용할 수 없는 상태로 생성된다.

마지막으로 `tenant-id` 옵션을 설정하면 관리자가 테넌트를 대신해 네트워크를 생성할 수 있다.

CLI에서 플랫 네트워크 생성

4장, '가상 스위칭 인프라 만들기'에서 설명한 바와 같이 플랫 네트워크는 802.1q VLAN 태깅을 사용하지 않는다.

플랫 네트워크를 생성하는 CLI 문법은 다음과 같다.

```
Syntax: net-create --provider:network_type=flat
        --provider:physical_network=<provider_bridge_label>
        [--router:external=true] [--tenant-id TENANT_ID]
        [--admin-state-down] [--shared]
        NAME
```

 대괄호 '[]'로 표시한 속성은 옵션이므로, 네트워크를 생성할 때 지정해주지 않아도 된다.

뉴트론의 net-create 커맨드로 MyFlatNetwork라는 이름의 플랫 네트워크를 생성하는 예를 살펴보자. 이렇게 생성할 네트워크에서는 physnet1이라는 이름의 브릿지를 사용하며, 모든 테넌트에서 사용할 수 있도록 설정할 것이다.

(neutron) net-create --provider:network_type=flat --provider:physical_network=physnet1 --shared MyFlatNetwork

이를 실행한 결과는 다음과 같다.

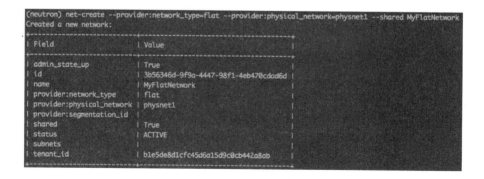

결과를 보면, 테넌트 ID가 net-create 커맨드를 실행한 admin 테넌트와 관련된 것을 볼 수 있다. 네트워크를 공유하도록 설정했기 때문에, 모든 테넌트에서 생성하는 인스턴스와 네트워크 리소스에서 MyFlatNetwork를 사용하게 할 수 있다.

 플랫 네트워크에서는 VLAN과 달리 트래픽을 구분하는 메커니즘이 없으므로 프로바이더 브릿지당 하나의 플랫 네트워크만 생성할 수 있다.

CLI에서 VLAN 생성

VLAN을 사용하면 뉴트론에서는 트래픽에 대해 802.1q VLAN ID를 태깅한다. net-create 커맨드로 VLAN을 생성하는 문법은 다음과 같다.

```
Syntax: net-create --provider:network_type=vlan
        --provider:physical_network=<provider_bridge_label>
        --provider:segmentation_id=<vlan_id>
        [--router:external=true] [--tenant-id TENANT_ID]
        [--admin-state-down] [--shared]
        NAME
```

 대괄호 '[ ]' 안에 나온 속성은 옵션이므로 네트워크를 생성할 때 지정해주지 않아도 된다.

뉴트론의 net-create 커맨드로 MyVLANNetwork라는 이름의 VLAN을 생성하는 예를 살펴보자. 이렇게 생성할 네트워크에서는 앞서 사용한 physnet1 브릿지를 똑같이 사용하며, 여기로 들어오는 트래픽을 모두 VLAN ID 200으로 태킹한다. --shared 플래그를 설정해 모든 테넌트에서 사용할 수 있도록 한다.

```
(neutron) net-create --provider:network_type=vlan --provider:physical_
network=physnet1 --provider:segmentation_id=200 --shared MyVLANNetwork
```

이를 실행한 결과는 다음과 같다.

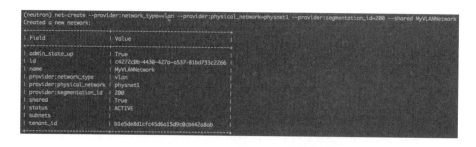

 프로바이더 브릿지에 하나 이상의 VLAN을 만들 수 있다. 같은 브릿지에서 추가로 생성한 네트워크는 기존과 다른 고유한 세그먼테이션 ID를 가져야 한다.

physnet1 브릿지에 네트워크를 추가로 생성하려면 세그먼테이션 ID만 바꾸고 앞에서 생성할 때와 동일한 방식으로 만들어주면 된다. 이번에는 VLAN 201로 MyVLANNetwork2라는 네트워크를 만들어보자.

```
(neutron) net-create --provider:network_type=vlan --provider:physical_
network=physnet1 --provider:segmentation_id=201 --shared
MyVLANNetwork2
```

이를 실행한 결과는 다음과 같다.

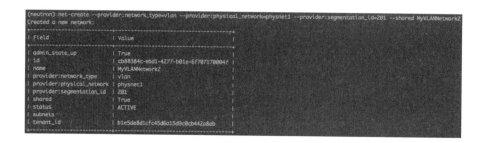

CLI에서 로컬 네트워크 생성

로컬 네트워크에서는 인스턴스에서 트래픽을 보내더라도, 그 인스턴스가 연결된 네트워크 브릿지 안에서만 머물게 된다. 로컬 네트워크에서는 다른 노드에 존재하는 인스턴스에서는 DHCP나 메타데이터와 같은 서비스를 사용할 수 없다.

net-create 커맨드로 로컬 네트워크를 생성하는 문법은 다음과 같다.

Syntax: net-create --provider:network_type=local
[--tenant-id TENANT_ID][--admin-state-down][--shared]
NAME

LinuxBridge 플러그인을 사용하면 로컬 네트워크에 대한 브릿지가 생성되며, 물리 인터페이스나 가상 VLAN 인터페이스는 추가되지 않는다. OVS를 사용할 때는 인스턴스가 통합 브릿지에 붙는다. 트래픽이 이 브릿지 안에서만 머물기 때문에, 같은 로컬 VLAN에 속한 인스턴스끼리만 통신할 수 있다.

CLI에서 생성된 네트워크 목록 보기

뉴트론에 생성된 네트워크 목록을 보려면 다음과 같이 net-list 커맨드를 실행한다.

```
(neutron) net-list
+--------------------------------------+--------------+---------+
| id                                   | name         | subnets |
+--------------------------------------+--------------+---------+
| 3b56346d-9f9a-4447-98f1-4eb470cdad6d | MyFlatNetwork  |         |
| c4272c0b-4430-427a-a537-81bd733c2266 | MyVLANNetwork  |         |
| cb88384c-ebd1-4277-b01e-6f707170004f | MyVLANNetwork2 |         |
+--------------------------------------+--------------+---------+
```

실행 결과를 보면 네트워크 ID, 네트워크 이름, 서브넷 등이 표시된다. 오픈스택 관리자는 모든 네트워크를 볼 수 있지만, 테넌트에서는 공유 네트워크나 자신이 생성한 네트워크만 볼 수 있다.

CLI에서 네트워크 속성 보기

net-show 커맨드를 사용하면 네트워크의 속성을 볼 수 있다.

Syntax: net-show <네트워크 uuid 또는 네트워크 이름>

이 커맨드를 실행시키면 다음과 같은 결과를 볼 수 있다.

```
(neutron) net-show c4272c0b-4430-427a-a537-81bd733c2266
+---------------------------+--------------------------------------+
| Field                     | Value                                |
+---------------------------+--------------------------------------+
| admin_state_up            | True                                 |
| id                        | c4272c0b-4430-427a-a537-81bd733c2266 |
| name                      | MyVLANNetwork                        |
| provider:network_type     | vlan                                 |
| provider:physical_network | physnet1                             |
| provider:segmentation_id  | 200                                  |
| router:external           | False                                |
| shared                    | True                                 |
| status                    | ACTIVE                               |
| subnets                   |                                      |
| tenant_id                 | b1e5de8d1cfc45d6a15d9c0cb442a8ab     |
+---------------------------+--------------------------------------+
```

지정한 네트워크의 타입과 프로바이더 브릿지, 세그먼테이션 ID 등과 같은 정보가 나타난다.

CLI에서 네트워크 업데이트

네트워크를 생성한 후에 속성을 업데이트해야 하는 경우가 있다. 이럴 때는 net-update 커맨드를 사용한다.

Syntax: net-update <네트워크 uuid 또는 네트워크 이름>
[--router:external][--shared][--admin-state-up]

프로바이더 관련 속성은 네트워크가 생성된 후에 변경할 수 없지만, 다음과 같은 속성은 수정할 수 있다.

- router:external

- shared

- admin-state-up

router:external 속성은 불리언 값으로 지정하며, true로 설정하면 뉴트론 라우터에서 이 네트워크를 게이트웨이 네트워크로 사용하게 된다. 뉴트론 라우터에 대해서는 6장, '뉴트론 라우터 생성'에서 자세히 다룬다.

shared 속성은 불리언 값으로 지정하며, 이 값을 true로 설정하면 모든 테넌트가 이 네트워크를 사용할 수 있다.

admin-state-up 속성은 불리언 값으로 지정하며, 이 값을 false로 설정하면 이 네트워크는 DHCP와 메타데이터 서비스를 사용할 수 없다. DHCP 네임스페이스에 있는 네트워크 인터페이스는 삭제되고, 인스턴스에서 IP를 할당받을 수 없게 된다. 이 값을 true로 설정하면 DHCP와 메타데이터 서비스가 다시 복구된다.

CLI에서 네트워크 삭제

네트워크를 삭제하려면 net-delete 커맨드에 삭제하려는 네트워크의 이름이나 UUID를 지정해 실행한다.

Syntax: net-delete <네트워크 uuid 또는 네트워크 이름>

MyFlatNetwork라는 네트워크를 삭제하려면 다음과 같이 커맨드를 실행시키면 된다.

(neutron) net-delete MyFlatNetwork

또는 다음과 같이 네트워크의 UUID를 지정해도 된다.[2]

(neutron) net-delete 3b56346d-9f9a-4447-98f1-4eb470cdad6d

유동 IP나 로드 밸런서 VIP 등과 같은 네트워크 리소스나 인스턴스에서 이 네트워크를 사용하고 있지 않다면, 네트워크가 정상적으로 삭제될 것이다.

---

2 당연히 여러분의 실행 환경에서는 실제로 MyFlatNetwork에 할당된 값으로 지정해야 한다. 아래에 나온 UUID는 원저자가 실행했을 때 할당된 값이다. – 옮긴이

대시보드에서 네트워크 생성

대시보드에서도 네트워크를 생성할 수 있다. 관리자 뿐만 아니라 사용자도 생성할 수 있는데, 각자가 생성하는 방식은 약간 다르다.

관리자 계정으로 Admin(관리자) 탭에서 생성

클라우드 관리자가 대시보드에서 네트워크를 생성하려면 다음과 같은 단계를 거친다.[3]

1. Admin(관리자) ➤ System Panel(시스템 패널) ➤ Networks(네트워크) 메뉴로 간다.

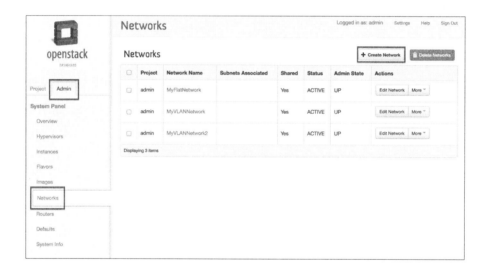

2. 오른쪽 상단에 있는 Create Network(네트워크 생성)를 클릭한다. 그러면 다음과 같이 네트워크를 생성하는 창이 나타난다.

---

3 먼저 브라우저를 띄우고 http://controller/dashboard로 간 다음, 앞서 생성한 관리자 계정 admin/secrete로 로그인한다.
 – 옮긴이

Create Network   ×

Name

Description:
Select a name for your network.

Project *

Select a project

Admin State
☑

Shared
☐

External Network
☐

Cancel   Create Network

네트워크가 속할 프로젝트(또는 테넌트)를 지정하거나, Admin 상태를 켜거나 끌 수도 있고, 공유 여부를 지정할 수도 있고, 뉴트론 라우터에서 외부 네트워크로 사용하도록 설정할 수도 있다.

그런데 여기에는 생성할 네트워크의 타입이나 세그먼테이션 ID를 지정하는 부분은 없다. 대시보드에서는 뉴트론 플러그인 설정 파일[4]의 tenant_network_type 옵션에 명시된 네트워크 타입만 생성할 수 있다. 따라서 프로바이더 네트워크에 대해서는 CLI를 사용해야 하는 경우가 많다.

사용자 계정으로 Project(프로젝트) 탭에서 생성

일반 사용자는 대시보드의 Project(프로젝트) 탭에서 네트워크를 생성한다. 사용자가 네트워크를 생성할 때는 다음과 같은 단계를 거친다.[5]

---

4 /etc/neutron/plugins/openvswitch/ovs_neutron_plugin.ini – 옮긴이
5 사용자 계정이 없다면 먼저 생성하고 이 계정으로 로그인한다. – 옮긴이

1. Project(프로젝트) ➤ Manage Network(네트워크) ➤ Networks(네트워크) 메뉴로 간다.

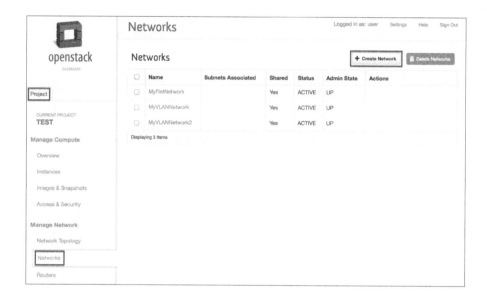

화면을 보면 앞에서 관리자 계정으로 들어올 때와 달리, 현재 정의된 네트워크에 대한 액션이 비어 있는 것을 볼 수 있다. 네트워크가 공유 상태에 있더라도 사용자는 이 값을 건드릴 수 없고, 관리자만 수정할 수 있다.

2. 화면의 오른쪽 상단에 있는 Create Network(네트워크 생성)를 클릭하면 다음과 같은 창이 나타난다.

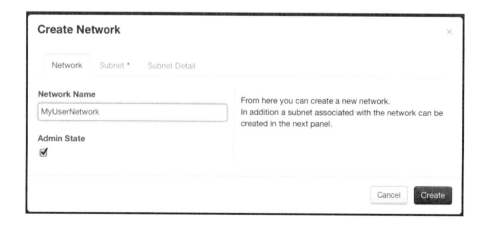

Network(네트워크) 탭을 보면 Network Name(네트워크 이름)과 Admin State(관리자 상태)를 지정하는 필드가 있다. 앞에서 본 네트워크를 Shared(공유)나 External(외부 네트워크) 등으로 선택하는 메뉴는 관리자가 생성한 네트워크에 대해서만 나타난다.

사용자가 대시보드에서 네트워크를 생성하려면 네트워크 생성 시점에 서브넷을 생성해야 한다. 서브넷을 생성하는 방법은 뒤에서 자세히 설명한다.

뉴트론의 서브넷

네트워크를 생성했다면, 이제 이 네트워크의 서브넷subnet을 생성해야 한다. 뉴트론에서 서브넷은 L3(3계층) 리소스로서, CIDRClassless Inter-Domain Routing로 정의한 IPv4 또는 IPv6 네트워크다. CIDR는 IP 주소를 할당하거나 IP 패킷을 라우팅하는 데 사용되는 기법으로, 서브넷 마스크의 길이를 기존의 클래스 단위 대신 가변적으로VLSM, Variable-Length Subnet Masking 지정할 수 있다. 이처럼 다양한 길이를 가진 서브넷으로 나눌 수 있어서, 로컬 네트워크의 요구 사항에 좀 더 적합한 크기로 네트워크를 구성할 수 있다. CIDR나 VLSM에 대해서는 위키피디아에 있는 자료(http://en.wikipedia.org/wiki/Classless_Inter-Domain_Routing, 한글: http://ko.wikipedia.org/wiki/사이더_(네트워킹))를 참고하기 바란다.

CIDR 표기법으로 서브넷을 표현한 예를 몇 가지 살펴보자.

- 192.168.100.50/24는 IP 주소 192.168.100.50에 대해 라우팅 접두어로 192.168.100.0을 사용하고, 서브넷 마스크로 255.255.255.0(24개의 '1'비트)을 가진다는 것을 의미한다.

- 172.16.1.200/23은 IP 주소 172.16.0.200에 대해, 라우팅 접두어로 172.16.0.0을 사용하고, 서브넷 마스크는 255.255.254.0(23개의 '1'비트)을 가진다는 것을 의미한다.

- 10.0.10.4/22는 IP 주소 10.0.10.4에 대해, 라우팅 접두어로 10.0.8.0을 사용하고, 서브넷 마스크로 255.255.252.0(22개의 '1'비트)를 가진다는 것을 의미한다.

CIDR 표기법을 사용하면 서브넷에 있는 IP 주소의 총 개수를 쉽게 알아낼 수 있다. 가령, 서브넷 마스크 255.255.255.0을 CIDR로 표현하면 /24인데, IPv4 주소의 총 비트 수인 32에서 24를 뺀 8비트 만큼이 IP 주소의 개수다. 이러한 비트 수를 x로 표기하면 다음과 같은 공식으로 주소의 개수를 구할 수 있다.

2^x = 서브넷의 주소 개수

따라서 /24는 256(2^8)개의 IP 주소를 가진다는 것을 알 수 있다. 2의 지수승을 다룰 때의 가장 큰 장점은, 지수가 하나씩 증가할 때마다 가용한 호스트 주소의 수는 두 배씩 늘어난다는 것이다. /23 서브넷의 경우 2^9으로도 표기할 수 있으며, 512개의 주소를 갖고, /22의 경우에는 2^{10}으로 표기하고 1024개의 주소를 갖는다. 반대로 지수를 하나씩 감소시키면, 가용한 주소가 절반씩 줄어든다. /25 서브넷은 2^7으로 표기하고, 128개의 주소를 사용할 수 있다. /26은 2^6으로 표기하며, 64개의 주소를 가질 수 있다.

서브넷에 있는 주소를 모두 사용할 수 있는 것은 아니다. 보통 첫 번째와 마지막 주소를 네트워크와 브로드캐스트 주소로 할당한다. 따라서 뉴트론에서는 서브넷의 첫 번째 주소와 마지막 주소를 인스턴스와 같은 리소스에 할당하지 않는다. 그러므로 네트워크에서 실제로 사용할 수 있는 주소의 개수는 다음과 같은 공식으로 구할 수 있다. 여기서 x는 앞서 설명한대로 서브넷 마스크에서 사용 가능한 호스트 비트의 개수다.

2^x-2= 서브넷에서 실제로 사용할 수 있는 주소의 개수

현재 버전의 뉴트론에서는 CIDR나 DHCP 할당 풀과 같은 속성을 변경할 수 없기 때문에, 신중하게 계획을 세운 다음 서브넷을 생성해야 한다. 인스턴스를 비롯한 리소스에서 서브넷에서 사용할 수 있는 IP를 다 써버렸다면, 더 이상 네트워크에 디바이스를 붙일 수 없다. 이럴 때는 서브넷을 새로 생성하여 네트워크에 할당해야 한다. 사용하는 네트워크 인프라에 따라, 변경하는 게 쉽지 않을 수도 있다.

CLI에서 서브넷 생성하는 방법

뉴트론 클라이언트에서 서브넷을 생성하려면 뉴트론 프롬프트에서 subnet-create 커맨드를 실행시킨다. 이 커맨드의 문법은 다음과 같다.

```
(neutron) subnet-create -h

usage: subnet-create [-h] [-f {shell,table}] [-c COLUMN]
        [--variable VARIABLE][--prefix PREFIX]
        [--request-format {json,xml}][--tenant-id TENANT_ID]
        [--name NAME][--ip-version {4,6}] [--gateway GATEWAY_IP]
        [--no-gateway][--allocation-pool start=IP_ADDR,end=IP_ADDR]
        [--host-route destination=CIDR,nexthop=IP_ADDR]
        [--dns-nameserver DNS_NAMESERVER] [--disable-dhcp]
        NETWORK CIDR
```

v2 API에서는 prefix라는 속성을 사용하지 않으므로 무시해도 된다.

tenant-id 속성은 서브넷이 속할 테넌트 ID를 지정한다. 이 값은 부모 네트워크와 동일한 테넌트로 설정해야 한다.

name 속성은 서브넷의 이름을 지정한다. 한 이름으로 여러 개의 서브넷을 생성할 수도 있지만, 쉽게 구별할 수 있도록 고유한 이름으로 짓는 것이 좋다.

ip-version 속성은 서브넷에서 사용할 인터넷 프로토콜의 버전을 지정한다. IPv4에 대해서는 4를 지정하고, IPv6에 대해서는 6을 지정한다. 디폴트 값은 4(IPv4)다.

gateway 속성은 서브넷에 대한 게이트웨이 주소를 정의한다. 서브넷이 뉴트론 라우터의 인스턴스쪽에 붙어 있다면, 라우터의 인터페이스를 이 주소로 설정하여 해당 서브넷에 있는 인스턴스에 대한 디폴트 게이트웨이 주소로 사용한다. 서브넷이 뉴트론 라우터의 외부쪽에 붙어 있으면, 이 값을 라우터에 대한 디폴트 게이트웨이 주소로 사용한다. 구체적인 내용은 6장, '뉴트론 라우터 생성'에서 다룬다.

no-gateway 속성은 불리언 값으로 지정하며, true로 설정하면 서브넷의 게이트웨이로 사용할 IP 주소를 자동으로 할당하지 않게 된다. 그리고 DHCP 설정 파일에서 enable_isolated_metadata가 true로 설정됐을 때, DHCP를 통해 메타데이터 경로가 추가된다.

allocation-pool 속성은 서브넷에서 인스턴스에 할당할 수 있는 IP 주소 범위를 지정한다. 사용하는 네트워크의 타입에 따라 오픈스택 외부에 있는 디바이스에서 동일한 서브넷을 사용할 수도 있다. 인스턴스는 서브넷에 할당된 주소만 할당 받을 수 있기 때문에 오픈스택 외부에 있는 디바이스와 같은 서브넷에 속할 수 있다.

host-route 속성은 DHCP를 통해 주입될 (한 개 이상의) 정적 경로를 지정한다. 여러 개의 경로를 지정할 때는 destination과 nexthop의 쌍을, 공백으로 구분하여 나열하면 된다. 서브넷마다 최대로 가질 수 있는 경로의 개수는 디폴트로 20이며, /etc/neutron/neutron.conf 파일에서 다른 값으로 변경할 수 있다.

dns-nameserver 속성은 서브넷에 대한 네임서버를 설정한다. 서브넷마다 최대로 가질 수 있는 네임서버의 수는 디폴트로 5이며, /etc/neutron/neutron.conf 파일에서 변경할 수 있다.

disable-dhcp 속성은 불리언 값으로 지정하며, true로 설정될 경우 서브넷에 대해 DHCP 서비스를 사용할 수 없다. DHCP를 사용하는 인스턴스는 DHCP가 꺼지면 IP 연결이 끊어진다.

NETWORK 인자는 서브넷이 적용될 네트워크를 지정한다. 하나의 네트워크에서 서로 중첩되지만 않는다면 여러 개의 서브넷을 지정할 수 있다. 이 값은 네트워크의 UUID나 이름으로 지정한다.

CIDR 인자는 생성하려는 서브넷에 대한 CIDR 표현이다.

 여기 나온 문법과 달리 subnet-create 커맨드에서 NETWORK와 CIDR 인자를 다른 옵션보다 앞에 적어줘야 한다.

CLI에서 서브넷 생성해보기

뉴트론 클라이언트에서 다음과 같은 subnet-create 커맨드를 통해 서브넷을 생성할 수 있다.

```
Syntax: subnet-create NETWORK CIDR --name <name> --ip-version=4
--gateway=<gateway ip> --allocation-pool start=<start addr>,end=<end
addr> --dns-nameservers <dns server1> <dns server2>
```

이 커맨드를 실제 사용해보기 위해 MyFlatNetwork라는 네트워크에 다음과 같은 속성으로 서브넷을 생성해보자.

- 인터넷 프로토콜: IPv4

- 서브넷: 192.168.100.0/24

- 서브넷 마스크: 255.255.255.0

- 외부 게이트웨이: 192.168.100.1

- DNS 서버: 8.8.8.8, 8.8.4.4

다음과 같이 커맨드를 작성하여 MyFlatNetwork의 서브넷을 생성한다.

```
(neutron) subnet-create MyFlatNetwork 192.168.100.0/24 --name
MyFlatSubnet --ip-version=4 --gateway=192.168.100.1 --allocation-
pool start=192.168.100.2,end=192.168.100.254 --dns-nameservers 8.8.8.8
8.8.4.4
```

 --dns-nameserver 대신 --dns-nameservers를 사용하면 여러 개의 네임서버 주소를 지정할 수 있다. 이때 각 주소를 공백으로 구분한다.

이 커맨드를 실행시키면 다음과 같은 결과를 확인할 수 있다.

```
(neutron) subnet-create MyFlatNetwork 192.168.100.0/24 --name MyFlatSubnet --ip-version=4 --gateway=192.168.100.1
--allocation-pool start=192.168.100.2,end=192.168.100.254 --dns-nameservers 8.8.8.8 8.8.4.4
Created a new subnet:
+------------------+--------------------------------------------------+
| Field            | Value                                            |
+------------------+--------------------------------------------------+
| allocation_pools | {"start": "192.168.100.2", "end": "192.168.100.254"} |
| cidr             | 192.168.100.0/24                                 |
| dns_nameservers  | 8.8.4.4                                          |
|                  | 8.8.8.8                                          |
| enable_dhcp      | True                                             |
| gateway_ip       | 192.168.100.1                                    |
| host_routes      |                                                  |
| id               | 739b5bfd-d224-45bc-89b3-b29147be075d             |
| ip_version       | 4                                                |
| name             | MyFlatSubnet                                     |
| network_id       | 3b56346d-9f9a-4447-98f1-4eb470cdad6d             |
| tenant_id        | b1e5de8d1cfc45d6a15d9c0cb442a8ab                 |
+------------------+--------------------------------------------------+
```

CLI에서 생성된 서브넷 목록 보기

subnet-list 커맨드를 사용하면 뉴트론에 생성된 서브넷을 볼 수 있다.

```
(neutron) subnet-list
+--------------------------------------+--------------+------------------+--------------------------------------------------+
| id                                   | name         | cidr             | allocation_pools                                 |
+--------------------------------------+--------------+------------------+--------------------------------------------------+
| 739b5bfd-d224-45bc-89b3-b29147be075d | MyFlatSubnet | 192.168.100.0/24 | {"start": "192.168.100.2", "end": "192.168.100.254"} |
+--------------------------------------+--------------+------------------+--------------------------------------------------+
```

각 서브넷의 서브넷 ID와 서브넷 이름, CIDR 표현, 관리자로 실행할 때의
DHCP 할당 범위 등을 보여준다. 관리자가 아닌 사용자가 이 커맨드를 실행하
면, 테넌트의 서브넷과 공유 네트워크에 대한 서브넷만 보여준다.

CLI에서 서브넷 속성 확인

다음과 같이 subnet-show 커맨드를 사용하면 서브넷의 속성을 볼 수 있다.

```
(neutron) subnet-show 739b5bfd-d224-45bc-89b3-b29147be075d
+------------------+--------------------------------------------------+
| Field            | Value                                            |
+------------------+--------------------------------------------------+
| allocation_pools | {"start": "192.168.100.2", "end": "192.168.100.254"} |
| cidr             | 192.168.100.0/24                                 |
| dns_nameservers  | 8.8.4.4                                          |
|                  | 8.8.8.8                                          |
| enable_dhcp      | True                                             |
| gateway_ip       | 192.168.100.1                                    |
| host_routes      |                                                  |
| id               | 739b5bfd-d224-45bc-89b3-b29147be075d             |
| ip_version       | 4                                                |
| name             | MyFlatSubnet                                     |
| network_id       | 3b56346d-9f9a-4447-98f1-4eb470cdad6d             |
| tenant_id        | b1e5de8d1cfc45d6a15d9c0cb442a8ab                 |
+------------------+--------------------------------------------------+
```

CLI에서 서브넷 업데이트

CLI에서 서브넷을 업데이트하려면 subnet-update 커맨드를 사용하면 된다.

```
(neutron) subnet-update -h
usage: subnet-update [-h] [--request-format {json,xml}] SUBNET
```

서브넷을 생성한 후에 변경할 수 없는 속성도 있다. 다음과 같은 속성은 생성
후에도 변경할 수 있다.

- dns_nameservers

- enable_dhcp

- gateway_ip

- host_routes

 여기에 나오지 않은 속성에 대해 업데이트하면, 400 Bad Request 에러가 발생한다.

dns-nameservers 속성은 서브넷에 대한 네임서버를 지정한다. 서브넷의 네임
서버를 변경하려면, subnet-update 커맨드의 dns-nameservers 옵션에 새로

운 네임서버를 (여러 개일 경우 공백으로 구분해) 적어주면 된다.[6]

**(neutron) subnet-update <서브넷 uuid 또는 서브넷 이름> --dns-nameservers
<dns server1> <dns server2>**

enable-dhcp 속성은 불리언 값으로 지정하며, true로 설정하면 서브넷에서
DHCP 서비스를 사용한다. 서브넷에서 DHCP를 사용하거나 *끄려면* subnet-
update 커맨드에 이 옵션 값을 true나 false로 지정하면 된다.

**(neutron) subnet-update <서브넷 uuid 또는 서브넷 이름> --enable-
dhcp=<true|false>**

gateway_ip 속성은 서브넷에 대한 디폴트 게이트웨이를 지정한다. 기존 게이
트웨이 주소를 덮어 쓰려면 subnet-update 커맨드에서 gateway_ip 속성에
새로운 값을 지정하면 된다.

**(neutron) subnet-update <서브넷 uuid 또는 서브넷 이름> --gateway_ip=<게이트웨
이 주소>**

서브넷에서 게이트웨이 주소를 삭제하려면 다음과 같이 action=clear를 적어
준다.

(neutron) subnet-update <subnet uuid or name> --gateway_ip action=clear

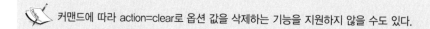
커맨드에 따라 action=clear로 옵션 값을 삭제하는 기능을 지원하지 않을 수도 있다.

host-routes 속성은 DHCP를 통해 주입될 한 개 이상의 경로를 지정한다. 경
로를 추가하도록 서브넷을 업데이트하려면 다음과 같이 subnet-update 커맨
드에 host-routes 옵션을 지정한다.

**(neutron) subnet-update <subnet uuid or name> --host-routes type=dict
list=true destination=10.0.0.0/24,nexthop=192.168.100.5 destination=1
72.16.0.0/24,nexthop=192.168.100.10**

---

6 dns-nameservers와 달리, 하바나에서 dns-nameserver(단수형) 옵션은 변경할 수 없다. – 옮긴이

destination과 nexthop이라는 키/값 쌍으로 전달한 데이터를 파이썬에서 제대로 처리하려면, type=dict와 list=true 속성을 지정한다.

subnet-update로 기존에 지정된 `dns_nameservers`나 `host_routes` 값을 업데이트하면 기존 값을 덮어쓰게 된다. 이로 인해 네트워크가 죽는 시간을 최소화하려면 현재 실행 중인 작업이 `enable_dhcp`나 `gateway_ip`와 같은 서브넷 속성에 영향을 받는지 확인해야 한다. 이 속성은 구동 중인 인스턴스에 영향을 준다.

대시보드에서 서브넷 생성

대시보드에서도 서브넷을 생성할 수 있다. 관리자냐 사용자냐에 따라 설정 방식이 다르다.

관리자 계정으로 Admin(관리자) 탭에서 생성

관리자가 서브넷을 생성하는 과정은 다음과 같다.

1. Admin(관리자) ➤ System Panel(시스템 패널) ➤ Networks(네트워크)로 가서 서브넷을 추가하려는 네트워크를 클릭한다.

2. MyVLANNetwrok를 클릭하면 서브넷과 포트를 비롯한 네트워크에 대한 상세 정보를 볼 수 있다.

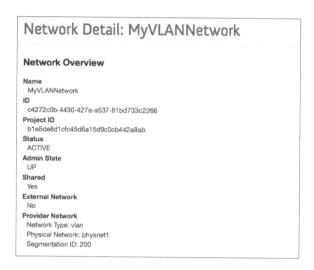

3. 이 네트워크에 서브넷을 추가하려면 우측에 있는 Create Subnet(서브넷 생성) 버튼을 클릭한다.

4. 그러면 다음과 같은 창이 뜬다. 여기서 서브넷의 속성을 지정한다.

5. 여기 나온 옵션은 `subnet-create` 커맨드에서 사용한 옵션과 같다. Subnet
Detail(서브넷 세부 정보)을 클릭하면 다른 설정 옵션도 볼 수 있다.

6. Create(생성) 버튼을 클릭하면 서브넷이 생성된다.

사용자 계정으로 Project(프로젝트) 탭에서 생성

사용자 계정으로 대시보드에 접속하면 네트워크와 서브넷을 동시에 생성해야
한다. 사용자 권한으로 네트워크와 서브넷을 생성하는 과정은 다음과 같다.

1. Project(프로젝트) ➤ Networks(네트워크) 메뉴로 가서 Create Network(네트워크 생성) 버튼
을 클릭한다.

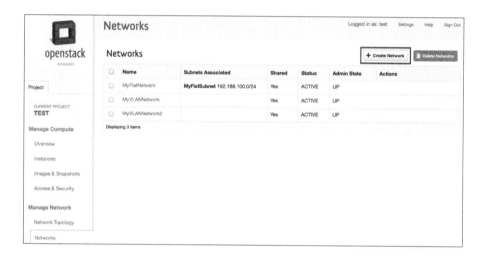

2. 그러면 다음과 같은 창이 뜬다. 여기에 네트워크와 서브넷 정보를 지정한다.

3. 사용자 권한으로는 공유 네트워크를 생성할 수 없고, 관리자만 할 수 있
다. Subnet(서브넷) 탭을 클릭한 다음, 네트워크 주소와 CIDR, 게이트웨이 정
보 등과 같은 서브넷 관련 정보를 지정한다.

4. 마지막으로 Subnet Detail(서브넷 세부 정보)을 클릭해 DHCP 할당 풀, DNS 네임 서버, 호스트 라우터 등과 같은 세부 사항을 지정한다. 파란색 Create(생성) 버튼을 클릭하면 네트워크와 서브넷이 생성된다.

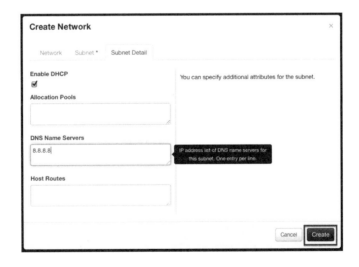

More 메뉴에서 서브넷을 더 추가하거나, 네트워크를 삭제할 수도 있다.

뉴트론 포트

3장의 서두에서 설명한 바와 같이, 뉴트론에서 포트port는 인스턴스와 같은 클라우드 리소스를 서브넷에 논리적으로 연결한 것이다. 클라우드의 네트워크 상태를 데이터베이스에 저장하기 때문에, 오픈스택에서는 서브넷에 연결된 모든 클라우드 리소스와 디바이스를 볼 수 있다. 뉴트론 데이터베이스에 저장된 정보는 네트워킹 플러그인과 에이전트를 통해 물리 또는 가상 스위치 계층에서 스위칭 연결을 구성할 때 활용된다. 인스턴스에 대한 가상 인터페이스, DHCP나 라우터, VIP 네임스페이스 등에 대한 인터페이스와 같은 리소스에서 뉴트론 포트를 활용한다.[7]

다음과 같이 port-list 커맨드를 실행시키면 뉴트론 포트에 대한 정보를 확인할 수 있다.

```
(neutron) port-list
| id                                   | name | mac_address       | fixed_ips                                                                          |
| 8e955573-bda2-4ed5-99f2-3aaa699fc804 |      | fa:16:3e:ea:69:72 | {"subnet_id": "739b5bfd-d224-45bc-89b3-b29147be075d", "ip_address": "192.168.100.2"} |
| dc5145c1-0ca3-4354-94b2-908495899708 |      | fa:16:3e:98:45:05 | {"subnet_id": "ceac2b42-942b-41d6-9e47-d11fcad8512e", "ip_address": "192.168.204.2"} |
```

---

7 포트는 서브넷을 생성한 뒤, 또는 인스턴스를 부팅시킨 후에 생성되지만 port-create로 포트를 직접 생성하는 방법에 대해서는 http://docs.openstack.org/user-guide/content/cli_ports.html를 참고한다. – 옮긴이

port-show 커맨드를 사용하면 특정 포트에 대한 상세한 정보를 볼 수 있다.

```
(neutron) port-show 8e955573-bda2-4ed5-99f2-3aaa699fc804
+-----------------------+-------------------------------------------------------------------------------------+
| Field                 | Value                                                                               |
+-----------------------+-------------------------------------------------------------------------------------+
| admin_state_up        | True                                                                                |
| allowed_address_pairs |                                                                                     |
| binding:capabilities  | {"port_filter": true}                                                               |
| binding:host_id       | controller.learningneutron.com                                                      |
| binding:vif_type      | ovs                                                                                 |
| device_id             | dhcp158b3bbb-2cad-50ba-a72c-55cec869ff7f-3b56346d-9f9a-4447-98f1-4eb470cdad6d        |
| device_owner          | network:dhcp                                                                         |
| extra_dhcp_opts       |                                                                                     |
| fixed_ips             | {"subnet_id": "739b5bfd-d224-45bc-89b3-b29147be075d", "ip_address": "192.168.100.2"} |
| id                    | 8e955573-bda2-4ed5-99f2-3aaa699fc804                                                |
| mac_address           | fa:16:3e:ea:69:72                                                                   |
| name                  |                                                                                     |
| network_id            | 3b56346d-9f9a-4447-98f1-4eb470cdad6d                                                |
| security_groups       |                                                                                     |
| status                | DOWN                                                                                |
| tenant_id             | b1e5de8d1cfc45d6a15d9c0cb442a8ab                                                    |
+-----------------------+-------------------------------------------------------------------------------------+
```

여기서 device_owner 필드를 보면 포트는 DHCP 네임스페이스(network:dhcp)에서 사용하는 인터페이스에 할당된다. network_id 값을 통해 ID가 3b56346d-9f9a-4447-98f1-4eb470cdad6d(MyFlatNetwork)라는 것을 알 수 있다. 인터페이스의 MAC 주소는 mac_address 필드의 값으로 지정되고, 인터페이스의 이름은 뉴트론 포트 UUID로 표현한다.[8]

```
[root@controller ~]# ip netns exec qdhcp-3b56346d-9f9a-4447-98f1-4eb470cdad6d ip a
15: tap8e955573-bd: <BROADCAST,UP,LOWER_UP> mtu 1500 qdisc noqueue state UNKNOWN
    link/ether fa:16:3e:ea:69:72 brd ff:ff:ff:ff:ff:ff
    inet 192.168.100.2/24 brd 192.168.100.255 scope global tap8e955573-bd
    inet 169.254.169.254/16 brd 169.254.255.255 scope global tap8e955573-bd
    inet6 fe80::f816:3eff:feea:6972/64 scope link
       valid_lft forever preferred_lft forever
17: lo: <LOOPBACK,UP,LOWER_UP> mtu 16436 qdisc noqueue state UNKNOWN
    link/loopback 00:00:00:00:00:00 brd 00:00:00:00:00:00
    inet 127.0.0.1/8 scope host lo
    inet6 ::1/128 scope host
       valid_lft forever preferred_lft forever
```

---

8 qdhcp-3b56346d-9f9a-4447-98f1-4eb470cdad6d라는 네임스페이스가 없으면 실행이 안 된다. 물론 뒤에 붙은 숫자는 각자 실행한 환경에 따라 값이 다르다. – 옮긴이

네트워크에 인스턴스 붙이기

네트워크에 다양한 방식으로 인스턴스를 붙일 수 있다. 처음 부팅할 때는 `nova boot` 커맨드로 인스턴스를 네트워크에 붙일 수 있고, 실행 중인 인스턴스는 `nova interface-attach` 커맨드로 네트워크에 붙일 수 있다. 이 절에서는 두 커맨드로 인스턴스를 붙이는 방법에 대해 살펴본다.

nova boot 커맨드로 네트워크에 인스턴스 붙이기

처음 부팅될 때는 `nova boot` 커맨드를 통해 인스턴스가 네트워크에 연결된다. 다음과 같은 플래그를 통해 인스턴스에 네트워크 인터페이스를 지정할 수 있다.

`--nic net-id=<뉴트론 네트워크의 UUID>`

`--nic` 플래그를 여러 번 사용해 인스턴스를 여러 네트워크에 연결할 수 있다. 처음 부팅할 때 인스턴스를 여러 네트워크에 연결하는 커맨드는 다음과 같다.

```
nova boot --flavor <flavor-id> --image <image-id> --nic net-id=<network-
uuid1> --nic net-id=<network-uuid2> --nic net-id=<network-uuid3>
InstanceName
```

노바에서는 인스턴스를 네트워크에 연결할 때 가상 인터페이스VIF를 사용한다. VIF마다 뉴트론 포트가 할당되며, 이 정보는 데이터베이스에 저장된다. 앞에서 본 커맨드에서는 `InstanceName`이라는 인스턴스가 세 개의 뉴트론 네트워크에 연결된다. OVS를 사용할 경우에는 각 VIF마다 veth 쌍(qvo, qva)과 리눅스 브릿지(qvr)가 할당된다. LinuxBridge 플러그인을 사용하면 연결된 네트워크의 브릿지에 VIF가 존재한다. 한 인스턴스에 여러 네트워크 인터페이스를 연결하는 것을 멀티호밍multihoming이라 부른다.

인스턴스를 멀티호밍할 때 뉴트론과 인스턴스에서는 어느 네트워크를 우선 처리할지 알 수 없다. 특히 네트워크와 서브넷에 게이트웨이 주소가 설정되면 인스턴스의 라우팅 테이블이 여러 개의 디폴트 경로로 채워진다. 이렇게 되면, 인스턴스의 네트워크 연결뿐만 아니라 라우팅 동작에 큰 혼란을 초래한다.

네트워크 인터페이스 붙이거나 떼기

앞에서 소개한 인스턴스가 처음 부팅되는 경우에는, VIF의 MAC 주소와 인스턴스에 할당된 IP를 매핑할 포트를 뉴트론에서 생성한다.

그러나 구동 중인 인스턴스에 NIC을 추가로 장착하여 네트워크에 연결해야 하는 경우도 있다. nova interface-attach 커맨드를 사용하면 기존에 생성된 포트를 지정하거나, 특정 네트워크 또는 IP 요구사항에 맞는 새로운 포트를 생성할 수 있다.

nova interface-attach 커맨드의 문법은 다음과 같다.

```
nova interface-attach [--port-id <port_id>] [--net-id <net_id>]
                      [--fixed-ip <fixed_ip>]
                      <server>
```

--port-id 옵션은 사용자가 기존에 생성된 뉴트론 포트를 인스턴스에 붙일 수 있게 해준다. 이때 포트는 다른 인스턴스나 리소스에서 사용하지 않아야 한다.

--net-id 옵션으로 지정한 네트워크의 인스턴스에 새로운 인터페이스를 붙인다. 이 옵션으로 지정한 네트워크의 고유 MAC 주소와 IP 주소를 가진 포트가 새로 생성된다. nova interface-attach 커맨드를 여러 번 실행해 한 인스턴스를 같은 네트워크에 여러 번 붙일 수도 있다.

--fixed-ip 옵션은 --net-id 옵션과 함께 사용해 서브넷에 할당된 범위에 있는 임의의 IP 주소를 사용하지 않고, 사용자가 이 옵션을 통해 직접 지정한 IP를 사용하게 할 수 있다.

인스턴스에서 인터페이스를 제거하려면 다음과 같이 `nova interface-detach` 커맨드를 실행시키면 된다.

```
nova interface-detach <server> <port_id>
```

 인스턴스에서 인터페이스를 제거하면 해당 정보가 뉴트론 데이터베이스에서 완전히 삭제된다.

인터페이스에 주소 추가

뉴트론에서는 디폴트로 한 포트에 한 개의 IP 주소를 할당한다. 뉴트론은 인스턴스를 구동하는 컴퓨트 노드에서 iptables 룰을 프로그래밍하여, 뉴트론 포트에 설정된 IP와 MAC 주소에 패칭되는 트래픽이 인스턴스에서 나갈 수 있도록 제어한다. 이 기능은 IP와 MAC 주소 스푸핑spoofing을 방지하기 위한 목적으로 제공되는 것이다. 소스 주소 필터링과 시큐리티 그룹에 대한 자세한 사항은 8장, '네트워크에 연결된 인스턴스 보호'에서 설명한다.

그러나 경우에 따라 게스트 OS에 있는 하나의 인터페이스에 여러 개의 IP 주소를 할당해야 하는 경우가 있다. 대표적인 예로, SSL 인증서를 사용하는 웹 호스팅과 데이터베이스 클러스터링이 있다. 그리고 흔치 않지만, 여러 네트워크의 트래픽을 인스턴스에서 라우팅하는 경우도 있다. 이럴 때는 추가로 IP를 지정할 필요가 없고, 인스턴스에서 사용하지 않은 주소로부터 흘러 들어온 트래픽을 라우팅해야 한다.

하바나 버전부터 인스턴스에 있는 한 개의 인터페이스에서 여러 개의 IP와 MAC 주소를 지정하는 기능이 추가됐다. 뉴트론 확장 기능인 `allowed-address-pairs`를 사용하면 뉴트론 포트에 처음 할당한 IP 주소 외에, 포트에 허용할 여러 개의 IP 주소와 MAC 주소를 추가로 할당할 수 있다. 이 확장 기능을 통해 포트에 허용하는 주소를 추가하면, 인스턴스를 호스팅하는 컴퓨트 노드의 iptables 룰도 이에 맞게 업데이트된다.

allowed-address-pairs 확장 기능은 ML2와 OVS, VMWare의 NSX 플러그인에서만 지원한다.

이 기능의 작동 방식에 대한 이해를 돕기 위해, 특정 인스턴스로부터 들어오는 트래픽 중에, 출발지source가 적절하지 않은 트래픽을 허용하지 않도록, 컴퓨트 노드에서 표준 iptable 룰을 구성하는 예를 살펴보자. 다음 예는 뉴트론 포트 b67c75e5-4f9f-4770-ae72-dd6a144ddd26에 해당하는 인터페이스를 가진 인스턴스에 설정된 iptables 룰을 보여준다.

```
-A neutron-openvswi-sb67c75e5-4 -s 192.168.100.3/32 -m mac --mac-
source fa:16:3e:02:55:34 -j RETURN
-A neutron-openvswi-sb67c75e5-4 -j DROP
```

이 설정을 보면 IP 192.168.100.3과 MAC 주소 fa:16:3e:02:55:34에서 전달한 트래픽만 허용하고 나머지는 무시(drop) 한다.

다른 IP나 MAC 주소에서 들어오는 트래픽도 허용하게 하려면 다음과 같이 port-update 커맨드로 설정한다.

```
Syntax: port-update <port uuid> --allowed-address-pairs
type=dict list=true ip_address=<ip addr w/ CIDR>, mac_address=<source
mac addr>
```

여기서는 192.168.100.253에서 오는 트래픽도 허용하도록 수정했다.

```
[root@controller ~]# neutron port-update 9369da6e-bbea-4317-9ffb-587a10f6eddb \
> --allowed-address-pairs type=dict list=true ip_address=192.168.100.253/32
Updated port: 9369da6e-bbea-4317-9ffb-587a10f6eddb
```

 ip_address와 mac_address 키/값 쌍 형태로 전달된 데이터를 파이썬에서 제대로 처리하려면 type=dict와 list=true 옵션을 지정해야 한다.

컴퓨트 노드의 iptables를 보면 다음과 같이 변경된 것을 알 수 있다.

```
-A neutron-openvswi-s9369da6e-b -s 192.168.100.253/32 -m mac --mac-source FA:16:3E:70:95:FB -j RETURN
-A neutron-openvswi-s9369da6e-b -s 192.168.100.3/32 -m mac --mac-source FA:16:3E:70:95:FB -j RETURN
-A neutron-openvswi-s9369da6e-b -j DROP
```

 port-update 커맨드에서 MAC 주소를 지정하지 않으면, 기존에 지정된 MAC 주소를 사용한다.

CIDR로 지정하면 개별 IP 대신 서브넷 전체에 대해 설정할 수 있다. 컴퓨트 노드에 있는 iptables 룰도 여기에 맞게 업데이트된다.

인스턴스에서 주소를 얻는 과정

서브넷에 DHCP를 사용하도록 설정하면, 네트워크 UUID에 해당하는 네트워크 네임스페이스에서 dnsmasq 프로세스가 구동된다. 이미 이 프로세스가 구동되어 있다면, 추가로 지정한 서브넷에 대해서도 지원하도록 업데이트된다.

대다수의 인스턴스는 DHCP를 통해 IP 주소를 얻는다. DHCP가 동작하는 과정은 다음과 같다.

- DHCP 클라이언트에서 브로드캐스트 주소(주로 255.255.255.255)로 DHCPDISCOVERY 패킷을 보낸다.

- DHCP 서버는 요청에 대한 응답으로 DHCPOFFER 패킷을 보낸다. 이 패킷에는 요청을 보낸 인스턴스의 MAC 주소와 IP 주소, 서브넷 마스크, 임대 기간, DHCP 서버의 IP 주소가 담겨 있다.

- 이러한 응답을 받은 DHCP 클라이언트는 다시 DHCPREQUEST 패킷을 DHCP 서버로 보내서 서버에서 제공할 주소를 요청한다. 여러 개의 오퍼를 받을 수 있지만, 단 한 개만 수락한다.

- 이러한 요청에 대해 DHCP 서버는 DHCPACK 패킷을 인스턴스에게 보낸다. 이때 IP 설정이 완료된다. DHCP 서버는 nameservers나 routes와 같은 다른 DHCP 옵션도 인스턴스에게 보낸다.

DHCP 서버에 대한 네트워크 네임스페이스의 이름은 qdhcp에 네트워크 UUID를 붙인 형태로 구성된다. 컨트롤러에서 네임스페이스 목록을 보려면 다음과 같이 ip netns 커맨드를 실행한다.[9]

```
[root@controller ~]# ip netns
qdhcp-3b56346d-9f9a-4447-98f1-4eb470cdad6d
qdhcp-e123e990-88af-4267-8c9b-4a37f5dd4a9c
```

여기 나온 네임스페이스는 다음과 같이 DHCP를 사용하도록 설정된 두 개의 네트워크와 관련 있는 것을 알 수 있다.

```
[root@controller ~]# neutron net-list
+--------------------------------------+---------------+--------------------------------------------------------+
| id                                   | name          | subnets                                                |
+--------------------------------------+---------------+--------------------------------------------------------+
| 3b56346d-9f9a-4447-98f1-4eb470cdad6d | MyFlatNetwork | 739b5bfd-d224-45bc-89b3-b29147be075d 192.168.100.0/24  |
| c4272c0b-4430-427a-a537-81bd733c2266 | MyVLANNetwork |                                                        |
| cb88384c-ebd1-4277-b01e-6f707170004f | MyVLANNetwork2|                                                        |
| e123e990-88af-4267-8c9b-4a37f5dd4a9c | MyUserNetwork | ceac2b42-942b-41d6-9e47-d11fcad8512e 192.168.204.0/24  |
+--------------------------------------+---------------+--------------------------------------------------------+
```

qdhcp 네임스페이스를 보면 한 개의 탭 디바이스가 존재하는데, 이를 통해 네임스페이스를 네트워크에 연결한다. 다음 예는 OVS 플러그인을 사용하도록 설정된 환경에서 통합 브릿지에 연결된 네트워크 네임스페이스를 보여준다.

```
[root@controller ~]# ip netns exec qdhcp-3b56346d-9f9a-4447-98f1-4eb470cdad6d ip a
15: tap8e955573-bd: <BROADCAST,UP,LOWER_UP> mtu 1500 qdisc noqueue state UNKNOWN
    link/ether fa:16:3e:ea:69:72 brd ff:ff:ff:ff:ff:ff
    inet 192.168.100.2/24 brd 192.168.100.255 scope global tap8e955573-bd
    inet 169.254.169.254/16 brd 169.254.255.255 scope global tap8e955573-bd
    inet6 fe80::f816:3eff:feea:6972/64 scope link
       valid_lft forever preferred_lft forever
```

통합 브릿지에 설정된 인터페이스는 다음과 같이 확인할 수 있다.

---

9 아무것도 표시되지 않을 경우에는 플러그인 에이전트(예, neutron-openvswitch-agent)가 구동 중인지 확인한다. - 옮긴이

```
[root@controller ~]# ovs-vsctl show
6f2f8f4e-86ec-4e7f-ac4c-9128fca23b4a
    Bridge br-int
        Port "int-br-eth1"
            Interface "int-br-eth1"
        Port "tap8e955573-bd"
            tag: 2
            Interface "tap8e955573-bd"
                type: internal
```

서브넷에 대해 DHCP를 사용하지 않아도, 해당 인스턴스의 뉴트론 포트에 설정된 IP 주소는 그대로 남아 있고, dnsmasq 프로세스는 구동되지 않는다. 이 상태에서는 사용자가 인스턴스의 IP 주소를 직접 설정해야 한다.

인스턴스에서 메타데이터 가져오기

3장, '뉴트론 설치'에서 뉴트론 메타데이터 프록시를 통해 인스턴스에 메타데이터를 전달하는 과정에 대해 간략히 설명한 바 있다. 이때 인스턴스는 두 가지 방식으로 메타데이터를 받을 수 있다. 하나는 라우터 네임스페이스를 통하는 것이고, 다른 하나는 DHCP 네임스페이스를 통하는 것이다. 이러한 두 가지 방식에 대해 자세히 살펴보자.

라우터 네임스페이스

라우터를 설정하는 방법에 대해서는 6장에서 자세히 설명하겠지만, 일단 여기서 메타데이터와 관련된 기본적인 기능 정도는 알아둘 필요가 있다. 뉴트론에서는 서브넷에 게이트웨이 IP가 설정되어 있을 때, 다음과 같은 두 가지 상황 중 하나라고 판단한다.

- 게이트웨이 IP가 뉴트론 라우터에 속한다.
- 모든 라우팅 요청을 게이트웨이에서 처리한다. 여기에는 메타데이터 서버에 대한 요청도 포함된다.

서브넷에 대한 게이트웨이 역할을 하는 뉴트론 라우터가 서브넷에 연결되면, 라우터는 메타데이터 서비스를 포함한 서브넷에서 발생하는 모든 트래픽의 라우팅을 처리한다. 인스턴스에서 http://169.254.169.254에 있는 메타데이터 서비스로 HTTP 요청을 보내면 뉴트론 라우터에서 `iptables` 체인과 룰을 검사해 라우팅 결정을 한다.

`qrouter` 네임스페이스에는 HTTP 요청을 9697 포트에 있는 로컬 리스너에게 리다이렉션하는 `PREROUTING`이란 규칙이 지정되어 있다.

```
[root@controller ~]# ip netns exec qrouter-c2b8c093-0f9b-43b9-b993-72d04b886738 \
> iptables-save | grep 169.254.169.254
-A neutron-l3-agent-PREROUTING -d 169.254.169.254/32 -p tcp -m tcp --dport 80 -j REDIRECT --to-ports 9697
```

이 네임스페이스에 대해 netstat 커맨드를 실행하면, 9697포트를 듣는 프로세스를 볼 수 있다.

```
[root@controller ~]# ip netns exec qrouter-c2b8c093-0f9b-43b9-b993-72d04b886738 \
> netstat -tlp
Active Internet connections (only servers)
Proto Recv-Q Send-Q Local Address           Foreign Address         State       PID/Program name
tcp        0      0 *:9697                  *:*                     LISTEN      17550/python
```

이 프로세스가 바로 뉴트론의 메타데이터 프록시 서비스며, 노바 메타데이터 서비스를 대신해 메타데이터 요청을 처리한다.

```
[root@controller ~]# ip netns exec qrouter-c2b8c093-0f9b-43b9-b993-72d04b886738 ps 17550
  PID TTY      STAT   TIME COMMAND
17550 ?        S      0:00 /usr/bin/python /usr/bin/neutron-ns-metadata-proxy --pid_file=/var/lib/neutron/external/pids/c2b8c093-0f9b-43b9-b993-72d04b886738.pid --metada
ta_proxy_socket=/var/lib/neutron/metadata_proxy --router_id=c2b8c093-0f9b-43b9-b993-72d04b886738 --state_path=/var/lib/neutron --metadata_port=9697 --verbose --log-file=
neutron-ns-metadata-proxy-c2b8c093-0f9b-43b9-b993-72d04b886738.log --log-dir=/var/log/neutron
```

DHCP 네임스페이스

인스턴스가 뉴트론 라우터에 연결되지 않은 네트워크에 있다면, 인스턴스에서 메타데이터 서비스에 도달하는 방법을 찾아야 한다. 이를 위해 다음과 같은 방식을 사용할 수 있다.

- 인스턴스에 경로를 직접 설정한다.

- DHCP를 통해 경로를 제공한다.

/etc/neutron/dhcp_agent.ini에서 `enable_isolated_metadata`가 `true`로 설정돼 있다면, 앞서 살펴본 라우터 네임스페이스처럼 DHCP 네임스페이스마다 메타데이터 서비스에 대한 프록시를 하나씩 제공한다. 다음 그림을 보면 `PREROUTING iptables` 룰을 사용해 요청을 다른 포트로 리다이렉션하지 않고, 프록시 서비스가 80포트를 직접 듣고 있는 것을 볼 수 있다.

```
[root@controller ~]# ip netns exec qdhcp-e123e990-88af-4267-8c9b-4a37f5dd4a9c \
> netstat -tlnp
Active Internet connections (only servers)
Proto Recv-Q Send-Q Local Address           Foreign Address         State       PID/Program name
tcp        0      0 192.168.204.2:53        0.0.0.0:*               LISTEN      11425/dnsmasq
tcp        0      0 169.254.169.254:53      0.0.0.0:*               LISTEN      11425/dnsmasq
tcp        0      0 0.0.0.0:80              0.0.0.0:*               LISTEN      9335/python
tcp        0      0 fe80::f816:3eff:fe98:450:53 :::*                LISTEN      11425/dnsmasq
```

이 리스너 프로세스가 바로 뉴트론 메타데이터 프록시다.

```
[root@controller ~]# ip netns exec qdhcp-e123e990-88af-4267-8c9b-4a37f5dd4a9c ps 9335
PID TTY      STAT   TIME COMMAND
9335 ?        S      0:00 /usr/bin/python /usr/bin/neutron-ns-metadata-proxy --pid_file=/var/lib/neutron/external/pids/e123e990-88af-4267-8c9b-4a37f5dd4a9c.pid
--metadata_proxy_socket=/var/lib/neutron/metadata_proxy --network_id=e123e990-88af-4267-8c9b-4a37f5dd4a9c --state_path=/var/lib/neutron --metadata_port=80 --verb
ose --log-file=neutron-ns-metadata-proxy-e123e990-88af-4267-8c9b-4a37f5dd4a9c.log --log-dir=/var/log/neutron
```

169.254.169.254에 대한 경로를 직접 추가

인스턴스가 169.254.169.254에 있는 DHCP 네임스페이스의 메타데이터 서비스에 접근하려면, 다음 홉next hop에 대한 경로를 인스턴스의 디폴트 게이트웨이가 아닌, DHCP 네임스페이스 인터페이스로 설정해야 한다.

DHCP 네임스페이스에 지정된 IP 주소는 다음과 같다.

```
[root@controller ~]# ip netns exec qdhcp-e123e990-88af-4267-8c9b-4a37f5dd4a9c ip a
16: tapdc5145c1-0c: <BROADCAST,UP,LOWER_UP> mtu 1500 qdisc noqueue state UNKNOWN
    link/ether fa:16:3e:98:45:05 brd ff:ff:ff:ff:ff:ff
    inet 192.168.204.2/24 brd 192.168.204.255 scope global tapdc5145c1-0c
    inet 169.254.169.254/16 brd 169.254.255.255 scope global tapdc5145c1-0c
    inet6 fe80::f816:3eff:fe98:4505/64 scope link
       valid_lft forever preferred_lft forever
18: lo: <LOOPBACK,UP,LOWER_UP> mtu 16436 qdisc noqueue state UNKNOWN
    link/loopback 00:00:00:00:00:00 brd 00:00:00:00:00:00
    inet 127.0.0.1/8 scope host lo
    inet6 ::1/128 scope host
       valid_lft forever preferred_lft forever
```

192.168.204.0/24 네트워크에 있는 인스턴스에서 169.254.169.254로 접근
하려면 다음과 같이 ip route 커맨드를 실행해 다음 홉을 192.168.204.2로 지
정하면 된다.

```
ip route add 169.254.169.254/32 via 192.168.204.2
```

인스턴스마다 매번 경로를 하나씩 추가하는 과정은 번거롭다. 특히 여러 개의
DHCP 에이전트가 존재하는 환경에선 더욱 그렇다. 이럴 때는 하나의 네트워
크를 여러 개의 에이전트로 관리하게 하고, 같은 서브넷에서 각 에이전트마다
별도로 네임스페이스와 IP 주소를 가지게 하면 된다. 이때 사용자는 경로를 지
정할 때 IP에 대한 사전 정보를 알고 있어야 하며, 이 주소는 변경된다. DHCP
를 통해 경로를 자동으로 제공하도록 설정하는 것이 좋다. 여기에 대해 다음
절에서 좀 더 구체적으로 살펴보자.

DHCP로 경로 추가

enable_isolated_metadata가 true로 설정되어 있고, 서브넷에 게이트웨이가
지정되어 있지 않으면 classless-static-route DHCP 옵션(일명 옵션 121)을 통
해 DHCP 서비스에서 메타데이터 서비스에 대한 경로를 추가할 수 있다.

앞서 언급한 대로 구성한 서브넷에 연결된 인스턴스가 생성되면 DHCP를 통
해 다음과 같은 경로가 인스턴스로 전달되는 것을 볼 수 있다.

```
user@instance:~$ ip r
10.200.0.0/24 dev eth0 proto kernel scope link src 10.200.0.5
169.254.169.254 via 10.200.0.3 dev eth0
```

메타데이터 경로의 다음 홉 주소가 클라이언트로부터 전달된 DHCP 요청에 응답한 DHCP 서버의 IP 주소로 된 것을 볼 수 있다. 여러 개의 DHCP 에이전트가 설정돼 있고, 모두 같은 네트워크에 연결돼 있다면, 모든 DHCP 서버가 요청에 응답할 수 있으므로 인스턴스마다 다음 홉 주소가 다르게 지정될 수 있다.

 DHCP에서 메타데이터 경로를 전달하도록 --no-gateway를 지정했기 때문에, 인스턴스에는 디폴트 게이트웨이가 없다. 이 문제를 해결하려면 서브넷을 생성할 때 0.0.0.0/0이라는 호스트 경로를 추가하거나, 이미 서브넷을 생성한 후라면 적절히 업데이트하면 된다.

정리

이 장에서는 라우터나 인스턴스를 비롯한 여러 가지 클라우드 리소스에서 사용할 네트워크와 서브넷을 생성하는 방법에 대해 살펴봤다. 뉴트론 커맨드라인 인터페이스를 통해 네트워크와 서브넷, 포트를 관리하는 방법도 배웠다. 호라이즌 대시보드에서는 모든 기능이 제공되지 않기 때문에, 관리자로 작업할 때는 가급적 커맨드라인 인터페이스를 사용하는 것이 좋다.

네트워크와 서브넷, 포트의 속성과, 뉴트론 API의 사용법에 대한 자세한 사항은 https://wiki.openstack.org/wiki/Neutron/APIv2-specification을 참고하기 바란다. http://docs.openstack.org/openstack-ops/content/에 있는 오픈스택 운영 가이드도 참고하면 좋다.

6장에서는 뉴트론 라우터의 개념과 이들이 네트워크에서 어떤 역할을 하는지에 대해 좀 더 자세히 살펴볼 것이다. 이 과정에서 인스턴스를 외부와 연결하도록 유동 IP를 설정하는 방법도 소개한다.

6

뉴트론 라우터 생성

뉴트론 L3 에이전트를 사용하면 네트워크 네임스페이스를 통해 분리된 라우팅 인스턴스를 생성하여, 클라우드에서 인스턴스에 대한 IP 라우팅과 NAT 서비스를 제공할 수 있다. 네트워크를 생성하고, 이를 라우터에 연결시키면 여기에 연결된 인스턴스와 여기서 구동되는 애플리케이션을 인터넷에 연결할 수 있다.

5장에서는 프로바이더 네트워크와 테넌트 네트워크의 차이점을 살펴보고, 인스턴스가 부팅하면서 네트워크에 연결되는 과정을 살펴봤다. 이 장에서는 이를 기반으로 다음과 같은 주제에 대해 자세히 살펴볼 것이다.

- 외부 프로바이더 네트워크 생성하기
- CLI와 호라이즌 대시보드에서 라우터 생성하기
- 외부 네트워크와 테넌트 네트워크에 라우터 붙이기
- 인스턴스 부팅하기

- LinuxBridge로 인스턴스와 네임스페이스 연결하기

- 유동 IP를 이용한 SNAT과 NAT 살펴보기

3장, '뉴트론 설치'에서 뉴트론을 설치할 때 컨트롤러 노드에 neutron-l3-agent 서비스를 설치한 바 있다.

뉴트론 L3 에이전트 설정

neutron-l3-agent 서비스를 구동하기 전에 설정부터 해야 한다. 뉴트론에서는 L3 에이전트에 대한 설정을 /etc/neutron/l3_agent.ini 파일에 저장한다. 이 절에서는 주로 사용되는 설정 옵션에 대해 하나씩 살펴본다.

인터페이스 드라이버 정의

앞에서 살펴본 다른 에이전트와 마찬가지로, 뉴트론 L3 에이전트에 대해서도 현재 사용하는 네트워크 플러그인에 맞는 인터페이스 드라이버를 지정해줘야 한다.

컨트롤러 노드에서 crudini로 뉴트론 L3 에이전트에서 다음 중 하나를 사용하도록 설정한다.

- LinuxBridge를 사용하는 경우

  ```
  # crudini --set /etc/neutron/l3_agent.ini DEFAULT interface_
  driver neutron.agent.linux.interface.BridgeInterfaceDriver
  ```

- OVS를 사용하는 경우

  ```
  # crudini --set /etc/neutron/l3_agent.ini DEFAULT interface_
  driver neutron.agent.linux.interface.OVSInterfaceDriver
  ```

외부 네트워크 설정

라우터와 연결되는 외부 네트워크external network는 라우터와 그 안에 있는 인스턴스를 외부로 연결해줄 뿐만 아니라 유동 IP가 적용될 네트워크 역할도 한다. 하바나 버전에서는 클라우드에 존재하는 L3 에이전트마다 외부 네트워크를 하나씩만 연결할 수 있었다. 아이스하우스 버전부터는 L3 에이전트를 여러 개의 외부 네트워크에 연결할 수 있다.

프로바이더 네트워크를 외부 네트워크로 동작하게 하려면 router:external 값을 true로 설정해야 한다. 이 값이 true로 설정된 프로바이더 네트워크가 여러 개일 경우에는, 어느 네트워크에 연결해야 할지 L3 에이전트가 알 수 있게 gateway_external_network_id 옵션도 설정해야 한다.

gateway_external_network_id = <외부로 연결할 프로바이더 네트워크의 UUID>

하바나 버전에서는 이 값을 비워두면, L3 에이전트가 알아서 한 개의 외부 네트워크만 존재할 수 있도록 제한한 다음 router:external 옵션이 true로 설정한 네트워크로 구성한다. 일단 디폴트 설정대로 이 값을 비워두자.

외부 브릿지 설정

L3 에이전트는 라우터의 외부 인터페이스를 네트워크에 연결하는 방법을 알고 있어야 한다. external_network_bridge 옵션을 통해 라우터의 외부 인터페이스가 연결될 브릿지를 지정한다.

초기 하바나 버전에서는 external_network_bridge의 디폴트 값으로 br-ex를 사용했기 때문에, 이 브릿지를 외부 네트워크로 사용하도록 오픈스택 외부에서 직접 설정해야 했다. 그러나 이 브릿지는 오픈스택에서만 사용하는 것이 아니기 때문에 세그먼테이션 ID나 네트워크 타입, 프로바이더 브릿지 등과 같이 뉴트론에서 생성한 네트워크의 속성을 무시한다.

프로바이더 네트워크에 설정된 속성을 적용하려면 external_network_bridge 값을 비워둬야 한다. 그래야 뉴트론에서 네트워크의 속성을 그대로 유지하고, 외부에 연결할 때 사용하는 물리 또는 가상 VLAN 인터페이스와 함께 라우터의 외부 인터페이스를 브릿지에 설치한다. OVS를 사용할 경우에는 라우터의 외부 인터페이스가 통합 브릿지에 생성되며, 여기에 로컬 VLAN 값도 할당된다. LinuxBridge 플러그인을 사용할 때는 외부 네트워크에 연결되는 리눅스 브릿지에 라우터의 외부 인터페이스가 존재하게 된다.

컨트롤러 노드에서 crudini로 external_network_bridge 값을 다음과 같이 공백으로 설정한다.

```
# crudini --set /etc/neutron/l3_agent.ini DEFAULT external_network_bridge
```

메타데이터 프록시 활성화

인스턴스의 게이트웨이로 뉴트론 라우터를 사용할 경우에는, 메타데이터에 대한 요청을 라우터가 대신한 다음, 노바 메타데이터 서비스로 포워딩한다. 디폴트로 이렇게 동작하므로 원하지 않는다면 l3_agent.ini 설정 파일에서 enable_metadata_proxy 값을 false로 설정하여 끌 수 있다.

뉴트론 L3 에이전트 구동

neutron-l3-agent 서비스를 구동하고, 부팅할 때 자동으로 시작하도록 설정하려면, 컨트롤러 노드에서 다음과 같이 커맨드를 실행한다.

```
# service neutron-l3-agent start
# chkconfig neutron-l3-agent on
```

제대로 구동됐는지 확인하려면 다음과 같이 커맨드를 실행한다.

```
# service neutron-l3-agent status
```

그러면 다음과 같은 결과를 볼 수 있다.

```
[root@controller neutron]# service neutron-l3-agent status
neutron-l3-agent (pid  13501) is running...
```

서비스가 제대로 구동되지 않는다면 /var/log/neutron/l3-agent.log에 있는 로그 파일을 통해 원인을 찾아볼 수 있다.

CLI에서 라우터 관리

뉴트론에서는 라우터를 생성하고 관리하는 데 필요한 여러 가지 커맨드를 제공한다. 주로 사용되는 커맨드는 다음과 같다.

- router-create
- router-delete
- router-gateway-clear
- router-gateway-set
- router-interface-add
- router-interface-delete
- router-list
- router-list-on-l3-agent
- router-port-list
- router-show
- router-update

CLI에서 라우터 생성

뉴트론에서 라우터는 테넌트에 할당되므로, 이를 생성한 테넌트에 속한 사용자만 사용할 수 있다. 관리자는 테넌트를 대신하여 라우터를 생성할 수 있다.

라우터를 생성하려면 다음과 같은 문법에 따라 router-create 커맨드를 실행한다.

```
Syntax: router-create [--tenant-id TENANT_ID]
[--admin-state-down] NAME
```

CLI에서 라우터 인터페이스 조작

뉴트론 라우터는 외부 인터페이스와 내부 인터페이스로 구성된다. 외부 인터페이스는 게이트웨이gateway 인터페이스라고도 부르는데, 하드웨어 라우터의 WAN 인터페이스와 비슷한 역할을 하며, 외부 리소스에 연결하는 업스트림 디바이스에 연결된다. 내부internal 인터페이스는 하드웨어 라우터의 LAN 인터페이스에 해당하며, 테넌트 네트워크에 연결되어 인스턴스에 대한 게이트웨이 역할을 한다.

라우터에 내부 인터페이스 붙이기

라우터에 인터페이스를 생성해서 서브넷에 연결하려면 다음과 같이 router-interface-add 커맨드를 실행한다.

```
Syntax: router-interface-add <router-id> <INTERFACE>
```

여기서 INTERFACE는 라우터에 붙일 서브넷의 ID를 가리킨다.

 뉴트론에서는 네트워크에 여러 개의 서브넷이 설정될 수 있다. 따라서 라우터를 각 서브넷에 붙여줘야, 각 서브넷에 대한 게이트웨이 역할을 제대로 수행할 수 있다.

이 커맨드를 실행시키면 라우터 인터페이스에서 사용할 포트가 데이터베이스에 생성된다. L3 에이전트는 라우터 네임스페이스에 있는 인터페이스들을 브릿지에 적절히 연결시켜줘야 한다.

라우터에 게이트웨이 인터페이스 붙이기

뉴트론에서는 라우터마다 게이트웨이 인터페이스를 한 개만 가질 수 있다. 프로바이더 네트워크를 게이트웨이 인터페이스에서 사용할 외부 네트워크로 설정하려면, 프로바이더 네트워크의 router:external 설정 값을 반드시 true로 지정해야 한다.

라우터에 게이트웨이 인터페이스를 붙이려면 다음과 같이 router-gateway-set 커맨드를 실행한다.

Syntax: router-gateway-set <router-id> <external-network-id> [--disable-snat]

별도로 설정하지 않으면 뉴트론 라우터는 유동 IP가 설정되지 않은 인스턴스에서 나가는 모든 아웃바운드outbound 트래픽에 대해 SNAT를 적용한다. 이 기능을 끄려면 router-gateway-set 커맨드에서 --disable-snat을 지정한다.

라우터에 붙어 있는 인터페이스 확인

라우터에 붙어 있는 인터페이스를 살펴보려면 다음과 같이 router-port-list 커맨드를 실행한다.

Syntax: router-port-list <router-id>

그러면 뉴트론 포트 ID와 MAC 주소, IP 주소, 라우터 인터페이스에 연결된 서브넷 정보를 보여준다.

내부 인터페이스 삭제

다음과 같이 router-interface-delete 커맨드를 실행시키면 라우터의 내부 인터페이스를 삭제할 수 있다.

Syntax: `router-interface-delete <router-id> <INTERFACE>`

여기서 `INTERFACE`는 라우터에서 삭제할 서브넷의 ID를 가리킨다. 라우터에서 인터페이스를 삭제하면, 여기에 해당하는 뉴트론 포트도 데이터베이스에서 삭제된다.

게이트웨이 인터페이스 초기화

게이트웨이 인터페이스는 `router-interface-delete` 커맨드로 삭제할 수 없다. 이 커맨드 대신 `router-gateway-clear` 커맨드를 사용해야 한다.

라우터의 게이트웨이를 초기화하려면 다음과 같이 `router-gateway-clear` 커맨드를 실행한다.

Syntax: `router-gateway-clear <router-id>`

뉴트론에서는 라우터에 유동 IP와 같은, 네트워크 리소스가 라우터에 연결된 상태에서 게이트웨이를 초기화하지 않도록 검사한다.

CLI에서 라우터 목록 확인

현재 생성된 라우터를 확인하려면 다음과 같이 `router-list` 커맨드를 실행한다.

Syntax: `router-list [--tenant-id TENANT_ID]`

그러면 라우터 ID와 라우터 이름, 외부 게이트웨이 네트워크, SNAT 상태 등이 표시된다.

 일반 사용자는 자신이 속한 테넌트나 프로젝트의 라우터만 볼 수 있다. 관리자로 실행시키면 특정한 테넌트 ID를 지정하지 않는 한, 모든 테넌트에서 사용되고 있는 전체 라우터 목록을 보여준다.

CLI에서 라우터 속성 확인

라우터 속성을 확인하려면 다음과 같이 router-show 커맨드를 실행한다.

Syntax: router-show <router id>

그러면 관리자 상태, 외부 네트워크, SNAT 상태, 라우터에 연결된 테넌트 ID 등이 표시된다.

CLI로 라우터 속성 변경

다음과 같이 router-update 커맨드를 사용하면 라우터의 속성을 변경할 수 있다.

Syntax: router-update <router id> [--admin-state-up]
[--routes destination=<network/cidr>,nexthop=<gateway_ip>]

admin-state-up 속성은 불리언 값을 가지며, false로 설정할 경우 뉴트론에서 라우터의 인터페이스를 수정할 수 없다. 유동 IP를 추가할 수 없을 뿐만 아니라 라우터에 내부 인터페이스를 추가할 수도 없다. 이 값을 true로 설정하면 큐에 저장되어 있던 변경 사항이 적용된다.

routes 옵션을 지정하면 라우팅 테이블에 정적 경로를 추가할 수 있다. 문법은 다음과 같다.

Syntax: neutron router-update <router id> --routes type=dict list=true
destination=<network/cidr>,nexthop=<gateway_ip>

라우터에 정적 경로를 추가하는 기능은 하바나에서 제대로 동작하지 않는다. 추가하는 방법도 문서에 나와 있지 않다. 하바나 버전에서 이 커맨드를 실행시키면 데이터베이스에 해당 경로가 추가되고, router show 커맨드로 볼 수 있지만 실제로 라우팅 테이블에 추가되지는 않는다. 제대로 동작하게 만들려면 /etc/neutron/l3_agent.ini 설정 파일의 [DEFAULT] 블록에 다음과 같은 라인을 추가한다.

```
root_helper = sudo neutron-rootwrap /etc/neutron/rootwrap.conf
```

neutron-l3-agent를 재구동하면 변경 사항이 적용될 것이다.

CLI에서 라우터 삭제

라우터를 삭제하려면 다음과 같이 router-delete 커맨드를 실행한다.

Syntax: router-delete <router id>

라우터를 삭제하기 전에, 이 라우터에 연결된 유동 IP나 내부 인터페이스가 해제되거나 삭제되어야 한다. 이를 위해 인스턴스를 삭제하거나 인스턴스에 연결된 인터페이스를 해제해야 할 수도 있다.

NAT

네트워크 주소 변환NAT, Network Address Translation은 급속도로 고갈되는 IP에 대한 해결책으로 1990년대 초에 개발된 기법이다. NAT가 등장하기 전에는 모든 호스트에 고유 IP를 할당하여 직접 인터넷에 연결했다.

오픈스택 라우터에서는 다음과 같은 두 종류의 NAT를 지원한다.

- 일대일one-to-one
- 다대일many-to-one

일대일one-to-one NAT는 하나의 IP 주소를 다른 하나의 주소로 매핑하는 방식으로, 정적static NAT라고 부른다. 일대일 NAT는 고유한 공용 주소를 사설 주소로 매핑할 때 사용된다. 유동 IP에서 이 방식을 사용한다.

다대일many-to-one NAT는 여러 주소를 하나의 주소에 매핑하는 방식으로, 포트 주소 변환PAT, Port Address Translation 기법을 사용한다. 뉴트론에서는 유동 IP를 사용하지 않을 경우, PAT을 통해 라우터 안에 있는 인스턴스에서 외부에 접근할 수 있다.

NAT에 대한 자세한 사항은 위키피디아(영문:http://en.wikipedia.org/wiki/Network_address_translation, 한글: http://ko.wikipedia.org/wiki/네트워크_주소_변환)를 참고하기 바란다.

유동 IP 주소

테넌트 네트워크는 자신에게 연결된 뉴트론 라우터를 디폴트 게이트웨이로 사용한다. 디폴트 설정에 의하면 라우터가 인스턴스에서 나오는 트래픽을 받아서 업스트림으로 전달할 때, PAT을 수행한 다음 외부 인터페이스 주소인 것처럼 보이도록 패킷의 출발지source 주소를 변환한다. 이렇게 함으로써 외부로 나간 패킷이 무사히 라우터로 돌아올 수 있다. 패킷이 돌아오면 목적지destination 주소를 나갈 때 사용했던 인스턴스 주소로 복구한다. 뉴트론에서는 이처럼 출발지 주소를 변환하는 방식의 NAT를 SNATSource NAT라 부른다.

사용자가 인스턴스에 직접 접속하려면 유동floating IP 주소를 사용해야 한다. 오픈스택에서는 유동 IP를 위해 외부 주소를 내부 주소로 변환하는 정적static NAT를 수행한다. 이렇게 하면 인터넷과 같은 외부 네트워크에서 인스턴스로 접근할 수 있다. 유동 IP 주소는 인스턴스의 게이트웨이 역할을 하는 라우터의 외부 인터페이스에서 설정하며, 라우터를 통해 나가거나 들어오는 패킷의 출발지 주소나 목적지 주소를 적절히 변경한다.

유동 IP 관리

뉴트론에서는 유동 IP를 생성하고 관리하기 위한 여러 가지 커맨드를 제공한다. 주로 사용되는 커맨드는 다음과 같다.

- floatingip-associate
- floatingip-create
- floatingip-delete
- floatingip-disassociate
- floatingip-list
- floatingip-show

CLI에서 유동 IP 생성

5장에서 설명한 바에 의하면 IP 주소를 인스턴스에 직접 할당하지 않고, 뉴트론 포트에 지정하고, 인스턴스를 네트워크에 연결시켜주는 가상 탭 인터페이스에 이 포트를 논리적으로 매핑한다. 따라서 유동 IP는 뉴트론 포트에 할당된다.

CLI에서 유동 IP를 생성하려면 다음과 같이 뉴트론에서 제공하는 floatingip-create 커맨드를 실행시킨다.

Syntax: floatingip-create [--tenant-id TENANT_ID] [--port-id PORT_ID] [--fixed-ip-address FIXED_IP_ADDRESS] FLOATING_NETWORK

유동 IP는 이를 생성한 테넌트 내부에서만 사용할 수 있다. --tenant-id 옵션을 통해 유동 IP와 연결할 테넌트를 지정할 수 있다. 관리자는 테넌트를 대신해서 유동 IP를 생성할 수 있다.

--port-id 옵션에 포트 ID를 지정하면, 유동 IP가 생성될 때 뉴트론 포트에 곧바로 연결시킬 수 있다.

하나의 포트에 여러 개의 IP 주소가 지정될 수 있기 때문에, --fixed-ip-address 옵션으로 유동 IP와 연결할 고정 IP 한 개를 별도로 지정해야 한다.

CLI에서 유동 IP를 포트에 연결

유동 IP를 생성했다면, 이를 생성한 테넌트에 속한 모든 사용자가 사용할 수 있다. 생성한 유동 IP를 인스턴스에 할당하려면, 이 인스턴스와 연결할 뉴트론 포트를 지정해야 한다.

neutron port-list 커맨드를 사용하면 특정한 MAC이나 IP와 연결된 포트 ID를 확인할 수 있다.

예를 들어 다음과 같이 커맨드를 실행시키면 IP 주소가 192.168.200.2인 인스턴스의 포트 ID를 확인할 수 있다.

```
# neutron port-list | grep 192.168.200.2 | awk '{print $2}'
```

```
b8e3a646-9c25-4957-a299-dd05e56d309d
```

포트 ID를 알아냈다면 뉴트론의 floating-associate 커맨드로 유동 IP를 포트와 연결시킨다.

```
Syntax: neutron floatingip-associate [--fixed-ip-address
FIXED_IP_ADDRESS] FLOATINGIP_ID PORT
```

이 커맨드를 실행시킬 때 유동 IP의 ID(0995863d-577d-46e2-bc29-1d5ad9a29b4d)와 앞에서 알아낸 포트 ID(b8e3a646-9c25-4957-a299-dd05e56d309d)를 인자로 지정하면 유동 IP와 포트를 연결시켜 줄 수 있다.

```
(neutron) floatingip-associate 0995863d-577d-46e2-bc29-1d5ad9a29b4d
b8e3a646-9c25-4957-a299-dd05e56d309d
```

 유동 IP는 포트에 지정한 서브넷에 연결된 라우터를 통해 자동으로 생성된다.

CLI에서 유동 IP 목록 확인

floatingip-list 커맨드를 사용하면 유동 IP에 대해 설정된 뉴트론 포트와 고
정 IP를 확인할 수 있다.

Syntax: floatingip-list

그러면 유동 IP의 ID, 고정 IP 주소, 유동 IP 주소와 여기에 할당된 포트 ID 등
을 볼 수 있다.

CLI에서 유동 IP 속성 확인

floatingip-show 커맨드를 사용하면 CLI에서 유동 IP의 속성을 확인할 수 있다.

Syntax: floatingip-show <floating-ip-id>

이 커맨드를 실행하면 유동 IP 주소와 외부 네트워크, 유동 IP에 할당된 고정
IP 주소, 테넌트와 라우터 ID 등이 표시된다.

CLI에서 유동 IP에 설정된 포트 정보 지우기

floatingip-disassociate 커맨드를 사용하면 유동 IP와 포트의 연결 관계를
지울 수 있다.

Syntax: floatingip-disassociate <floating-ip-id>

포트와 유동 IP를 분리하면, 이 IP를 같은 테넌트에 속한 다른 사용자가 사용
할 수 있다.

CLI에서 유동 IP 삭제

`floatingip-delete` 커맨드를 사용하면 유동 IP를 삭제할 수 있다.

Syntax: floatingip-delete <floating-ip-id>

유동 IP를 삭제하면 다시 IP 할당 풀로 되돌아간다. 따라서 라우터나 인스턴스,
유동 IP 등 다른 네트워크 리소스에서 이 IP를 사용할 수 있다.

인스턴스에서 인터넷과 연결되도록 구성

이 절에서는 뉴트론의 라우터와 유동 IP, 브릿지를 통해 연결하는 과정을 제대
로 이해할 수 있도록, 지금까지 설명한 개념을 실제 예제로 구성해 트래픽이
흘러가는 과정을 직접 살펴본다. 외부 게이트웨이 네트워크는 VLAN 프로바이
더 네트워크로 구성하고, 인스턴스에서는 VLAN 테넌트 네트워크를 사용하도
록 설정한다. 뉴트론 라우터로 테넌트 네트워크에서 인터넷으로 나가는 트래
픽의 경로를 제어하고, 외부에서 인스턴스에 직접 접속할 수 있도록 유동 IP를
사용한다.

환경 설정

예제에서는 인터넷에 연결된 시스코 ASA를 업스트림 네트워크 게이트웨이로
사용한다. 시스코 ASA의 내부 인터페이스 IP는 10.50.0.1/24로 설정하고, 여기
서 생성한 외부 VLAN 프로바이더 네트워크의 게이트웨이 역할을 한다.

예제를 위해 구성한 네트워크를 그림으로 표현하면 다음과 같다.

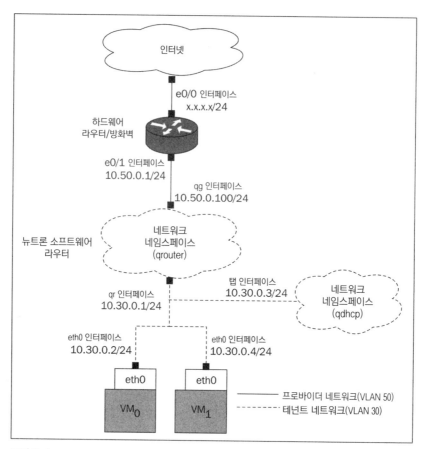

그림 6-1

그림을 보면, 시스코 ASA가 오픈스택 클라우드 앞에 놓인, 대표 네트워크 디바이스로 사용된다는 것을 알 수 있다.[1]

외부 프로바이더 네트워크 생성

인스턴스를 외부와 연결하려면 외부 네트워크로 사용할 수 있는 프로바이더 네트워크에 뉴트론 라우터를 연결시켜줘야 한다.

---

1 시스코 ASA와 같은 장비를 사용하는 데이터센터 환경을 갖추고 있지 않은 독자는, 가정용 공유기로 구성해도 된다. 사용하는 공유기의 설정을 바꿀 수 없다면 공유기의 IP와 게이트웨이 IP를 참조해 예제를 변형한다. – 옮긴이

net-create 커맨드로 다음과 같은 속성을 가진 프로바이더 네트워크를 생성한다.[2]

- 이름: GATEWAY_NET

- 타입: VLAN

- 세그먼테이션 ID: 50

- 브릿지: physnet1

- 외부: True

- 공유: True

이 커맨드를 실행시키면 다음과 같은 결과를 볼 수 있다.

```
[root@controller ~]# neutron net-create --provider:network_type=vlan --provider:segmentation_id=50 \
> --provider:physical_network=physnet1 --router:external=true --shared GATEWAY_NET
Created a new network:
+----------------------------+--------------------------------------+
| Field                      | Value                                |
+----------------------------+--------------------------------------+
| admin_state_up             | True                                 |
| id                         | b116a938-9876-4048-99ad-0ce78aabd0a9 |
| name                       | GATEWAY_NET                          |
| provider:network_type      | vlan                                 |
| provider:physical_network  | physnet1                             |
| provider:segmentation_id   | 50                                   |
| router:external            | True                                 |
| shared                     | True                                 |
| status                     | ACTIVE                               |
| subnets                    |                                      |
| tenant_id                  | b1e5de8d1cfc45d6a15d9c0cb442a8ab     |
+----------------------------+--------------------------------------+
```

subnet-create 커맨드로 다음과 같은 속성을 가진 서브넷을 생성한다.

- 이름: GATEWAY_SUBNET

- 네트워크: 10.50.0.0

- 서브넷 마스크: 255.255.255.0

---

2 뉴트론에 익숙하지 않거나 외부 라우터를 직접 건드릴 수 없다면, 일단 쉽게 진행하기 위해 flat 네트워크로 생성해 라우터 연결을 확인한 후 VLAN으로 변경해 시도해본다. – 옮긴이

- 게이트웨이: 10.50.0.1

- DHCP 범위: 10.50.0.100 - 10.50.0.254

이 커맨드를 실행시키면 다음과 같은 결과를 볼 수 있다.

```
[root@controller ~]# neutron subnet-create GATEWAY_NET 10.50.0.0/24 --name GATEWAY_SUBNET \
> --allocation-pool start=10.50.0.100,end=10.50.0.254 --gateway 10.50.0.1
Created a new subnet:
+------------------+---------------------------------------------------+
| Field            | Value                                             |
+------------------+---------------------------------------------------+
| allocation_pools | {"start": "10.50.0.100", "end": "10.50.0.254"}    |
| cidr             | 10.50.0.0/24                                      |
| dns_nameservers  |                                                   |
| enable_dhcp      | True                                              |
| gateway_ip       | 10.50.0.1                                         |
| host_routes      |                                                   |
| id               | 436ecec3-32b3-4629-97a6-82a3c9fb33d2              |
| ip_version       | 4                                                 |
| name             | GATEWAY_SUBNET                                    |
| network_id       | b116a938-9876-4048-99ad-0ce78aabd0a9              |
| tenant_id        | b1e5de8d1cfc45d6a15d9c0cb442a8ab                  |
+------------------+---------------------------------------------------+
```

뉴트론 라우터 생성

router-create 커맨드로 다음과 같은 속성을 가진 라우터를 생성한다.

- 이름: MyRouter

이 커맨드를 실행시키면 다음과 같은 결과를 볼 수 있다.

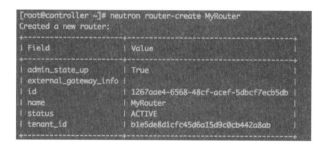

```
[root@controller ~]# neutron router-create MyRouter
Created a new router:
+-----------------------+--------------------------------------+
| Field                 | Value                                |
+-----------------------+--------------------------------------+
| admin_state_up        | True                                 |
| external_gateway_info |                                      |
| id                    | 1267aae4-6568-48cf-acef-5dbcf7ecb5db |
| name                  | MyRouter                             |
| status                | ACTIVE                               |
| tenant_id             | b1e5de8d1cfc45d6a15d9c0cb442a8ab     |
+-----------------------+--------------------------------------+
```

생성한 라우터를 외부 네트워크에 붙이기

뉴트론 라우터를 프로바이더 네트워크에 붙일 때, 외부 네트워크로 사용할 수 있도록 프로바이더 네트워크의 속성 중 router:external 값이 True로 설정되어 있어야 한다.

다음과 같이 router-gateway-set 커맨드로 MyRouter 라우터를 GATEWAY_NET 네트워크에 붙인다.

router-port-list 커맨드를 실행시키면 라우터에 대한 외부 IP를 볼 수 있다.

```
[root@controller ~]# neutron router-port-list MyRouter
| id                                   | name | mac_address       | fixed_ips                                                                             |
| 9ee818ab-1c94-4ffe-9db8-20f7dcf1db68 |      | fa:16:3e:b3:c5:aa | {"subnet_id": "436ecec3-32b3-4629-97a6-82a3c9fb33d2", "ip_address": "10.50.0.100"}    |
```

 라우터에 할당된 IP 주소는 서브넷의 DHCP 할당 범위 내에서 구한 것이다. 하바나 버전에서는 라우터의 외부 주소를 직접 지정할 수 없다.

게이트웨이 인터페이스가 추가되면 L3 에이전트에서 이 라우터를 관리할 수 있다. 다음과 같이 뉴트론 커맨드인 l3-agent-list-hosting-router로 라우터를 관리하는 L3 에이전트를 확인할 수 있다.

```
[root@controller ~]# neutron l3-agent-list-hosting-router MyRouter
| id                                   | host                      | admin_state_up | alive |
| 9c5b9bd5-03f4-4506-ac6c-f69435a03541 | controller.learningneutron.com | True      | :-)   |
```

L3 에이전트를 호스팅하는 (컨트롤러) 노드에 라우터에 대한 네트워크 네임스페이스가 생성된다. 네임스페이스의 이름을 보면 라우터의 UUID를 담고 있는 것을 볼 수 있다.

```
[root@controller ~]# ip netns
qrouter-1267aae4-6568-48cf-acef-5dbcf7ecb5db
```

네임스페이스를 보면, 인터페이스에 qg라는 접두어가 붙은 것을 볼 수 있다. qg라고 붙은 인터페이스가 바로 라우터의 게이트웨이(외부) 인터페이스다. 이 인터페이스의 IP 주소는, 외부 네트워크의 서브넷에 설정된 DHCP 할당 풀 allocation pool에서 가져온 값으로 뉴트론이 알아서 지정한다.

```
[root@controller ~]# ip netns exec qrouter-1267aae4-6568-48cf-acef-5dbcf7ecb5db ip a
8: lo: <LOOPBACK,UP,LOWER_UP> mtu 16436 qdisc noqueue state UNKNOWN
    link/loopback 00:00:00:00:00:00 brd 00:00:00:00:00:00
    inet 127.0.0.1/8 scope host lo
    inet6 ::1/128 scope host
       valid_lft forever preferred_lft forever
9: qg-9ee818ab-1c: <BROADCAST,MULTICAST,UP,LOWER_UP> mtu 1500 qdisc pfifo_fast state UP qlen 1000
    link/ether fa:16:3e:b3:c5:aa brd ff:ff:ff:ff:ff:ff
    inet 10.50.0.100/24 brd 10.50.0.255 scope global qg-9ee818ab-1c
    inet6 fe80::f816:3eff:feb3:c5aa/64 scope link
       valid_lft forever preferred_lft forever
```

qg 인터페이스는 veth 쌍의 한쪽 끝으로, 다른 쪽 끝은 호스트의 브릿지에 연결된다. LinuxBridge 플러그인을 사용할 경우, 이 인터페이스는 외부 네트워크의 브릿지에 위치한다.[3]

```
[root@controller ~]# brctl show
bridge name      bridge id            STP enabled    interfaces
brqb116a938-98         8000.001d096654b9      no              eth1.50
   외부 네트워크 UUID                                    tap9ee818ab-1c   veth 종단(포트 UUID)
```

네임스페이스에서는 이 브릿지를 통해 동일한 서브넷에 있는 다른 디바이스와 통신할 수 있다. 브릿지에 있는 다른 인터페이스인 eth1.50은 트래픽이 브릿지와 eth1 물리 인터페이스에서 나갈 때 VLAN 50이란 태그를 붙인다.

네임스페이스에 있는 라우터 테이블을 보면, 디폴트 게이트웨이 주소가 서브넷의 gateway_ip 속성으로 지정한 주소인 10.50.0.1로 설정된 것을 볼 수 있다.

---

3 OVS를 사용할 경우 ovs-ofctl [show|dump-flows] br-[int | eth1], ovs-vsctl show 등으로 확인한다. – 옮긴이

```
[root@controller ~]# ip netns exec qrouter-1267aae4-6568-48cf-acef-5dbcf7ecb5db ip r
10.50.0.0/24 dev qg-9ee818ab-1c  proto kernel  scope link  src 10.50.0.100
default via 10.50.0.1 dev qg-9ee818ab-1c
```

게이트웨이 연결 확인

뉴트론 라우터가 외부에 제대로 연결됐는지 확인하려면 라우터 네임스페이스
안에서 엣지 게이트웨이 디바이스로 핑을 날려본다.

```
[root@controller ~]# ip netns exec qrouter-1267aae4-6568-48cf-acef-5dbcf7ecb5db ping 10.50.0.1
PING 10.50.0.1 (10.50.0.1) 56(84) bytes of data.
64 bytes from 10.50.0.1: icmp_seq=1 ttl=255 time=0.683 ms
64 bytes from 10.50.0.1: icmp_seq=2 ttl=255 time=0.619 ms
64 bytes from 10.50.0.1: icmp_seq=3 ttl=255 time=0.614 ms
64 bytes from 10.50.0.1: icmp_seq=4 ttl=255 time=0.589 ms
^C
--- 10.50.0.1 ping statistics ---
4 packets transmitted, 4 received, 0% packet loss, time 3397ms
rtt min/avg/max/mdev = 0.589/0.626/0.683/0.038 ms
```

라우터 네임스페이스에서 날린 핑이 제대로 동작한다면, 하드웨어와 소프트웨
어 네트워킹 구성 요소의 VLAN이 제대로 설정됐다는 것을 의미한다.

내부 네트워크 생성

admin 테넌트에서 인스턴스에 대한 내부 네트워크를 생성한다. 예제에서는 다
음과 같은 속성을 가진 VLAN 기반 네트워크를 생성한다.

- 이름: TENANT_NET1

- 타입: VLAN

- VLAN ID: (자동 할당)

내부 네트워크를 생성하도록 net-create 커맨드를 실행한 결과는 다음과 같다.

```
[root@controller ~]# neutron net-create TENANT_NET1
Created a new network:

+-----------------------------+--------------------------------------+
| Field                       | Value                                |
+-----------------------------+--------------------------------------+
| admin_state_up              | True                                 |
| id                          | 21b04852-d4c1-48f4-a83a-b46ad7f7b07e |
| name                        | TENANT_NET1                          |
| provider:network_type       | vlan                                 |
| provider:physical_network   | physnet1                             |
| provider:segmentation_id    | 30                                   |
| shared                      | False                                |
| status                      | ACTIVE                               |
| subnets                     |                                      |
| tenant_id                   | b1e5de8d1cfc45d6a15d9c0cb442a8ab     |
+-----------------------------+--------------------------------------+
```

뉴트론에서는 테넌트 네트워크에 대한 VLAN ID를 플러그인 설정 파일에 명시된 범위 내에 있는 자동으로 할당한다(플러그인 설정 파일에 대해서는 4장, '가상 스위칭 인프라 만들기'를 참고한다). 코드를 보면 4장에서 다음과 같이 설정한 것을 볼 수 있다.

network_vlan_ranges = physnet1:30:33

subnet-create 커맨드로 다음과 같은 속성을 가진 서브넷을 생성한다.

- 이름: TENANT_SUBNET1

- 네트워크: 10.30.0.0

- 서브넷 마스크: 255.255.255.0

- 게이트웨이: 〈auto〉

- DHCP 범위: 〈auto〉

- DNS 네임서버: 8.8.8.8

이 커맨드를 실행시키면 다음과 같은 결과를 확인할 수 있다.

```
[root@controller ~]# neutron subnet-create TENANT_NET1 10.30.0.0/24 \
> --name TENANT_SUBNET1 --dns-nameserver 8.8.8.8
Created a new subnet:
+-------------------+------------------------------------------------------+
| Field             | Value                                                |
+-------------------+------------------------------------------------------+
| allocation_pools  | {"start": "10.30.0.2", "end": "10.30.0.254"}         |
| cidr              | 10.30.0.0/24                                         |
| dns_nameservers   | 8.8.8.8                                              |
| enable_dhcp       | True                                                 |
| gateway_ip        | 10.30.0.1                                            |
| host_routes       |                                                      |
| id                | e47dece9-a9e4-4486-9443-509e76e30f9d                 |
| ip_version        | 4                                                    |
| name              | TENANT_SUBNET1                                       |
| network_id        | 21b04852-d4c1-48f4-a83a-b46ad7f7b07e                 |
| tenant_id         | b1e5de8d1cfc45d6a15d9c0cb442a8ab                     |
+-------------------+------------------------------------------------------+
```

내부 네트워크에 라우터 붙이기

다음과 같이 `router-interface-add` 커맨드로 `TENANT_SUBNET1` 서브넷을
MyRouter에 붙인다.

```
[root@controller ~]# neutron router-interface-add MyRouter TENANT_SUBNET1
Added interface 5ea2d15f-8a5b-46f5-9c6b-f89179bd9f8a to router MyRouter.
```

`router-port-list` 커맨드로 라우터의 내부 IP를 확인하면 다음과 같다.

```
[root@controller ~]# neutron router-port-list MyRouter
+--------------------------------------+------+-------------------+------------------------------------------------------------------------------------+
| id                                   | name | mac_address       | fixed_ips                                                                          |
+--------------------------------------+------+-------------------+------------------------------------------------------------------------------------+
| 5ea2d15f-8a5b-46f5-9c6b-f89179bd9f8a |      | fa:16:3e:fd:d8:90 | {"subnet_id": "e47dece9-a9e4-4486-9443-509e76e30f9d", "ip_address": "10.30.0.1"}   |
| 9ee818ab-1c94-4ffe-9db8-20f7dcf1db68 |      | fa:16:3e:b3:c5:aa | {"subnet_id": "436ecec3-32b3-4629-97a6-82a3c9fb33d2", "ip_address": "10.50.0.100"} |
+--------------------------------------+------+-------------------+------------------------------------------------------------------------------------+
```

라우터의 내부 인터페이스에 할당된 IP 주소는 서브넷의 `gateway_ip` 속성에
설정된 값과 같다. 뉴트론에서는 `gateway_ip` 속성을 설정하지 않으면 라우터
의 내부 인터페이스에 서브넷을 붙일 수 없다.

 서브넷은 한 번에 여러 라우터에 연결할 수 없다. 또한 하나의 서브넷에 여러 인터페이스
를 붙일 수도 없다.

라우터 네임스페이스를 들여다보면 qr이란 접두사가 붙은 인터페이스가 새로 추가된 것을 볼 수 있다. 이러한 qr 인터페이스는 연결된 서브넷에 대한 라우터의 내부 인터페이스다.

```
[root@controller ~]# ip netns exec qrouter-1267age4-6568-48cf-acef-5dbcf7ecb5db ip a
8: lo: <LOOPBACK,UP,LOWER_UP> mtu 16436 qdisc noqueue state UNKNOWN
    link/loopback 00:00:00:00:00:00 brd 00:00:00:00:00:00
    inet 127.0.0.1/8 scope host lo
    inet6 ::1/128 scope host
       valid_lft forever preferred_lft forever
9: qg-9ee818ab-1c: <BROADCAST,MULTICAST,UP,LOWER_UP> mtu 1500 qdisc pfifo_fast state UP qlen 1000
    link/ether fa:16:3e:b3:c5:aa brd ff:ff:ff:ff:ff:ff
    inet 10.50.0.100/24 brd 10.50.0.255 scope global qg-9ee818ab-1c
    inet6 fe80::f816:3eff:feb3:c5aa/64 scope link
       valid_lft forever preferred_lft forever
13: qr-5ea2d15f-8a: <BROADCAST,MULTICAST,UP,LOWER_UP> mtu 1500 qdisc pfifo_fast state UP qlen 1000
    link/ether fa:16:3e:fd:d8:90 brd ff:ff:ff:ff:ff:ff
    inet 10.30.0.1/24 brd 10.30.0.255 scope global qr-5ea2d15f-8a
    inet6 fe80::f816:3eff:fefd:d890/64 scope link
       valid_lft forever preferred_lft forever
```

qr 인터페이스는 veth 쌍의 한쪽 끝에 연결되며, 다른 쪽 끝은 호스트의 브릿지에 연결된다. LinuxBridge 플러그인을 사용할 경우 내부 네트워크의 브릿지에 이 인터페이스가 위치한다.[4]

```
[root@controller ~]# brctl show
bridge name      bridge id           STP enabled    interfaces
brq21b04852-d4        8000.001d096654b9    no             eth1.30
    내부 네트워크 UUID                                      tap5ea2d15f-8a   veth 종단(포트 UUID)
brqb116a938-98        8000.001d096654b9    no             eth1.50
                                                         tap9ee818ab-1c
```

이제 브릿지를 통해 같은 서브넷에 있는 다른 디바이스와 통신할 수 있다. 브릿지에 있는 다른 인터페이스인 eth1.30은 브릿지와 물리 인터페이스 eth1을 통해 트래픽이 나갈 때 VLAN 30이란 태그를 붙인다.

---

4 OVS를 사용할 경우 ovs-ofctl dump-flows (br-int | br-eth1)로 확인한다. – 옮긴이

인스턴스 생성

이번에는 nova boot 커맨드로 다음과 같은 속성을 가진 인스턴스 두 개를 생성해보자.

- 이름: MyInstance1, MyInstance2
- 네트워크: TENANT_NET1
- 이미지: CirrOS
- Flavor: m1.tiny

nova image-list 커맨드를 실행하면 현재 사용할 수 있는 이미지를 확인할 수 있다.

CirrOS 이미지에 대한 UUID를 지정하여 TENANT_NET1 네트워크에 있는 인스턴스를 부팅한다.

nova list 커맨드를 실행하면 생성된 인스턴스와 이들에 할당된 IP를 볼 수 있다.

컴퓨트 노드를 보면 TENANT_NET1 네트워크에 대한 리눅스 브릿지가 생성된 것을 볼 수 있다. 이 브릿지에는 한 개의 VLAN 인터페이스와 각 인스턴스에 대한 탭 인터페이스 두 개가 생성된 것을 볼 수 있다.

```
[root@compute01 init.d]# brctl show
bridge name       bridge id              STP enabled      interfaces
brq21b04852-d4           8000.001d0929c89c          no                eth1.30
                                                                      tap0337299a-38
                                                                      tap3547dbf0-58
```

인스턴스 연결 상태 확인

첫 번째 인스턴스가 구동되면 TENANT_NET1 네트워크에 있는 인스턴스로부터 생성된 DHCP 요청을 처리하는 DHCP 네임스페이스가 생성된다.

```
[root@controller ~]# ip netns
qrouter-1267aae4-6568-48cf-acef-5dbcf7ecb5db
qdhcp-21b04852-d4c1-48f4-a83a-b46ad7f7b07e
```

DHCP 네임스페이스의 이름을 보면 TENANT_NET1 네트워크의 UUID가 명시된 것을 볼 수 있다. 네임스페이스의 IP 정보를 보면 인터페이스에 10.30.0.3이 할당된 것을 볼 수 있다.

```
[root@controller ~]# ip netns exec qdhcp-21b04852-d4c1-48f4-a83a-b46ad7f7b07e ip a
17: lo: <LOOPBACK,UP,LOWER_UP> mtu 16436 qdisc noqueue state UNKNOWN
    link/loopback 00:00:00:00:00:00 brd 00:00:00:00:00:00
    inet 127.0.0.1/8 scope host lo
    inet6 ::1/128 scope host
       valid_lft forever preferred_lft forever
18: ns-4dd99827-91: <BROADCAST,MULTICAST,UP,LOWER_UP> mtu 1500 qdisc pfifo_fast state UP qlen 1000
    link/ether fa:16:3e:c7:ec:81 brd ff:ff:ff:ff:ff:ff
    inet 10.30.0.3/24 brd 10.30.0.255 scope global ns-4dd99827-91
    inet 169.254.169.254/16 brd 169.254.255.255 scope global ns-4dd99827-91
    inet6 fe80::f816:3eff:fec7:ec81/64 scope link
       valid_lft forever preferred_lft forever
```

ns 인터페이스는 veth 쌍의 한쪽 끝에 연결되고, 다른 쪽 끝은 호스트의 브릿지에 연결된다. 이제 이 브릿지를 통해 동일한 서브넷에 있는 다른 디바이스와 통신할 수 있다. LinuxBridge 플러그인을 사용할 경우, 이 인터페이스는

`TENANT_NET1` 네트워크의 브릿지에 있다.[5]

```
[root@controller ~]# brctl show
bridge name        bridge id            STP enabled      interfaces
brq21b04852-d4          8000.001d096654b9         no              eth1.30
    TENANT_NET1 UUID                                       tap4dd99827-91  veth 종단
                                                           tap5ea2d15f-8a
brqb116a938-98          8000.001d096654b9         no              eth1.50
                                                           tap9ee818ab-1c
```

인스턴스가 네트워크에 연결될 때, DHCP 네임스페이스에 있는 `dnsmasq` 프로세스로 DHCP 요청을 보낸다. 이 네임스페이스에서 채워진 ARP 테이블을 보면, 인스턴스가 L2에서 다음과 같이 동작하는 것을 볼 수 있다.

```
[root@controller ~]# ip netns exec qrouter-1267aae4-6568-48cf-acef-5dbcf7ecb5db arp -an
? (10.30.0.2) at fa:16:3e:d7:6d:9e [ether] on qr-5ea2d15f-8a           MyInstance1
? (10.30.0.4) at fa:16:3e:de:fb:3d [ether] on qr-5ea2d15f-8a           MyInstance2
? (10.50.0.1) at 00:18:b9:08:bc:f1 [ether] on qg-9ee818ab-1c
```

인스턴스에 접속하기 전에, ICMP와 SSH에 대해 허용하도록 시큐리티 그룹의 룰을 업데이트한다. 시큐리티 그룹의 구현과 관리 방법에 대해서는 8장, '네트워크에 연결된 인스턴스 보호'에서 자세히 살펴보기로 하고, 일단 여기서는 다음과 같이 ICMP와 SSH에 대한 접근을 허용하도록 디폴트 룰을 수정한다.

```
for SECID in $(neutron security-group-list | grep default | awk
'{print $2}'); \
do neutron security-group-rule-create --protocol icmp $SECID; \
neutron security-group-rule-create --protocol tcp --port-range-min 22
--port-range-max 22 $SECID; \
done;
```

이제 라우터나 DHCP 네임스페이스에서 SSH 클라이언트를 사용해 인스턴스에 접속해보자. CirrOS 이미지에 기본적으로 설정돼 있는 `cirros`라는 사용자 계정과 `cubswin:)`이라는 패스워드로 접속한다.

---

5 OVS를 사용할 경우 ovs-ofctl dump-flows (br-int | br-eth1)로 확인한다. – 옮긴이

```
[root@controller ~]# ip netns exec qrouter-1267aae4-6568-48cf-acef-5dbcf7ecb5db ssh cirros@10.30.0.2
The authenticity of host '10.30.0.2 (10.30.0.2)' can't be established.
RSA key fingerprint is de:4b:62:58:f0:d7:73:41:8a:65:70:5a:48:e5:89:11.
Are you sure you want to continue connecting (yes/no)? yes
Warning: Permanently added '10.30.0.2' (RSA) to the list of known hosts.
cirros@10.30.0.2's password:
$ ip r
default via 10.30.0.1 dev eth0
10.30.0.0/24 dev eth0  src 10.30.0.2
$ exit
Connection to 10.30.0.2 closed.
[root@controller ~]# ip netns exec qrouter-1267aae4-6568-48cf-acef-5dbcf7ecb5db ssh cirros@10.30.0.4
The authenticity of host '10.30.0.4 (10.30.0.4)' can't be established.
RSA key fingerprint is 2a:83:06:34:6c:9d:87:dc:7c:dc:9d:a4:3f:6a:5d:7d.
Are you sure you want to continue connecting (yes/no)? yes
Warning: Permanently added '10.30.0.4' (RSA) to the list of known hosts.
cirros@10.30.0.4's password:
$ ip r
default via 10.30.0.1 dev eth0
10.30.0.0/24 dev eth0  src 10.30.0.4
$ exit
Connection to 10.30.0.4 closed.
```

각 인스턴스의 라우팅 테이블을 보면, 앞에서 생성한 뉴트론 라우터 인터페이
스를 디폴트 게이트웨이로 사용한다. 뉴트론 라우터를 통해 외부와 제대로 연
결됐다면, 인스턴스에서 외부 리소스에 대해 핑이 제대로 실행될 것이다.

```
[root@controller ~]# ip netns exec qrouter-1267aae4-6568-48cf-acef-5dbcf7ecb5db ssh cirros@10.30.0.2
cirros@10.30.0.2's password:
$ ping 8.8.8.8
PING 8.8.8.8 (8.8.8.8): 56 data bytes
64 bytes from 8.8.8.8: seq=0 ttl=46 time=38.457 ms
64 bytes from 8.8.8.8: seq=1 ttl=46 time=39.243 ms
64 bytes from 8.8.8.8: seq=2 ttl=46 time=38.735 ms
^C
--- 8.8.8.8 ping statistics ---
3 packets transmitted, 3 packets received, 0% packet loss
round-trip min/avg/max = 38.457/38.811/39.243 ms
```

디폴트 NAT 동작 살펴보기

뉴트론 라우터의 디폴트 설정에 의하면, 게이트웨이 인터페이스를 통해 트래
픽이 나올 때, 유동 IP를 사용하지 않는 인스턴스에서 나오는 트래픽에 대해
SNAT를 적용한다. 외부 네트워크 게이트웨이 디바이스(예제의 경우 시스코 ASA)
에서 보면, 인스턴스에서 나오는 ICMP 트래픽에서 라우터의 외부 게이트웨이
주소를 볼 수 있다.

```
pixfirewall# debug icmp trace
debug icmp trace enabled at level 1
pixfirewall# ICMP echo request from GATEWAY_NET:10.50.0.100 to outside:8.8.8.8 ID=38429 seq=10 len=56
ICMP echo request from GATEWAY_NET:10.50.0.100 to outside:8.8.8.8 ID=38429 seq=11 len=56
ICMP echo request from GATEWAY_NET:10.50.0.100 to outside:8.8.8.8 ID=38429 seq=12 len=56
ICMP echo request from GATEWAY_NET:10.50.0.100 to outside:8.8.8.8 ID=38429 seq=13 len=56
```

다음 화면에서 라우터 네임스페이스의 iptables 룰을 보면, 이렇게 동작하도록 NAT 룰이 정의된 것을 볼 수 있다.

```
[root@controller ~]# ip netns exec qrouter-1267aae4-6568-48cf-acef-5dbcf7ecb5db iptables-save
# Generated by iptables-save v1.4.7 on Wed Aug 13 23:36:21 2014
*nat
:PREROUTING ACCEPT [19:2630]
:POSTROUTING ACCEPT [31:2252]
:OUTPUT ACCEPT [44:3152]
:neutron-l3-agent-OUTPUT - [0:0]
:neutron-l3-agent-POSTROUTING - [0:0]
:neutron-l3-agent-PREROUTING - [0:0]
:neutron-l3-agent-float-snat - [0:0]
:neutron-l3-agent-snat - [0:0]
:neutron-postrouting-bottom - [0:0]
-A PREROUTING -j neutron-l3-agent-PREROUTING
-A POSTROUTING -j neutron-l3-agent-POSTROUTING
-A POSTROUTING -j neutron-postrouting-bottom
-A OUTPUT -j neutron-l3-agent-OUTPUT
-A neutron-l3-agent-POSTROUTING ! -i qg-9ee818ab-1c ! -o qg-9ee818ab-1c -m conntrack ! --ctstate DNAT -j ACCEPT
-A neutron-l3-agent-PREROUTING -d 169.254.169.254/32 -p tcp -m tcp --dport 80 -j REDIRECT --to-ports 9697
-A neutron-l3-agent-snat -j neutron-l3-agent-float-snat
-A neutron-l3-agent-snat -s 10.30.0.0/24 -j SNAT --to-source 10.50.0.100
-A neutron-postrouting-bottom -j neutron-l3-agent-snat
COMMIT
# Completed on Wed Aug 13 23:36:21 2014
# Generated by iptables-save v1.4.7 on Wed Aug 13 23:36:21 2014
```

이제 인스턴스에서 외부 리소스와 통신할 수 있다. 물론 인스턴스에서 먼저 시작한 트래픽을 외부와 주고 받을 수 있다. 인스턴스에서 유동 IP를 사용하지 않는 이상, 외부 리소스에서는 인스턴스와 직접 통신할 수 없다.

 뉴트론 라우터에서 SNAT 기능을 끄고, 업스트림 디바이스에서 테넌트 네트워크의 경로를 추가해도 되지만, 이렇게 하면 오픈스택에서 제대로 관리할 수 없으므로 권장하지 않는다.

유동 IP 할당

외부 네트워크에서 인스턴스로 직접 접근할 수 있게 하려면, 인스턴스의 포트에 유동 IP 주소를 할당해야 한다.

`port-list` 커맨드를 통해 최근 부팅된 인스턴스의 포트 ID를 확인하면 다음과 같다.

`floatingip-create` 커맨드로 유동 IP 주소 한 개를 생성하고, 이를 MyInstance1의 포트에 할당한다.

```
[root@controller ~]# neutron floatingip-create --port-id=3547dbf0-58e8-4645-b0ed-6f61747b77ba GATEWAY_NET
Created a new floatingip:

| Field               | Value                                |

| fixed_ip_address    | 10.30.0.2                            |
| floating_ip_address | 10.50.0.101                          |
| floating_network_id | b116a938-9876-4048-99ad-0ce78aabd0a9 |
| id                  | ab0d44fd-ddcf-4804-a24f-c59bd94d5c20 |
| port_id             | 3547dbf0-58e8-4645-b0ed-6f61747b77ba |
| router_id           | 1267aae4-6568-48cf-acef-5dbcf7ecb5db |
| tenant_id           | b1e5de8d1cfc45d6a15d9c0cb442a8ab     |
```

이렇게 설정한 후에도 인스턴스에서 외부로 통신할 수 있는지 확인한다.

```
$ ping 8.8.8.8
PING 8.8.8.8 (8.8.8.8): 56 data bytes
64 bytes from 8.8.8.8: seq=0 ttl=46 time=41.843 ms
64 bytes from 8.8.8.8: seq=1 ttl=46 time=39.590 ms
64 bytes from 8.8.8.8: seq=2 ttl=46 time=38.306 ms
```

외부 게이트웨이 디바이스에서 ICMP 요청을 보면, 다음과 같이 유동 IP가 표시되는 것을 볼 수 있다.

```
pixfirewall# debug icmp trace
debug icmp trace enabled at level 1
pixfirewall# ICMP echo request from GATEWAY_NET:10.50.0.101 to outside:8.8.8.8 ID=16641 seq=0 len=56
```

라우터 네임스페이스의 qg 인터페이스를 보면, 유동 IP 주소가 보조 네트워크 주소로 등록된 것을 볼 수 있다.

```
[root@controller ~]# ip netns exec qrouter-1267aae4-6568-48cf-acef-5dbcf7ecb5db ip a
8: lo: <LOOPBACK,UP,LOWER_UP> mtu 16436 qdisc noqueue state UNKNOWN
    link/loopback 00:00:00:00:00:00 brd 00:00:00:00:00:00
    inet 127.0.0.1/8 scope host lo
    inet6 ::1/128 scope host
       valid_lft forever preferred_lft forever
9: qg-9ee818ab-1c: <BROADCAST,MULTICAST,UP,LOWER_UP> mtu 1500 qdisc pfifo_fast state UP qlen 1000
    link/ether fa:16:3e:b3:c5:aa brd ff:ff:ff:ff:ff:ff
    inet 10.50.0.100/24 brd 10.50.0.255 scope global qg-9ee818ab-1c
    inet 10.50.0.101/32 brd 10.50.0.101 scope global qg-9ee818ab-1c Floating IP as secondary address
    inet6 fe80::f816:3eff:feb3:c5aa/64 scope link
       valid_lft forever preferred_lft forever
13: qr-5ea2d15f-8a: <BROADCAST,MULTICAST,UP,LOWER_UP> mtu 1500 qdisc pfifo_fast state UP qlen 1000
    link/ether fa:16:3e:fd:d8:90 brd ff:ff:ff:ff:ff:ff
    inet 10.30.0.1/24 brd 10.30.0.255 scope global qr-5ea2d15f-8a
    inet6 fe80::f816:3eff:fefd:d890/64 scope link
       valid_lft forever preferred_lft forever
```

qg 인터페이스에서 보조 네트워크 주소로 유동 IP를 설정하면, 라우터에서 이 IP에 대한 ARP 요청에 응답할 수 있다.

라우터 네임스페이스의 iptables 룰을 살펴보면 1:1 NAT가 적용되도록 룰이 추가된 것을 볼 수 있다.

```
[root@controller ~]# ip netns exec qrouter-1267aae4-6568-48cf-acef-5dbcf7ecb5db iptables-save
# Generated by iptables-save v1.4.7 on Wed Aug 13 23:49:32 2014
*nat
:PREROUTING ACCEPT [20:2714]
:POSTROUTING ACCEPT [31:2252]
:OUTPUT ACCEPT [45:3212]
:neutron-l3-agent-OUTPUT - [0:0]
:neutron-l3-agent-POSTROUTING - [0:0]
:neutron-l3-agent-PREROUTING - [0:0]
:neutron-l3-agent-float-snat - [0:0]
:neutron-l3-agent-snat - [0:0]
:neutron-postrouting-bottom - [0:0]
-A PREROUTING -j neutron-l3-agent-PREROUTING
-A POSTROUTING -j neutron-l3-agent-POSTROUTING
-A POSTROUTING -j neutron-postrouting-bottom
-A OUTPUT -j neutron-l3-agent-OUTPUT
-A neutron-l3-agent-OUTPUT -d 10.50.0.101/32 -j DNAT --to-destination 10.30.0.2
-A neutron-l3-agent-POSTROUTING ! -i qg-9ee818ab-1c ! -o qg-9ee818ab-1c -m conntrack ! --ctstate DNAT -j ACCEPT
-A neutron-l3-agent-PREROUTING -d 169.254.169.254/32 -p tcp -m tcp --dport 80 -j REDIRECT --to-ports 9697
-A neutron-l3-agent-PREROUTING -d 10.50.0.101/32 -j DNAT --to-destination 10.30.0.2
-A neutron-l3-agent-float-snat -s 10.30.0.2/32 -j SNAT --to-source 10.50.0.101
-A neutron-l3-agent-snat -j neutron-l3-agent-float-snat
-A neutron-l3-agent-snat -s 10.30.0.0/24 -j SNAT --to-source 10.50.0.100
-A neutron-postrouting-bottom -j neutron-l3-agent-snat
COMMIT
# Completed on Wed Aug 13 23:49:32 2014
# Generated by iptables-save v1.4.7 on Wed Aug 13 23:49:32 2014
```

클라이언트 머신에 경로가 제대로 설정되어 있다면, 유동 IP를 통해 인스턴스에 직접 접근할 수 있다.

```
jamess-mbp:~ jdenton$ ssh cirros@10.50.0.101
The authenticity of host '10.50.0.101 (10.50.0.101)' can't be established.
RSA key fingerprint is de:4b:62:58:f0:d7:73:41:8a:65:70:5a:48:e5:89:11.
Are you sure you want to continue connecting (yes/no)? yes
Warning: Permanently added '10.50.0.101' (RSA) to the list of known hosts.
cirros@10.50.0.101's password:
$
```

유동 IP 다시 할당

유동 IP는 인스턴스나 다른 네트워크 리소스에 대해 설정된 NAT를 재빨리 해제했다가 다른 인스턴스나 리소스에 설정하는 방식으로 동작한다.

현재 할당된 유동 IP 목록은 다음과 같다.

```
[root@controller ~]# neutron floatingip-list
+--------------------------------------+------------------+---------------------+--------------------------------------+
| id                                   | fixed_ip_address | floating_ip_address | port_id                              |
+--------------------------------------+------------------+---------------------+--------------------------------------+
| ab0d44fd-ddcf-4804-a24f-c59bd94d5c20 | 10.30.0.2        | 10.50.0.101         | 3547dbf0-58e8-4645-b0ed-6f61747b77ba |
+--------------------------------------+------------------+---------------------+--------------------------------------+
```

`floatingip-disassociate`와 `floatingip-associate` 커맨드를 사용해 `MyInstance1`에 할당된 유동 IP를 해제하고, 이를 `MyInstance2`에 할당해보자. `MyInstance1`에 할당된 유동 IP를 해제하면 다음과 같이 표시된다.

```
[root@controller ~]# neutron floatingip-disassociate ab0d44fd-ddcf-4804-a24f-c59bd94d5c20
Disassociated floatingip ab0d44fd-ddcf-4804-a24f-c59bd94d5c20
```

그런 다음 `floatingip-list` 커맨드를 실행하면, 방금 해제한 IP에 할당된 리소스가 없다는 것을 볼 수 있다.

```
[root@controller ~]# neutron floatingip-list
+--------------------------------------+------------------+---------------------+----------+
| id                                   | fixed_ip_address | floating_ip_address | port_id  |
+--------------------------------------+------------------+---------------------+----------+
| ab0d44fd-ddcf-4804-a24f-c59bd94d5c20 |                  | 10.50.0.101         |          |
+--------------------------------------+------------------+---------------------+----------+
```

`floatingip-associate` 커맨드를 사용하여 방금 해제한 유동 IP를 MyInstance2의 포트에 할당한다.

```
[root@controller ~]# neutron floatingip-associate ab0d44fd-ddcf-4804-a24f-c59bd94d5c20 \
> $(neutron port-list | grep 10.30.0.4 | awk '{print $2}')
Associated floatingip ab0d44fd-ddcf-4804-a24f-c59bd94d5c20
```

qrouter 네임스페이스의 iptables 룰을 보면, NAT 설정이 변경돼 앞서 사용했던 유동 IP가 MyInstance2에서 사용되는 것을 볼 수 있다.

```
[root@controller ~]# ip netns exec qrouter-1267aae4-6568-48cf-acef-5dbcf7ecb5db iptables-save
# Generated by iptables-save v1.4.7 on Thu Aug 14 00:04:00 2014
*nat
:PREROUTING ACCEPT [21:2798]
:POSTROUTING ACCEPT [33:2380]
:OUTPUT ACCEPT [45:3212]
:neutron-l3-agent-OUTPUT - [0:0]
:neutron-l3-agent-POSTROUTING - [0:0]
:neutron-l3-agent-PREROUTING - [0:0]
:neutron-l3-agent-float-snat - [0:0]
:neutron-l3-agent-snat - [0:0]
:neutron-postrouting-bottom - [0:0]
-A PREROUTING -j neutron-l3-agent-PREROUTING
-A POSTROUTING -j neutron-l3-agent-POSTROUTING
-A POSTROUTING -j neutron-postrouting-bottom
-A OUTPUT -j neutron-l3-agent-OUTPUT
-A neutron-l3-agent-OUTPUT -d 10.50.0.101/32 -j DNAT --to-destination 10.30.0.4    목적지 IP가 .2에서 .4로 변경됨
-A neutron-l3-agent-POSTROUTING ! -i qg-9ee818ab-1c ! -o qg-9ee818ab-1c -m conntrack ! --ctstate DNAT -j ACCEPT
-A neutron-l3-agent-PREROUTING -d 169.254.169.254/32 -p tcp -m tcp --dport 80 -j REDIRECT --to-ports 9697
-A neutron-l3-agent-PREROUTING -d 10.50.0.101/32 -j DNAT --to-destination 10.30.0.4
-A neutron-l3-agent-float-snat -s 10.30.0.4/32 -j SNAT --to-source 10.50.0.101    출발지 IP가 .2에서 .4로 변경됨
-A neutron-l3-agent-snat -j neutron-l3-agent-float-snat
-A neutron-l3-agent-snat -s 10.30.0.0/24 -j SNAT --to-source 10.50.0.100
-A neutron-postrouting-bottom -j neutron-l3-agent-snat
COMMIT
# Completed on Thu Aug 14 00:04:00 2014
# Generated by iptables-save v1.4.7 on Thu Aug 14 00:04:00 2014
```

변경된 설정에 따라, 앞서 사용했던 유동 IP에 SSH로 연결해보면 다음과 같은 메시지가 나타난다.

```
jamess-mbp:~ jdenton$ ssh cirros@10.50.0.101
@@@@@@@@@@@@@@@@@@@@@@@@@@@@@@@@@@@@@@@@@@@@@@@@@@@@@@@@@@@
@    WARNING: REMOTE HOST IDENTIFICATION HAS CHANGED!     @
@@@@@@@@@@@@@@@@@@@@@@@@@@@@@@@@@@@@@@@@@@@@@@@@@@@@@@@@@@@
IT IS POSSIBLE THAT SOMEONE IS DOING SOMETHING NASTY!
Someone could be eavesdropping on you right now (man-in-the-middle attack)!
It is also possible that a host key has just been changed.
The fingerprint for the RSA key sent by the remote host is
2a:83:06:34:6c:9d:87:dc:7c:dc:9d:a4:3f:6a:5d:7d.
Please contact your system administrator.
```

이 메시지에서는 트래픽이 이전과는 다른 호스트로 간다는 것을 알려준다. 키를 초기화하고 같은 IP로 다시 접속해보면, 다음과 같이 `MyInstance2`에 접속한 것을 확인할 수 있다.

```
$ ip a
1: lo: <LOOPBACK,UP,LOWER_UP> mtu 16436 qdisc noqueue
    link/loopback 00:00:00:00:00:00 brd 00:00:00:00:00:00
    inet 127.0.0.1/8 scope host lo
    inet6 ::1/128 scope host
       valid_lft forever preferred_lft forever
2: eth0: <BROADCAST,MULTICAST,UP,LOWER_UP> mtu 1500 qdisc pfifo_fast qlen 1000
    link/ether fa:16:3e:de:fb:3d brd ff:ff:ff:ff:ff:ff
    inet 10.30.0.4/24 brd 10.30.0.255 scope global eth0
    inet6 fe80::f816:3eff:fede:fb3d/64 scope link
       valid_lft forever preferred_lft forever
```

대시보드에서 라우터 관리

호라이즌 대시보드에서도 Project 탭을 통해 라우터를 생성하고 관리할 수 있다.

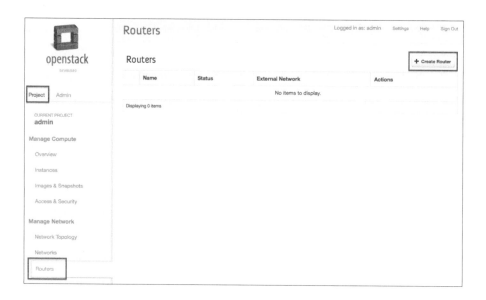

대시보드에서 라우터 생성

대시보드에서는 다음과 같은 단계에 따라 라우터를 생성한다.

1. Routers 페이지의 우측 상단에 있는 Create router 버튼을 클릭한다. 그러면
생성할 라우터의 이름을 입력하는 창이 하나 뜬다.

2. 라우터 이름을 입력하고, 아래 쪽에 있는 파란색 Create router 버튼을 클릭
한다.

대시보드에서 게이트웨이 인터페이스 붙이기

대시보드에서 게이트웨이 인터페이스를 붙이는 과정은 다음과 같다.

1. Routers 페이지에서 원하는 라우터의 Actions 열에 있는 Set Gateway 버튼을
클릭하면, 다음과 같이 외부 게이트웨이 네트워크를 설정하는 창이 하나
뜬다.

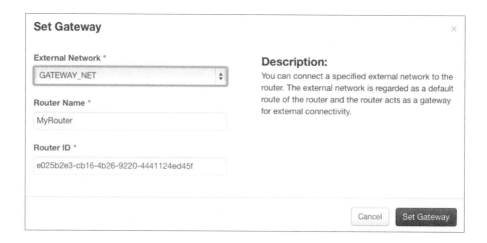

2. 적절히 설정한 뒤에, 아래 쪽에 있는 파란색 Set Gateway 버튼을 클릭한다.

대시보드에서 내부 인터페이스 붙이기

대시보드에서 내부 인터페이스를 붙이는 과정은 다음과 같다.

1. 대시보드에서 라우터에 내부 인터페이스를 붙이려면, 원하는 라우터를 클릭해서 Router Details 페이지로 들어간다.

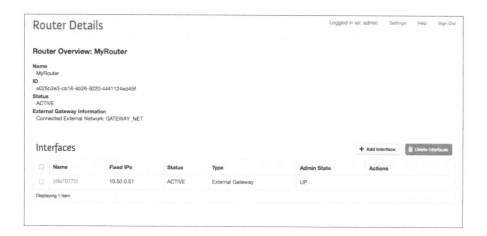

2. Add Interface 버튼을 클릭하면 추가할 인터페이스의 세부 사항을 설정하는 창이 하나 뜬다.

Add Interface

Subnet *

TENANT_NET: 192.168.0.0/24 (TENANT_SUBNI ⬍

IP Address (optional)

Router Name *

MyRouter

Router ID *

e025b2e3-cb16-4b26-9220-4441124ed45f

Description:

You can connect a specified subnet to the router.

The default IP address of the interface created is a gateway of the selected subnet. You can specify another IP address of the interface here. You must select a subnet to which the specified IP address belongs to from the above list.

Cancel   Add interface

3. Subnet 메뉴에서 라우터에 붙일 테넌트 서브넷을 선택하고, 하단에 있는 파란색 Add Interface 버튼을 클릭하면, 다음과 같이 인터페이스가 추가된 것을 볼 수 있다.

대시보드에서 네트워크 토폴로지 보기

사용자는 대시보드를 통해 뉴트론에서 관리하는 네트워크에 대한 논리적인 토폴로지를 볼 수 있다. 토폴로지를 보는 과정은 다음과 같다.

1. Project 탭에서 Network Topology 버튼을 클릭해 앞서 생성한 네트워크와 라우터, 인스턴스를 논리적으로 연결한 다이어그램을 볼 수 있다.

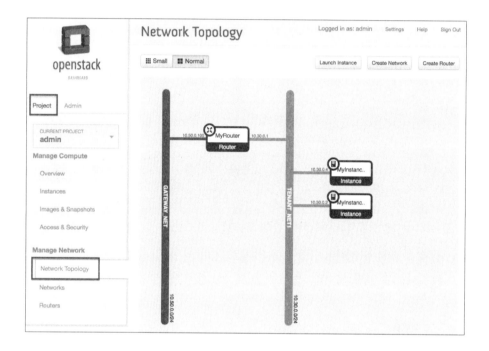

2. 라우터 아이콘 위로 마우스 포인터를 올리면, 다음과 같이 연결된 포트와 IP, 포트 상태 등 라우터의 상세 정보를 담은 창이 하나 뜬다.

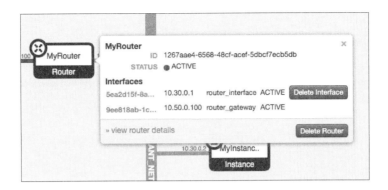

대시보드에서 인스턴스에 유동 IP 할당

대시보드에서는 유동 IP를 Project 탭 아래에 있는 Instances 페이지에서 관리한다. 대시보드에서 유동 IP를 인스턴스에 할당하는 과정은 다음과 같다.

  1. 유동 IP를 할당할 인스턴스의 Actions 탭에 있는 More 버튼을 클릭한다.

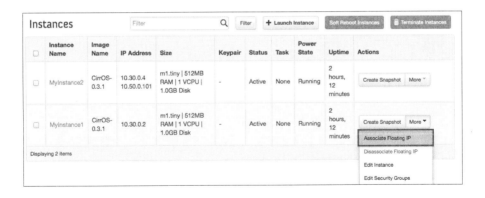

2. Associate Floating IP를 클릭하면 다음과 같이 유동 IP를 할당하는 창이 하나 뜬다.

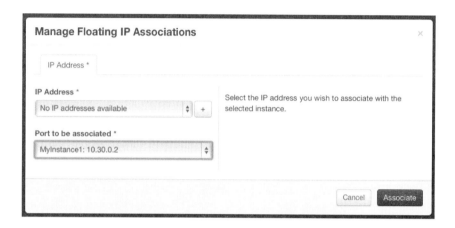

3. 할당할 수 있는 유동 IP가 다 떨어졌다면 + 버튼을 눌러 하나를 새로 생성한다. 그러면 창이 하나 뜨면서 유동 IP 풀을 보여준다.

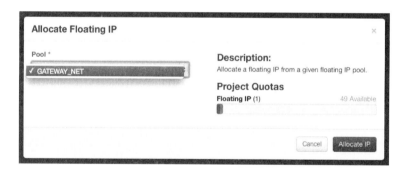

4. 유동 IP는 프로바이더 네트워크에서 제공하기 때문에 `router:external` 속성을 `True`로 설정한 프로바이더 네트워크만 리스트에 표시된다. 하단에 있는 파란색의 Allocate IP 버튼을 클릭하면 다음 번에 사용 가능한 IP 주소를 뉴트론에서 준비한다.

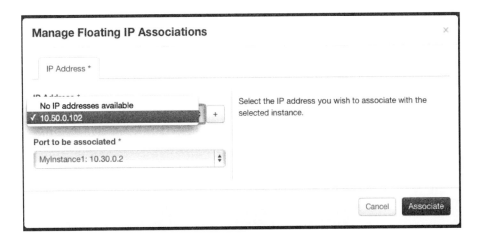

5. 유동 IP를 선택했다면 하단에 있는 파란색 Associate 버튼을 클릭해 이 IP를 목록에 있는 인스턴스에 할당한다.

대시보드에서 할당된 유동 IP 해제

대시보드에서 인스턴스에 할당된 유동 IP를 해제하려면 다음과 같은 단계를 거친다.

1. 유동 IP를 해제하려는 인스턴스에 대한 Actions 열의 More 버튼을 클릭한다.

그러면 다음과 같이 실행할 동작을 다시 한번 확인하는 창이 하나 뜬다.

2. 하단에 있는 파란색 Disassociate Floating IP 버튼을 클릭하면 앞에서 선택한 동작이 실행된다.

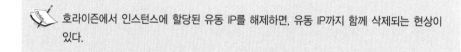
호라이즌에서 인스턴스에 할당된 유동 IP를 해제하면, 유동 IP까지 함께 삭제되는 현상이 있다.

정리

뉴트론 라우터는 오픈스택 네트워킹의 핵심 구성 요소로서, 테넌트에서 애플리케이션에 가장 적합한 네트워크를 구성할 수 있게 해준다. 유동 IP를 사용하면 NAT를 활용해 빠르고 프로그래밍 가능한 형태로 애플리케이션에 직접 연결할 수 있다. 아이스하우스 버전에서는 하나의 L3 에이전트에서 여러 개의 외부 네트워크를 스케줄링하거나, 라우터에 정적 경로를 설정하는 것을 비롯한 몇 가지 기능이 더 추가돼 하바나의 단점이 좀 더 개선됐지만, 여전히 부족한 부분이 많다. 아이스하우스에서도 뉴트론 라우터의 고가용성high-availability 솔루션은 제공되지 않으며, 커뮤니티에서 이 부분을 해결하려는 작업을 활발히 진행하고 있다.

7장에서는 회복탄력성resiliency과 가용성availability을 보장하면서 테넌트의 애플리케이션에 대한 빠른 확장성을 제공하는 오픈스택의 LBaaSLoad-Balancing-as-a-Service 솔루션에 대해 자세히 살펴본다.

7
로드밸런싱

뉴트론의 로드 밸런싱 서비스LBaaS, Load Balancing as a Service는 말 그대로 오픈스택의 가상 인스턴스에서 구동되는 애플리케이션의 트래픽을 로드 밸런싱해주는 서비스다. 뉴트론에서는 가상 IP와 풀, 풀 멤버, 헬스 모니터 등을 관리하는 API를 제공한다. LBaaS는 그리즐리Grizzly 버전부터 도입된 기능으로 하바나에 이르러 여러 가지 버그도 수정되고, 이전보다 기능도 개선됐지만, 아직 다른 뉴트론 서비스만큼 완성도가 높아지진 않았다.

이 장에서는 다음과 같은 로드 밸런서의 기본 개념에 대해 소개한다.

- 가상 IP, 풀, 풀 멤버
- 로드 밸런싱 알고리즘
- 모니터
- 지속성Persistence
- 네트워크에 로드 밸런서 적용

LBaaS에서는 하드웨어와 소프트웨어 로드 밸런서가 서로 연동할 수 있도록 드라이버를 사용한다. 하바나 버전에서는 디폴트 드라이버로 haproxy를 사용한다. haproxy는 무료로 제공되는 오픈 소스 로드 밸런서로서, 여러 유닉스 기반 운영 체제에서 많이 쓰고 있다. LBaaS에서는 서드 파티 드라이버도 지원하지만, 이 책에서는 다루지 않는다.

로드 밸런싱의 기본 개념

뉴트론의 로드 밸런서는 다음과 같은 세 가지 컴포넌트로 구성된다.

- 풀 멤버
- 풀
- 가상 IP

풀 멤버pool member는 4계층 오브젝트로서, 서비스에 대한 IP와 이 서비스에 대한 리스닝 포트로 구성된다. 예를 들어, 10.30.0.2라는 IP 주소를 가지고, TCP 80번 포트를 듣고 있는 웹 서버도 일종의 풀 멤버다.

풀pool은 동일한 콘텐트를 제공하는 풀 멤버들의 그룹이다. 예를 들어, 다음과 같이 설정된 웹 서버들로 풀을 구성할 수 있다.

- 서버 A: 10.30.0.2:80
- 서버 B: 10.30.0.4:80
- 서버 C: 10.30.0.6:80

가상 IPVIP는 로드 밸런서에 지정된 IP 주소로서, 들어오는 연결을 기다리고 있다가 로드밸런서에 등록된 풀의 멤버에 대한 클라이언트의 연결을 분산시켜준다. 가상 IP는 인터넷에 노출되어 있으며, 보통 도메인 네임에 매핑되어 있다.

로드 밸런싱 알고리즘

하바나 버전에서는 다음과 같은 로드 밸런싱 알고리즘을 사용한다.

- 라운드 로빈
- 최소 연결
- 출발지

라운드 로빈round robin 알고리즘은 새로운 연결이 들어오면, 다음 차례에 있는 서버로 전달한다. 이런 식으로 동작하다 보면 트래픽이 모든 머신에 균등하게 분배된다. 라운드 로빈은 리소스를 가장 적게 쓰는 알고리즘으로, 어느 머신이 연결을 처리하기에 버거운지 알아내는 메커니즘은 갖추고 있지 않다. 부하를 감당하지 못하는 풀 멤버가 생기지 않게 하려면, 모든 멤버가 동일한 처리 속도와 연결 속도, 그리고 메모리 용량을 가지도록 구성해야 한다.

최소 연결least connection 알고리즘은 현재 처리하는 연결의 수가 가장 적은 서버로 새 연결을 전달한다. 각 서버의 연결 수를 계속 기록하고 있다가 트래픽을 적절히 분산해주기 때문에, 일종의 동적 알고리즘이라 볼 수 있다. 처리량이 높은 풀 멤버에서 트래픽을 더 받을 수 있으므로, 연결을 좀 더 빨리 처리할 수 있다.

출발지source IP 알고리즘은 특정한 출발지 IP에서 발생하는 트래픽을 지정된 풀 멤버로 전달한다. 초기에는 라운드 로빈 알고리즘으로 동작하면서 할당된 연결 정보를 테이블에 기록해두고, 나중에 동일한 IP에 대해 추가로 연결 요청이 들어올 때 이 테이블에 기록된 정보를 활용한다. 이 알고리즘은 세션 정보를 로컬 웹 서버에 저장하는 온라인 쇼핑 카트와 같이, 클라이언트의 모든 요청에 대해 특정한 서버를 사용하게 하려는 애플리케이션에 주로 적용된다.

모니터링

하바나 버전의 LBaaS에서는 TCP, HTTP, HTTPS 등 여러 종류의 모니터 타입을 제공한다. TCP 모니터는 4계층에서 풀 멤버의 연결 상태를 테스트하고, HTTP나 HTTPS 모니터에서는 HTTP의 상태 코드를 통해 7계층에서 풀 멤버 상태를 테스트한다.

세션 지속성

LBaaS에서는 가상 IP에 대한 세션 지속성을 지원한다. 세션 지속성session persistence은 동일한 프로토콜을 사용하는 여러 개의 클라이언트 요청을 특정한 노드로만 전달되게 하는 로드 밸런싱 기법이다. 이 기능은 풀 멤버끼리 애플리케이션 상태를 공유하지 않는 웹 애플리케이션에서 주로 사용된다.

haproxy 드라이버에서 지원하는 세션 지속성으로는 다음과 같은 것이 있다.

- SOURCE_IP
- HTTP_COOKIE
- APP_COOKIE

SOURCE_IP 방식을 사용하려면 백엔드 풀 설정에서 haproxy를 다음과 같이 설정한다.

```
stick-table type ip size 10k
stick on src
```

클라이언트가 가상 IP에 처음 접속하면 haproxy는 클라이언트의 IP를 기반으로 스티키 테이블에 한 항목을 생성하고, 그 뒤에 같은 IP에서 들어오는 연결을 동일한 백엔드 풀 멤버로 전달한다. 설정 값에 따라 10,000개의 항목을 스티키 테이블에 담을 수 있다. 이 방식을 사용하면 여러 클라이언트가 프록시를 통해 서버로 연결을 요청할 경우에, 로드 밸런서가 이를 하나의 클라이언트에서 온 것으로 오판해 로드를 제대로 분산하지 못하는 경우가 발생할 수 있다.

`HTTP_COOKIE`를 사용하려면 백엔드 풀 설정에서 haproxy를 다음과 같이 설정한다.

cookie SRV insert indirect nocache

클라이언트에서 처음 가상 IP로 연결할 때 haproxy는 이 연결을 다음 차례에 있는 풀 멤버로 전달한다. 이 멤버가 요청에 대한 응답을 보낼 때 haproxy에서 SRV라는 쿠키를 응답에 집어 넣어 클라이언트로 보낸다. 이때 집어 넣는 SRV 쿠키 값은 서버의 고유 식별자다. 따라서 나중에 클라이언트에서 동일한 가상 IP에 대해 요청을 보낼 때 haproxy에서 요청 헤더에서 쿠키를 꺼내본 다음, 여기서 지정하는 풀 멤버로 트래픽을 보내게 된다. 이 방법은 클라이언트의 IP 주소에 영향을 받지 않으므로 출발지 IP의 지속성을 보장할 수 있다.

`APP_COOKIE`를 사용하려면 haproxy를 백엔드 풀 설정에서 다음과 같이 설정한다.

appsession <CookieName> len 56 timeout 3h

애플리케이션 쿠키를 백엔드에서 정의하면 haproxy는 서버에서 쿠키를 설정한 시점을 확인하고, 이를 테이블에 저장한 다음 서버 식별자와 연결한다. 이 값으로 사용한 문자 중 최대 56개까지 저장된다. 같은 요청이 나중에 또 들어오면, haproxy에서 쿠키를 검색해 발견될 경우에는 이 값에 지정된 풀 멤버로 전달하고, 그렇지 않으면 로드 밸런싱 알고리즘을 적용한다. 쿠키는 세 시간 이상 사용되지 않으면 자동으로 삭제된다.

네트워크에 로드 밸런싱 적용

haproxy를 사용하면 로드 밸런서는 one-arm 모드로 동작한다. one-arm 모드에서는 로드 밸런서가 풀 멤버로 가는 트래픽 경로에 있지 않게 된다. 따라서 로드 밸런서는 하나의 인터페이스로 클라이언트와 풀 멤버 사이에서 오고 가는 트래픽을 처리한다.

one-arm 모드에서 동작하는 로드 밸런서를 그림으로 표현하면 다음과 같다.

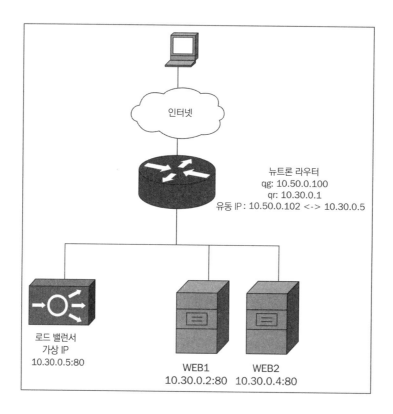

그림을 보면, 로드 밸런서가 one-arm 모드로 동작하고, 서버와 동일한 서브넷에서 트래픽을 분산시킨다.

one-arm 모드에서 동작하는 로드 밸런서는 트래픽을 보내는 풀 멤버에 대한 게이트웨이 역할을 하지 않기 때문에, 로드 밸런서를 통과할 때 SNAT$_{source}$

NAT을 사용해 풀 멤버에서 트래픽을 보낸 클라이언트로 제대로 되돌아가게 해줘야 한다. 이를 그림으로 표현하면 다음과 같다.

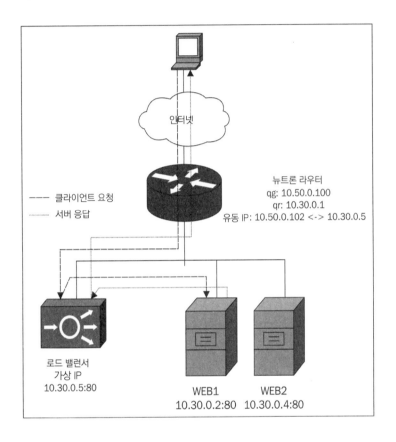

그림을 보면, 로드 밸런서가 클라이언트로부터 요청을 받은 다음 WEB1으로 전달했다. 이때 로드 밸런서에서 요청에 대한 출발지 IP를 자신의 주소인 10.30.0.5로 변환한 다음 서버로 전달한다. 이렇게 하면, 이 요청을 처리한 서버에서 응답을 로드 밸런서로 보내도, 응답의 목적지 주소를 앞서 변환했던 클라이언트 주소로 다시 써서 보내기 때문에, 응답이 클라이언트에 제대로 전달된다. 만약 서버에서 클라이언트로 응답을 직접 보냈다면 (주소가 다르기 때문에) 클라이언트에서 응답에 대한 패킷을 거부하게 된다.

뉴트론에서는 haproxy가 풀 멤버에게 HTTP X-Forwarded-For 헤더로 보내도록 설정한다. 따라서 풀 멤버는 클라이언트의 원래 주소를 볼 수 있다. 이 헤더를 사용하지 않으면, 모든 트래픽이 로드 밸런서로부터 나온 것처럼 보이게 된다.

one-arm 모드 대신 routed 모드나 transparent 모드를 사용할 수도 있다. routed 모드를 사용하면 로드 밸런서가 클라이언트와 풀 멤버 사이에서 게이트웨이 역할을 한다. 이 모드에서는 로드 밸런서가 풀 멤버의 게이트웨이가 되기 때문에, 패킷의 출발지 주소를 변경할 일이 거의 없다.

transparent 모드를 사용하면 로드 밸런서가 동일한 서브넷에 설정된 두 개의 VLAN 사이의 네트워크 브릿지 역할을 한다. 이 모드에서는 풀 멤버에서 게이트웨이를 변경할 필요가 없기 때문에, 로드 밸런서를 설치하는 과정에서 네트워크 설정에 영향을 거의 주지 않게 된다.

 원서를 집필하는 시점에서는 haproxy 기반으로 동작하는 로드 밸런서가 네트워크와 연동하는 방식을 변경할 수 없다. 일부 서드 파티 드라이버에서는 one-arm 모드뿐만 아니라 다른 모드에서도 동작할 수 있도록 지원하기도 한다.

네트워크 네임스페이스

뉴트론에서는 haproxy 플러그인을 사용해 로드 밸런서를 제공할 때, 네트워크 네임스페이스를 이용해 동작한다. 따라서 로드 밸런서가 LBaaS 에이전트에 스케줄링되며, 이를 통해 적절한 네트워크 네임스페이스를 생성하고 설정하게 된다. ip netns 커맨드를 실행시켜보면, 로드 밸런서에서 사용하는 네임스페이스에 qlbaas-*라는 접두어가 붙은 걸 볼 수 있다.

LBaaS 설치

3장, '뉴트론 설치'에서 뉴트론을 설치할 때 `neutron-lbaas-agent` 서비스도 함께 설치한 바 있다. 이 서비스는 주로 네트워크 노드나 컨트롤러 노드에 설치된다.

하바나 버전에서는 haproxy를 디폴트 로드 밸런서로 사용한다. haproxy는 컨트롤러 노드에서 다음과 같이 커맨드를 실행하면 설치할 수 있다.

```
# yum -y install haproxy
```

뉴트론 LBaaS 에이전트 서비스 설정

`neutron-lbaas-agent` 서비스를 구동하려면, 먼저 적절히 설정해야 한다. 뉴트론에서는 LBaaS 에이전트의 설정을 /etc/neutron/lbaas_agent.ini 파일에 저장한다. 주로 사용되는 설정 값에 대해 하나씩 살펴보자.

인터페이스 드라이버 지정

앞서 설치한 다른 에이전트와 마찬가지로, 뉴트론 LBaaS 에이전트에서도 현재 사용하는 네트워킹 플러그인에 맞는 인터페이스 드라이버를 사용하도록 설정해야 한다. 현재 사용할 수 있는 플러그인은 다음과 같이 두 가지가 있다.

- LinuxBridge
- OVS

뉴트론 LBaaS 에이전트의 드라이버는 선택한 플러그인에 따라 다음과 같이 `crudini` 커맨드로 설정한다.

LinuxBridge를 사용할 경우에는 다음과 같이 실행한다.

```
# crudini --set /etc/neutron/lbaas_agent.ini DEFAULT interface_driver
neutron.agent.linux.interface.BridgeInterfaceDriver
```

OVS를 사용하는 경우에는 다음과 같이 실행한다.

```
# crudini --set /etc/neutron/lbaas_agent.ini DEFAULT interface_driver
neutron.agent.linux.interface.OVSInterfaceDriver
```

디바이스 드라이버 지정

로드 밸런서를 관리하려면 뉴트론 API와 로드 밸런서를 프로그래밍하기 위한
인터페이스를 제공하는 디바이스 드라이버를 뉴트론 LBaaS 에이전트에 설정
해야 한다.

현재 유일한 옵션인 haproxy 드라이버는 다음과 같이 crudini로 설정한다.

```
# crudini --set /etc/neutron/lbaas_agent.ini DEFAULT device_driver
neutron.services.loadbalancer.drivers.haproxy.namespace_driver.
HaproxyNSDriver
```

사용자 그룹 변경

CentOS와 페도라와 같은 레드햇 계열RHEL OS에서는 user_group 값을 디폴
트로 nogroup으로 설정하는데, 이 값을 nobody로 변경해야 한다. 이러한 운영
체제에서는 nogroup이라는 것이 없기 때문이다.

crudini로 다음과 같이 사용자 그룹을 nobody로 변경한다.

```
crudini --set /etc/neutron/lbaas_agent.ini DEFAULT user_group nobody
```

나머지 설정은 디폴트 값으로 남겨둬도 된다. 필요에 따라 다른 값으로 직접
변경해도 된다.

서비스 플러그인 지정

LBaaS 에이전트에 대한 설정뿐만 아니라 뉴트론 설정에서 LBaaS 서비스 플러그인을 사용하도록 설정해야 API를 통해 LBaaS 오브젝트를 생성할 수 있다.

컨트롤러 노드에 있는 뉴트론 설정 파일인 /etc/neutron/neutron.conf를 텍스트 에디터로 열고 service_plugins 값을 다음과 같이 지정한다.

service_plugins = neutron.services.loadbalancer.plugin.LoadBalancerPlugin

파일을 저장한 다음 neutron-server 서비스를 재구동한다.

```
# service neutron-server restart
```

뉴트론 LBaaS 에이전트 서비스 구동

neutron-lbaas-agent 서비스를 구동하고, 부팅할 때 자동으로 뜨게 설정하도록 컨트롤러 노드에서 다음과 같이 커맨드를 실행한다.

```
# service neutron-lbaas-agent start
# chkconfig neutron-lbaas-agent on
```

LBaaS 에이전트가 제대로 구동됐는지 확인하려면 다음과 같이 커맨드를 실행한다.

```
# service neutron-lbaas-agent status
```

그러면 다음과 같은 결과를 볼 수 있다.

```
[root@controller neutron]# service neutron-lbaas-agent status neutron-
lbaas-agent (pid  16496) is running...
```

제대로 구동되지 않는다면 LBaaS 에이전트의 로그 파일인 /var/log/neutron/lbaas-agent.log를 통해 문제의 원인을 찾아보기 바란다.

호라이즌에서 LBaaS 관리할 수 있도록 설정

대시보드에서 로드 밸런서를 관리하려면 /etc/openstack-dashboard/local_settings 파일에 있는 enable_lb 값을 True로 설정해야 한다. false로 설정되어 있던 enable_lb 값을 true로 변경하려면 다음과 같이 커맨드를 실행한 후 아파치 웹 서비스를 재구동한다.

```
# sed -i "/'enable_lb': False,/c\'enable_lb': True," /etc/openstack-
dashboard/local_settings
# service httpd restart
```

CLI에서 로드 밸런서 관리

뉴트론에서는 로드 밸런서를 위한 가상 IP와 풀, 풀 멤버, 헬스 모니터 등을 생성하고 관리하는 여러 가지 커맨드를 제공한다.

하바나 버전에서는 LBaaS를 구현한 바에 의하면, 풀이 다른 로드 밸런서의 리소스에 대한 루트 오브젝트 역할을 한다. 로드 밸런서를 생성하는 과정을 보면, 먼저 풀을 생성한 다음 여기에 대한 풀 멤버와 헬스 모니터, 가상 IP 등을 생성한다.

CLI에서 풀 관리

CLI에서 풀을 관리하기 위한 커맨드로 다음과 같은 것이 있다.

- lb-pool-create
- lb-pool-delete
- lb-pool-list
- lb-pool-list-on-agent

- lb-pool-show
- lb-pool-stats
- lb-pool-update

풀 생성

풀pool은 웹 서버처럼 트래픽을 받아서 처리하는 디바이스를 그룹으로 묶은 것이다. 가상 IP로 트래픽이 들어오면, 로드 밸런서가 풀의 멤버에 속한 서버로 요청을 분배하게 된다.

풀은 다음과 같이 lb-pool-create 커맨드로 생성한다.

```
Syntax: lb-pool-create [--tenant-id TENANT_ID]
[--admin-state-down] [--description DESCRIPTION]
--lb-method {ROUND_ROBIN,LEAST_CONNECTIONS,SOURCE_IP}
--name NAME --protocol {HTTP,HTTPS,TCP}
--subnet-id SUBNET
```

--tenant-id는 항상 지정할 필요는 없지만, 이 값을 설정하면 풀을 특정한 테넌트에 속하도록 설정할 수 있다.

--admin-state-down를 설정해도 풀의 상태에 영향을 주지 않게 된다. 버그거나 아직 구현되지 않은 기능으로 추측된다.

--lb-method는 트래픽을 풀 멤버로 분산할 때 적용할 로드 밸런싱 알고리즘을 지정한다. ROUND_ROBIN, LEAST_CONNECTIONS, SOURCE_IP 중 하나로 설정할 수 있다.

--name은 풀의 이름을 지정한다.

--protocol은 풀에서 로드 밸런싱에 적용할 트래픽의 종류를 지정한다. 보안을 적용하지 않은 웹 트래픽은 HTTP로, 보안을 적용한 웹 트래픽은 HTTPS로 지정하고, TCP 트래픽에 대해서는 TCP로 지정한다.

--subnet-id는 풀에 추가할 풀 멤버의 서브넷과 같은 값으로 지정해야 한다.

풀 삭제

로드 밸런서 풀을 삭제하려면 다음과 같이 lb-pool-delete 커맨드를 실행한다.

Syntax: lb-pool-delete POOL

여기서 POOL이란 키워드는 삭제하려는 풀의 ID를 의미한다.

 풀을 삭제하기 전에, 여기에 할당된 가상 IP를 먼저 해제해야 한다.

풀 목록 보기

로드 밸런서에 설정된 풀의 목록을 보려면 다음과 같이 lb-pool-list 커맨드를 실행한다.

Syntax: lb-pool-list

그러면 ID와 이름, 로드 밸런싱 알고리즘, 프로토콜, admin 상태, 풀의 상태 등과 같은 정보와 함께 현재 테넌트에 있는 풀의 목록이 표시된다.

풀의 세부 정보 보기

풀의 세부 정보는 lb-pool-show 커맨드로 볼 수 있다.

Syntax: lb-pool-show POOL

여기서 POOL이란 키워드는 정보를 보려는 풀의 ID를 의미한다. 그러면 admin 상태, 설명, ID, 로드 밸런싱 알고리즘, 멤버, 프로토콜, 프로바이더, 상태, 서브넷 ID, 테넌트 ID, VIP ID, 헬스 모니터 등의 정보가 표시된다.

풀의 통계 정보 보기

풀의 통계 정보를 보려면 다음과 같이 `lb-pool-stats` 커맨드를 실행한다.

Syntax: lb-pool-stats POOL

여기서 POOL이란 키워드는 정보를 보려는 풀의 ID를 의미한다. 커맨드를 실행하면 액티브active 상태에 있는 연결connection의 개수와 들어온 총 바이트 수, 나간 총 바이트 수, 전체 연결 수 등이 표시된다.

 통계 정보를 보려면 풀이 반드시 ACTIVE 상태에 있어야 한다. 이런 경우에도 현재 연결된 수는 부정확할 수 있다. ACTIVE가 아닌 상태에서 풀의 통계 정보를 보려고 하면 에러가 발생한다.

풀의 속성 변경

풀의 속성 값을 변경하려면 다음과 같이 `lb-pool-update` 커맨드를 실행한다.

Syntax: lb-pool-update POOL [--description DESCRIPTION]
[--lb-method {ROUND_ROBIN,LEAST_CONNECTIONS,SOURCE_IP}]

`--lb-method` 값으로 풀 멤버의 트래픽을 분산할 때 적용할 로드 밸런싱 알고리즘을 지정한다. 여기서 사용할 수 있는 값으로는 ROUND_ROBIN, LEAST_CONNECTIONS, SOURCE_IP 등이 있다.

에이전트에 설정된 풀 목록 보기

풀이 생성될 때, 로드 밸런서 에이전트에 스케줄링된다. 시스템에 따라 고가용성을 지원하도록 여러 개의 LBaaS 에이전트가 존재할 수 있기 때문이다. 에이전트에 대해 설정된 풀의 목록을 보려면 다음과 같이 `lb-pool-list-on-agent` 커맨드를 실행한다.

Syntax: `lb-pool-list-on-agent LBAAS_AGENT`

여기서 `LBAAS_AGENT` 키워드는 LBaaS 에이전트의 ID나 이름을 의미한다. 뉴트론에 설정된 로드 밸런싱 에이전트의 ID나 이름은 `agent-list` 커맨드로 확인할 수 있다.

CLI에서 풀 멤버 관리

CLI에서 풀 멤버를 관리하는 커맨드로는 다음과 같은 것들이 있다.

- `lb-member-create`
- `lb-member-delete`
- `lb-member-list`
- `lb-member-show`
- `lb-member-update`

풀 멤버 생성

풀 멤버를 생성하려면 다음과 같이 `lb-member-create` 커맨드를 실행한다.

Syntax: **lb-member-create [--tenant-id TENANT_ID] [--admin-state-down] [--weight WEIGHT] --address <IP addr of member> --protocol-port <application port number> POOL**

`--tenant-id`는 옵션이며, 풀 멤버를 특정한 테넌트에 속하도록 지정한다.

`--admin-state-down`은 불리언 값으로 지정하며, `true`로 설정하면 풀 멤버를 다운 상태로 전환하여 트래픽을 받을 수 없게 된다. 디폴트 값은 업 상태로 설정된다.

`--weight`는 풀 멤버에 대한 가중치를 설정한다. 이 값을 설정하면 같은 풀에 있는 다른 멤버의 가중치 값과 비교해 크면 더 많은 트래픽을 받고, 작으면 반

대로 더 적은 트래픽을 받는다. 가령, 가중치가 2로 설정된 풀 멤버는 가중치가 1로 설정된 풀 멤버보다 두 배의 트래픽을 받는다. 마찬가지로 가중치가 3으로 설정된 풀 멤버는 가중치가 1로 설정된 풀 멤버보다 세 배 많은 트래픽을 받게 된다.

--address는 반드시 지정해야 하는 속성으로, 풀 멤버에 대한 IP 주소를 지정한다.

--protocol-port도 반드시 지정해야 하며, 로드 밸런싱이 적용될 애플리케이션의 리스닝 포트를 지정한다. 가령, HTTP 트래픽에 대해 로드 밸런싱을 할 때, 리스닝 포트로 보통 80을 사용한다. SSL의 경우, 443 포트를 주로 사용한다. 대부분에 경우, 풀에 지정된 VIP는 동일한 애플리케이션 포트를 사용한다.

풀 멤버 삭제

풀 멤버를 삭제하려면 다음과 같이 lb-member-delete 커맨드를 실행한다.

Syntax: lb-member-delete MEMBER

여기서 MEMBER는 삭제할 풀 멤버의 ID를 의미한다.

풀 멤버 목록 보기

풀 멤버의 리스트를 보려면 다음과 같이 lb-member-list 커맨드를 실행한다.

Syntax: lb-member-list [--pool-id=<POOL ID>]

풀 멤버에 대한 리스트에는 ID와 주소, 프로토콜 포트, admin 상태, 풀 멤버의 상태 등 상세 정보도 함께 표시된다. 특정한 풀의 풀 멤버를 보려면 --pool-id에 원하는 풀을 지정한다.

풀 멤버의 세부 정보 보기

풀 멤버의 상세 정보를 보려면 다음과 같이 `lb-member-show` 커맨드를 실행한다.

Syntax: `lb-member-show MEMBER`

여기서 `MEMBER`는 정보를 표시할 멤버의 ID를 의미한다. 이 커맨드를 실행하면 주소와 admin 상태, ID, 풀 ID, 프로토콜 포트, 상태, 설명, 테넌트 ID, 멤버에 대한 가중치 등을 보여준다.

풀 멤버의 속성 변경

풀 멤버에 대한 속성을 변경하려면 다음과 같이 `lb-member-update` 커맨드를 호출한다.

Syntax: `lb-member-update MEMBER [--weight WEIGHT]`

여기서 `MEMBER`는 풀 멤버에 대한 ID를 의미한다. 하바나 버전에서는 가중치 `weight`만 수정할 수 있다. 다른 속성은 모두 읽기 전용이다.

CLI에서 헬스 모니터 관리

뉴트론의 LBaaS 서비스에서는 애플리케이션의 가용성을 보장할 수 있도록, 풀 멤버의 상태health를 모니터링하는 기능도 제공한다. 풀 멤버가 양호한 상태에 있지 않으면, 클라이언트와 애플리케이션이 통신하는 데 미치는 영향을 최소화하도록 뉴트론에서 풀 멤버의 조정할 수 있다.

CLI에서 헬스 모니터를 위해 사용되는 커맨드로는 다음과 같은 것들이 있다.

- lb-healthmonitor-create

- lb-healthmonitor-delete

- lb-healthmonitor-associate

- lb-healthmonitor-disassociate

- lb-healthmonitor-list

- lb-healthmonitor-show

- lb-healthmonitor-update

헬스 모니터 생성

헬스 모니터를 생성하려면 다음과 같이 lb-healthmonitor-create 커맨드를
실행한다.

```
Syntax: lb-healthmonitor-create [--tenant-id TENANT_ID]
[--admin-state-down] [--expected-codes EXPECTED_CODES]
[--http-method HTTP_METHOD] [--url-path URL_PATH]
--delay DELAY --max-retries MAX_RETRIES
--timeout TIMEOUT --type {PING,TCP,HTTP,HTTPS}
```

옵션으로 지정할 수 있는 --tenant-id로 모니터를 원하는 테넌트에 할당할
수 있다.

옵션으로 지정할 수 있는 --expected-codes는 모니터에서 지정한 URL로 풀
멤버에게 HTTP 요청을 보낼 때, 풀 멤버가 정상적으로 동작하고 있다는 것
을 알려주는 HTTP 상태 코드를 지정할 수 있다. 가령 풀 멤버에 대한 URL로
GET 요청을 보내면 서버에서 정상적으로 동작할 경우, 200 OK 상태 코드를
리턴한다. 이때 200이 앞서 지정한 코드라면 모니터에서 해당 풀 멤버를 UP
상태로 표시한다. 따라서 이 풀 멤버는 연결에 대한 요청을 받을 수 있게 된다.
만약 500이 리턴되면 서버에서 요청을 제대로 처리할 수 없다는 것을 의미한

다. 헬스 모니터에서는 이러한 풀 멤버를 DOWN 상태로 표시하고, 일시적으로 풀에서 제거한다. 이 코드의 디폴트 값은 200이다.

--http-method도 옵션으로 지정하며, --expected-codes와 --url-path와 함께 사용한다. 이 값은 들어온 HTTP 요청의 종류를 지정한다. 이 값으로 GET과 POST를 주로 사용한다. 이 값은 따로 검사하지 않기 때문에, 정상적으로 동작하지 않는 모니터를 사용자가 생성할 수도 있다. 이 속성의 디폴트 값은 GET이다.

--url-path도 옵션으로 지정하며, --expected-codes와 --http-method를 함께 사용한다. 이 값을 지정하면 시스템에서 풀 멤버의 URL에 대해 --http-method로 지정한 HTTP 요청을 처리한다. 디폴트 값은 루트(/)다.

--delay는 반드시 지정해야 하는 속성으로, 상태를 검사하는 주기를 초second 단위로 지정한다. 주로 5초로 지정한다.

--max-retries 속성도 반드시 지정해야 하며, 풀 멤버를 DOWN으로 표시하기 위한 기준이 되는 연속으로 실패하는 횟수의 최대 값을 지정한다. 보통 3을 지정한다.

--timeout 속성도 반드시 지정해야 하며, 모니터에서 응답을 기다릴 시간을 초 단위로 지정한다. 이 값은 풀 멤버가 응답하는 데 충분한 시간을 주도록, 보통 (delay * max-retries) + 1 값으로 지정한다.

--type 속성도 반드시 지정해야 하며, 설정할 모니터의 타입을 명시한다. 다음과 같은 네 가지 타입이 사용된다.

- PING: 가장 간단한 형태의 모니터로서, 풀 멤버의 연결 상태를 ICMP로 알아낸다.

 PING 타입은 haproxy 드라이버에서 제대로 지원하지 않으므로 TCP 타입과 똑같이 동작한다.

- TCP: 이 타입으로 지정하면 로드 밸런서가 풀 멤버로 TCP SYN 패킷을 보낸다. 그 결과로 SYN ACK를 받으면 로드 밸런서는 연결을 리셋한다. 이러한 모니터를 보통 반개방half-open TCP 모니터라 부르기도 한다.
- HTTP: 이 타입으로 지정하면 모니터에서 expected_codes와 url_path, http_method 값을 이용해 풀 멤버로 HTTP 요청을 보낸다.
- HTTPS: 이 타입으로 지정하면 모니터에서 expected_codes와 url_path, http_method 값을 이용해 풀 멤버로 HTTPS 요청을 보낸다.

헬스 모니터 삭제

헬스 모니터를 삭제하려면 다음과 같이 lb-healthmonitor-delete 커맨드를 실행한다.

Syntax: lb-healthmonitor-delete HEALTH_MONITOR

여기서 HEALTH_MONITOR는 삭제할 헬스 모니터의 ID를 가리킨다.

헬스 모니터를 풀과 연결

헬스 모니터를 풀에 연결시켜주려면 다음과 같이 lb-healthmonitor-associate 커맨드를 실행한다.

Syntax: lb-healthmonitor-associate HEALTH_MONITOR_ID POOL

여기서 POOL은 모니터에 연결된 풀의 ID를 가리킨다.

 하나의 풀에 여러 개의 헬스 모니터를 연결할 수 있다. 반대로 여러 개의 풀에서 한 개의 모니터를 활용하기도 한다.

풀에 연결된 헬스 모니터 해제

풀에 지정된 헬스 모니터를 제거하려면 다음과 같이 `lb-healthmonitor-disassociate` 커맨드를 실행한다.

Syntax: **`lb-healthmonitor-disassociate HEALTH_MONITOR_ID POOL`**

여기서 `POOL`은 모니터와 연결을 끊을 풀의 ID를 가리킨다.

헬스 모니터 목록 보기

헬스 모니터에 대한 목록을 보려면 다음과 같이 `lb-healthmonitor-list` 커맨드를 실행한다.

Syntax: **`lb-healthmonitor-list`**

그러면 모든 헬스 모니터에 대한 목록을 ID와 타입, admin 상태 등과 함께 보여준다.

헬스 모니터의 상세 정보 보기

헬스 모니터의 상세 정보를 보려면 다음과 같이 `lb-healthmonitor-show` 커맨드를 실행한다.

Syntax: **`lb-healthmonitor-show HEALTH_MONITOR`**

그러면 헬스 모니터에 대한 딜레이, 예상 코드, HTTP 메소드, ID, 최대 재연결 횟수, 풀, 테넌트 ID, 타임아웃, 타입, URL 경로 등에 대한 정보를 보여준다.

헬스 모니터의 속성 변경

헬스 모니터의 속성을 변경하려면 다음과 같이 `lb-healthmonitor-update` 커맨드를 실행한다.

Syntax: **lb-healthmonitor-update HEALTH_MONITOR**

속성 중에서 딜레이, 예상 코드, HTTP 메소드, 최대 재연결 횟수, 타임아웃, URL 경로 등을 수정할 수 있다.

CLI에서 가상 IP 관리

CLI에서 가상 IP를 관리하기 위한 커맨드로 다음과 같은 것이 있다.

- lb-vip-create
- lb-vip-delete
- lb-vip-list
- lb-vip-show
- lb-vip-update

가상 IP 생성

가상 IP를 생성하려면 다음과 같이 lb-vip-create 커맨드를 실행한다.

Syntax: **lb-vip-create [--tenant-id TENANT_ID]**
[--address ADDRESS] [--admin-state-down]
[--connection-limit CONNECTION_LIMIT]
[--description DESCRIPTION] --name NAME
--protocol-port PROTOCOL_PORT
--protocol {TCP,HTTP,HTTPS}
--subnet-id SUBNET
POOL

옵션으로 지정하는 --tenant-id 속성은 모니터를 특정한 테넌트에 할당한다.

--admin-state-down 속성을 지정해도, 로드 밸런서의 상태에 아무런 영향을 미치지 않는다.

옵션으로 지정하는 --address 속성은 모니터링할 IP 주소를 지정한다. 이렇게 지정한 주소의 뉴트론 포트가 생성된다.

옵션으로 지정하는 --connection-limit 속성은 가상 IP에 최대로 연결할 수 있는 개수를 지정할 수 있다. 이 값에 다다르면, 새로 들어온 클라이언트 트래픽에 대해서는 로드 밸런싱을 적용하지 않는다.

필수 옵션인 --name은 가상 IP의 이름을 지정한다.

필수 옵션인 --protocol-port는 로드 밸런싱을 적용할 애플리케이션의 리스닝 포트를 지정한다. 가령 HTTP 트래픽에 대해 로드 밸런싱을 적용할 경우, 80번 포트로 지정한다. SSL에 대해서는 443번을 주로 사용한다. 대부분의 경우, 가상 IP에 연결된 풀은 동일한 애플리케이션 포트를 사용하게 된다.

필수 옵션인 --protocol 속성은 로드 밸런싱을 적용할 트래픽의 타입을 지정한다. 이 값으로 TCP, HTTP, HTTPS 등을 지정할 수 있다. 이 값은 반드시 해당 풀의 프로토콜과 일치해야 한다.

필수 옵션인 --subnet-id 속성은 로드 밸런서에 대한 네트워크 설정을 지정한다. 로드 밸런서마다 자체적으로 네트워크 네임스페이스를 갖게 되며, 여기서 지정한 서브넷은 이 네임스페이스에서 IP 주소나 디폴트 라우트와 같은 네트워킹 관련 설정에 사용된다.

마지막으로 POOL은 가상 IP에 대해 로드 밸런싱을 적용할 풀을 가리킨다.

가상 IP 삭제

가상 IP를 삭제하려면 다음과 같이 lb-vip-delete 커맨드를 실행한다.

Syntax: `lb-vip-delete VIP`

여기서 VIP는 삭제할 가상 IP의 ID를 가리킨다.

가상 IP 목록 보기

가상 IP의 목록을 보려면 다음과 같이 lb-vip-list 커맨드를 실행한다.

Syntax: `lb-vip-list`

그러면 가상 IP의 목록과 함께 ID나 이름, 주소, 프로토콜, 상태 등의 세부 정보도 함께 표시한다.

가상 IP 세부 정보 보기

가상 IP의 세부 사항을 보려면 다음과 같이 lb-vip-show 커맨드를 실행한다.

Syntax: `lb-vip-show VIP`

여기서 VIP는 가상 IP의 ID를 가리키며, 주소와 최대 연결 수, 설명, ID, 이름, 풀 ID, 포트 ID, 프로토콜, 프로토콜 포트, 상태, 서브넷 ID, 테넌트 ID 등과 같은 세부 정보를 보여준다.

가상 IP 속성 변경

가상 IP의 속성을 변경하려면 다음과 같이 lb-vip-update 커맨드를 실행한다.

```
Syntax: lb-vip-update VIP [--connection-limit CONNECTION_LIMIT]
[--pool-id POOL] [--session-persistence type={HTTP_COOKIE,SOURCE_
IP,APP_COOKIE}]
```

세션 지속성(--session-persistence)에 대한 값은 CLI에 직접 나타나지 않지만, 대시보드에서는 볼 수 있다. 그러나 다음과 같이 CLI 커맨드에서 값은 변경할 수 있다.

SOURCE_IP나 HTTP_COOKIE를 설정하려면 다음과 같이 커맨드를 실행한다.

```
Syntax: lb-vip-update VIP --session-persistence type=dict type={HTTP_
COOKIE,SOURCE_IP}
```

APP_COOKIE를 설정하려면 애플리케이션에 대해 고유한 쿠키 이름을 지정해야 한다. 대표적인 예로, JSP 애플리케이션에 대해 JSESSIONID 쿠키를 주로 사용한다.

 type=dict 매핑을 지정해야 파이썬에서 키/값 쌍을 제대로 처리할 수 있다.

로드 밸런서 만들기

이 절에서는 특정한 요구 사항을 만족하는 로드 밸런서를 직접 만들어서 사용해보면서, 뉴트론의 로드 밸런서의 동작에 대해 살펴보기로 하자.

테넌트는 외부 프로바이더 네트워크와 내부 테넌트 네트워크에 라우터 한 개를 붙인 간단한 네트워크로 구성한다. 그리고 이 테넌트에서 웹 서버를 구동하는 두 인스턴스에 대해 HTTP 트래픽을 로드 밸런싱할 것이다. 각 인스턴스는 서버에 대한 고유 식별자를 담은 index.html 페이지를 제공하도록 설정한다.

예제를 위한 웹 서버를 설치하고 설정하는 과정을 생략하도록, 다음과 같이 인스턴스에서 SimpleHTTPServer라는 파이썬 모듈을 사용하여 웹 서버의 동작을 흉내낼 것이다.

```
ubuntu@web1:~$ echo "This is Web1" > ~/index.html
ubuntu@web1:~$ sudo python -m SimpleHTTPServer 80
Serving HTTP on 0.0.0.0 port 80 ...
```

두 번째 인스턴스에 대해서도 위와 같이 커맨드를 실행시킨다. 이번에는 Web1 대신 Web2를 index.html 파일에 집어 넣는다.

풀 생성

로드 밸런서를 만드는 첫 번째 단계로, 풀을 생성한다. lb-pool-create 커맨드에 다음과 같이 속성을 지정하여 풀을 생성한다.

- 이름: WEB_POOL
- 로드 밸런싱 방법: Round robin
- 프로토콜: HTTP
- 서브넷 ID: 〈풀 멤버의 서브넷 ID〉

커맨드를 실행한 결과는 다음과 같다.

```
[root@controller ~]# neutron lb-pool-create --description "The Web Pool" --lb-method ROUND_ROBIN \
> --name WEB_POOL --protocol HTTP --subnet-id 9e7f07bc-e194-4632-8558-4d81aa50ef16
Created a new pool:

+-----------------------+--------------------------------------+
| Field                 | Value                                |
+-----------------------+--------------------------------------+
| admin_state_up        | True                                 |
| description           | The Web Pool                         |
| health_monitors       |                                      |
| health_monitors_status|                                      |
| id                    | 393b994c-bb7c-4331-aedd-af1df196f133 |
| lb_method             | ROUND_ROBIN                          |
| members               |                                      |
| name                  | WEB_POOL                             |
| protocol              | HTTP                                 |
| provider              | haproxy                              |
| status                | PENDING_CREATE                       |
| status_description    |                                      |
| subnet_id             | 9e7f07bc-e194-4632-8558-4d81aa50ef16 |
| tenant_id             | b1e5de8d1cfc45d6a15d9c0cb442a8ab     |
| vip_id                |                                      |
+-----------------------+--------------------------------------+
```

 풀의 상태는 가상 IP에 연결될 때까지 PENDING_CREATE로 나타난다.

풀 멤버 생성

그다음 단계로 로드 밸런싱을 적용할 풀 멤버를 생성한다.

현재 설정에서는 다음과 같이 두 개의 인스턴스를 풀에서 사용할 수 있다.

```
[root@controller ~]# nova list
+--------------------------------------+------+--------+------------+-------------+-----------------------+
| ID                                   | Name | Status | Task State | Power State | Networks              |
+--------------------------------------+------+--------+------------+-------------+-----------------------+
| a2b5c8fe-e3a0-4cf1-93ee-86ad4fb0ff35 | Web1 | ACTIVE | -          | Running     | TENANT_NET1=10.30.0.2 |
| eac1f201-76ca-488f-aaa8-d5c50d57c8f4 | Web2 | ACTIVE | -          | Running     | TENANT_NET1=10.30.0.4 |
+--------------------------------------+------+--------+------------+-------------+-----------------------+
```

뉴트론의 `lb-member-create` 커맨드로 다음과 같은 속성을 가진 두 개의 풀 멤버를 생성한다.

- 멤버 1:
  - 이름: Web1
  - 주소: 10.30.0.2
  - 프로토콜 포트: 80
  - 풀: WEB_POOL
- 멤버 2:
  - 이름: Web2
  - 주소: 10.30.0.4
  - 프로토콜 포트: 80
  - 풀: WEB_POOL

첫 번째 풀 멤버를 생성하는 커맨드를 실행시키면 다음과 같이 결과가 나타난다.

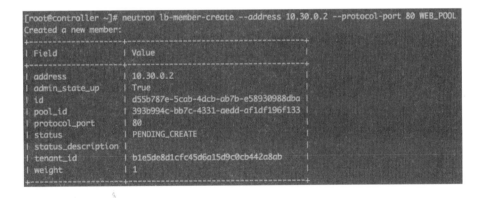

```
[root@controller ~]# neutron lb-member-create --address 10.30.0.2 --protocol-port 80 WEB_POOL
Created a new member:
+---------------------+--------------------------------------+
| Field               | Value                                |
+---------------------+--------------------------------------+
| address             | 10.30.0.2                            |
| admin_state_up      | True                                 |
| id                  | d55b787e-5cab-4dcb-ab7b-e58930988dba |
| pool_id             | 393b994c-bb7c-4331-aedd-af1df196f133 |
| protocol_port       | 80                                   |
| status              | PENDING_CREATE                       |
| status_description  |                                      |
| tenant_id           | b1e5de8d1cfc45d6a15d9c0cb442a8ab     |
| weight              | 1                                    |
+---------------------+--------------------------------------+
```

두 번째 풀 멤버를 생성하는 커맨드도 실행시켜보자.

이제 lb-member-list 커맨드로 생성된 두 개의 풀 멤버를 확인해보자. 여기서는 소속된 풀 정보는 보이지 않는다.

```
[root@controller ~]# neutron lb-member-list
+--------------------------------------+------------+---------------+----------------+----------------+
| id                                   | address    | protocol_port | admin_state_up | status         |
+--------------------------------------+------------+---------------+----------------+----------------+
| 728c2508-6b43-403d-a32e-03041a85b8ec | 10.30.0.4 |            80 | True           | PENDING_CREATE |
| d55b787e-5cab-4dcb-ab7b-e58930988dba | 10.30.0.2 |            80 | True           | PENDING_CREATE |
+--------------------------------------+------------+---------------+----------------+----------------+
```

다음과 같이 특정한 열이 보이게 커맨드를 실행시킬 수도 있다.

```
[root@controller ~]# neutron lb-member-list -c pool_id -c id -c address -c protocol_port
+--------------------------------------+--------------------------------------+------------+---------------+
| pool_id                              | id                                   | address    | protocol_port |
+--------------------------------------+--------------------------------------+------------+---------------+
| 393b994c-bb7c-4331-aedd-af1df196f133 | 728c2508-6b43-403d-a32e-03041a85b8ec | 10.30.0.4 |            80 |
| 393b994c-bb7c-4331-aedd-af1df196f133 | d55b787e-5cab-4dcb-ab7b-e58930988dba | 10.30.0.2 |            80 |
+--------------------------------------+--------------------------------------+------------+---------------+
```

헬스 모니터 생성

애플리케이션에서 클라이언트에 대해 고가용성을 제공하려면, 풀에 대한 헬스 모니터를 생성하는 것이 좋다. 모니터를 사용하지 않으면 로드 밸런서에서 가용하지 않은 멤버로 트래픽을 계속 보낼 수도 있다.

lb-healthmonitor-create 커맨드로 다음과 같이 속성을 가진 헬스 모니터를 생성한다.

- 딜레이: 5
- 최대 재연결 횟수: 3
- 타임아웃: 16(딜레이 × 최대 재연결 횟수) + 1)
- 타입: TCP

266

```
[root@controller ~]# neutron lb-healthmonitor-create --delay 5 --max-retries 3 --timeout 16 --type TCP
Created a new health_monitor:

| Field           | Value                                |
+-----------------+--------------------------------------+
| admin_state_up  | True                                 |
| delay           | 5                                    |
| id              | 28cfd185-5cdb-48b0-ba05-9bba9e0ad083 |
| max_retries     | 3                                    |
| pools           |                                      |
| tenant_id       | b1e5de8d1cfc45d6a15d9c0cb442a8ab     |
| timeout         | 16                                   |
| type            | TCP                                  |
+-----------------+--------------------------------------+
```

새로 생성한 헬스 모니터를 풀에 연결하도록 다음과 같이 `lb-healthmonitor-associate` 커맨드를 실행한다.

Syntax: `lb-healthmonitor-associate HEALTH_MONITOR_ID POOL`

커맨드를 실행한 결과는 다음과 같다.

```
[root@controller ~]# neutron lb-healthmonitor-associate 28cfd185-5cdb-48b0-ba05-9bba9e0ad083 WEB_POOL
Associated health monitor 28cfd185-5cdb-48b0-ba05-9bba9e0ad083
```

가상 IP 생성

마지막으로 리스너 역할을 하며, 풀 멤버로 트래픽을 분산시키는 가상 IP$_{VIP}$를 생성한다. `lb-vip-create` 커맨드에 다음과 같이 속성을 지정해 실행한다.

- 이름: WEB_VIP

- 프로토콜 포트: 80

- 프로토콜: HTTP

- 서브넷 ID: 〈풀의 서브넷 ID〉

- 풀: WEB_POOL

커맨드를 실행한 결과는 다음과 같다.

```
[root@controller ~]# neutron lb-vip-create --description "The Web VIP" --name WEB_VIP \
> --protocol-port 80 --protocol HTTP --subnet-id 9e7f07bc-e194-4632-8558-4d81aa50ef16 WEB_POOL
Created a new vip:
+--------------------+--------------------------------------+
| Field              | Value                                |
+--------------------+--------------------------------------+
| address            | 10.30.0.5                            |
| admin_state_up     | True                                 |
| connection_limit   | -1                                   |
| description        | The Web VIP                          |
| id                 | cfd104cc-398d-4da5-a12e-6e3031e2cc94 |
| name               | WEB_VIP                              |
| pool_id            | 393b994c-bb7c-4331-aedd-af1df196f133 |
| port_id            | 4cd532f5-3188-4e2b-a77b-4c83c4a7128b |
| protocol           | HTTP                                 |
| protocol_port      | 80                                   |
| status             | PENDING_CREATE                       |
| status_description |                                      |
| subnet_id          | 9e7f07bc-e194-4632-8558-4d81aa50ef16 |
| tenant_id          | b1e5de8d1cfc45d6a15d9c0cb442a8ab     |
+--------------------+--------------------------------------+
```

가상 IP가 생성된 후에는 VIP와 풀의 상태가 다음과 같이 ACTIVE로 변경된다.

```
[root@controller ~]# neutron lb-vip-list
+--------------------------------------+---------+-----------+----------+----------------+--------+
| id                                   | name    | address   | protocol | admin_state_up | status |
+--------------------------------------+---------+-----------+----------+----------------+--------+
| cfd104cc-398d-4da5-a12e-6e3031e2cc94 | WEB_VIP | 10.30.0.5 | HTTP     | True           | ACTIVE |
+--------------------------------------+---------+-----------+----------+----------------+--------+
[root@controller ~]# neutron lb-pool-list
+--------------------------------------+----------+----------+-------------+----------+----------------+--------+
| id                                   | name     | provider | lb_method   | protocol | admin_state_up | status |
+--------------------------------------+----------+----------+-------------+----------+----------------+--------+
| 393b994c-bb7c-4331-aedd-af1df196f133 | WEB_POOL | haproxy  | ROUND_ROBIN | HTTP     | True           | ACTIVE |
+--------------------------------------+----------+----------+-------------+----------+----------------+--------+
```

LBaaS 네트워크 네임스페이스

LBaaS 에이전트가 구동되는 호스트의 네트워크 네임스페이스에 대한 목록을
보면, 다음과 같이 로드 밸런서에 대한 네트워크 네임스페이스가 생성된 것을
볼 수 있다.

```
[root@controller ~]# ip netns
qrouter-0f720e65-13b9-45f3-b750-d8a3a1b18672
qdhcp-a9fa092a-a412-4097-bb04-7f08fa5eb8e3
qlbaas-393b994c-bb7c-4331-aedd-af1df196f133
qdhcp-f92e9357-5070-42e1-916a-32bc11fd4c76
```

네임스페이스에 대한 IP 설정 값을 보면, 가상 IP의 서브넷에 대한 탭 인터페이스를 볼 수 있다.

```
[root@controller ~]# ip netns exec qlbaas-393b994c-bb7c-4331-aedd-af1df196f133 ip a
22: lo: <LOOPBACK,UP,LOWER_UP> mtu 16436 qdisc noqueue state UNKNOWN
    link/loopback 00:00:00:00:00:00 brd 00:00:00:00:00:00
    inet 127.0.0.1/8 scope host lo
    inet6 ::1/128 scope host
       valid_lft forever preferred_lft forever
23: ns-4cd532f5-31: <BROADCAST,MULTICAST,UP,LOWER_UP> mtu 1500 qdisc pfifo_fast state UP qlen 1000
    link/ether fa:16:3e:92:92:72 brd ff:ff:ff:ff:ff:ff
    inet 10.30.0.5/24 brd 10.30.0.255 scope global ns-4cd532f5-31
    inet6 fe80::f816:3eff:fe92:9272/64 scope link
       valid_lft forever preferred_lft forever
```

뉴트론에서는 사용자가 생성한 로드 밸런서마다 haproxy 설정 파일을 생성한다. 로드 밸런서에 대한 설정 파일은 LBaaS 에이전트를 구동하는 호스트의 /var/lib/neutron/lbaas/ 디렉토리에서 볼 수 있다.

뉴트론에서 생성한 로드 밸런서의 설정 파일은 다음과 같다.

```
[root@controller ~]# cat /var/lib/neutron/lbaas/393b994c-bb7c-4331-aedd-af1df196f133/conf
global                                          로드 밸런서 ID
        daemon
        user nobody
        group nobody
        log /dev/log local0
        log /dev/log local1 notice
        stats socket /var/lib/neutron/lbaas/393b994c-bb7c-4331-aedd-af1df196f133/sock mode 0666 level user
defaults
        log global
        retries 3
        option redispatch
        timeout connect 5000
        timeout client 50000
        timeout server 50000
frontend cfd104cc-398d-4da5-a12e-6e3031e2cc94
        option tcplog
        bind 10.30.0.5:80   가상 IP
        mode http
        default_backend 393b994c-bb7c-4331-aedd-af1df196f133
        option forwardfor
backend 393b994c-bb7c-4331-aedd-af1df196f133
        mode http
        balance roundrobin
        option forwardfor
        timeout check 16s                       풀 멤버 IP
        server 728c2508-6b43-403d-a32e-03041a85b8ec 10.30.0.4:80 weight 1 check inter 5s fall 3
        server d55b787e-5cab-4dcb-ab7b-e58930988dba 10.30.0.2:80 weight 1 check inter 5s fall 3
```

로드 밸런서 동작 확인

다음과 같이 curl을 사용해 라우터 네임스페이스에서 포트 80으로 Web1과 Web2로 연결되는지 확인한다.

```
[root@controller ~]# ip netns exec qrouter-0f720e65-13b9-45f3-b750-d8a3a1b18672 curl http://10.30.0.2
This is Web1
[root@controller ~]# ip netns exec qrouter-0f720e65-13b9-45f3-b750-d8a3a1b18672 curl http://10.30.0.4
This is Web2
```

라우터 네임스페이스에서 가상 IP 10.30.0.5에 대해 여러 클라이언트에서 연결해보면 다음과 같이 라운드 로빈 방식으로 로드 밸런싱이 이루어지는 것을 볼 수 있다.

```
[root@controller ~]# ip netns exec qrouter-0f720e65-13b9-45f3-b750-d8a3a1b18672 curl http://10.30.0.5
This is Web1
[root@controller ~]# ip netns exec qrouter-0f720e65-13b9-45f3-b750-d8a3a1b18672 curl http://10.30.0.5
This is Web2
[root@controller ~]# ip netns exec qrouter-0f720e65-13b9-45f3-b750-d8a3a1b18672 curl http://10.30.0.5
This is Web1
[root@controller ~]# ip netns exec qrouter-0f720e65-13b9-45f3-b750-d8a3a1b18672 curl http://10.30.0.5
This is Web2
```

라운드 로빈 방식에서는 모든 연결이 두 개의 풀 멤버에 고르게 분배된다.

헬스 모니터 동작 살펴보기

Web1에서 패킷을 캡처해보면, 로드 밸런서에서 5초마다 TCP에 대한 상태 검사를 수행하고 있는 것을 볼 수 있다.

```
root@web1:~# tcpdump -i any port 80 -n
tcpdump: verbose output suppressed, use -v or -vv for full protocol decode
listening on any, link-type LINUX_SLL (Linux cooked), capture size 65535 bytes

01:36:20.547583 IP 10.30.0.5.49533 > 10.30.0.2.80: Flags [S], seq 3636217985, win 14600,
01:36:20.547613 IP 10.30.0.2.80 > 10.30.0.5.49533: Flags [S.], seq 3716667043, ack 36362
01:36:20.547854 IP 10.30.0.5.49533 > 10.30.0.2.80: Flags [R.], seq 1, ack 1, win 115, op

01:36:25.549560 IP 10.30.0.5.49535 > 10.30.0.2.80: Flags [S], seq 1691059124, win 14600,
01:36:25.549586 IP 10.30.0.2.80 > 10.30.0.5.49535: Flags [S.], seq 1448956896, ack 16910
01:36:25.549816 IP 10.30.0.5.49535 > 10.30.0.2.80: Flags [R.], seq 1, ack 1, win 115, op

01:36:30.551589 IP 10.30.0.5.49537 > 10.30.0.2.80: Flags [S], seq 3689515567, win 14600,
01:36:30.551613 IP 10.30.0.2.80 > 10.30.0.5.49537: Flags [S.], seq 2737257391, ack 36895
01:36:30.551847 IP 10.30.0.5.49537 > 10.30.0.2.80: Flags [R.], seq 1, ack 1, win 115, op
```

위 화면을 보면, 로드 밸런서에서 5초마다 TCP SYN 패킷을 보내면, 풀 멤버로부터 SYN ACK를 받는 즉시 RST를 보내는 것을 볼 수 있다.

모니터에서 풀 멤버를 로드 밸런싱 대상에서 제외하는 과정을 살펴볼 수 있게, Web1의 웹 서비스를 잠시 멈추고, 캡처한 패킷과 로그를 살펴보자.

```
01:39:00.604726 IP 10.30.0.5.49604 > 10.30.0.2.80: Flags [S], seq 246239507, win 14600, op
01:39:00.604741 IP 10.30.0.2.80 > 10.30.0.5.49604: Flags [R.], seq 0, ack 246239508, win 0

01:39:05.606646 IP 10.30.0.5.49606 > 10.30.0.2.80: Flags [S], seq 1018504608, win 14600, o
01:39:05.606672 IP 10.30.0.2.80 > 10.30.0.5.49606: Flags [R.], seq 0, ack 1018504609, win

01:39:10.608178 IP 10.30.0.5.49608 > 10.30.0.2.80: Flags [S], seq 4134644631, win 14600, o
01:39:10.608193 IP 10.30.0.2.80 > 10.30.0.5.49608: Flags [R.], seq 0, ack 4134644632, win
```

앞에 나온 결과를 보면 웹 서비스가 멈추고, 80번 포트에 대한 연결이 거부되었다. 세 번째 연결 시도에서 실패하면 로드 밸런서에서 풀 멤버를 DOWN으로 표시한다.

```
Aug 18 21:39:10 controller haproxy[9106]: Server 393b994c-bb7c-4331-aedd-af1df196f133/d55b787e-5cab-4dcb-ab7b-e58930988dba
is DOWN, reason: Layer4 connection problem, info: "Connection refused", check duration: 0ms. 1 active and 0 backup servers
left. 0 sessions active, 0 requeued, 0 remaining in queue.
```

계속해서 VIP로 연결해보면 다음과 같이 Web2로 전달되는 것을 볼 수 있다.

```
[root@controller ~]# ip netns exec qrouter-0f720e65-13b9-45f3-b750-d8a3a1b18672 curl http://10.30.0.5
This is Web2
[root@controller ~]# ip netns exec qrouter-0f720e65-13b9-45f3-b750-d8a3a1b18672 curl http://10.30.0.5
This is Web2
[root@controller ~]# ip netns exec qrouter-0f720e65-13b9-45f3-b750-d8a3a1b18672 curl http://10.30.0.5
This is Web2
```

Web1에서 웹 서비스를 재구동하면, 로드 밸런서에서 이 서버를 다시 풀에 넣고, 다음 번 상태 검사를 할 때 다음과 같이 정상적인 상태로 표시되는 것을 볼 수 있다.

```
Aug 18 21:44:35 controller haproxy[9106]: Server 393b994c-bb7c-4331-aedd-af1df196f133/d55b787e-5cab-4dcb-ab7b-e58930988dba
is UP, reason: Layer4 check passed, check duration: 0ms. 2 active and 0 backup servers online. 0 sessions requeued, 0 total
in queue.
```

외부에서 가상 IP 접속

가상 IP를 외부에서 접속하려면 VIP에 대한 뉴트론 포트에 유동 IP를 할당해야 한다. 가상 IP는 라우터의 서브넷 안에서만 존재하기 때문에, 직접 접속할 수 없다.

다음과 같이 floatingip-create 커맨드를 실행해 가상 IP에서 사용할 유동 IP를 지정한다.

외부 머신에서 앞서 지정한 유동 IP로 접속해 외부에서 로드 밸런서와 풀 멤버에 제대로 연결되는지 확인해보자.

```
jamess-mbp:~ jdenton$ curl http://10.50.0.102
This is Web1
jamess-mbp:~ jdenton$ curl http://10.50.0.102
This is Web2
jamess-mbp:~ jdenton$ curl http://10.50.0.102
This is Web1
jamess-mbp:~ jdenton$ curl http://10.50.0.102
This is Web2
```

대시보드에서 로드 밸런서 관리

호라이즌 대시보드의 Project 패널의 왼쪽에 있는 Load Balancers 항목을 클릭한
화면에서 로드 밸런서를 관리할 수 있다.

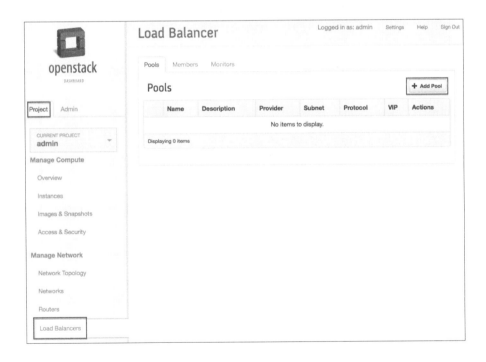

Load Balancers 화면에서 Pools와 Members, Monitors 탭을 통해 풀과 풀 멤버, 모
니터를 관리할 수 있다.

대시보드에서 풀 생성

대시보드에서 풀을 생성하는 과정은 다음과 같다.

1. Pools 탭에 있는 Add Pool 버튼을 클릭하면 다음과 같은 창이 하나 뜬다.

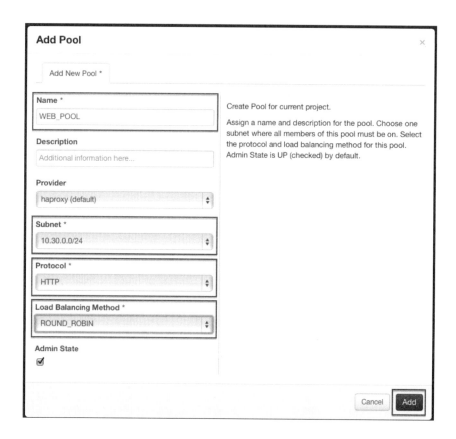

2. 이렇게 뜬 Add Pool 창에서 풀의 이름과 서브넷, 프로토콜, 로드 밸런싱 알고리즘을 적절히 지정한다.

3. 그런 다음 하단의 파란색 Add 버튼을 클릭하면 풀이 생성되고, Pools 탭에 다음과 같이 생성된 풀이 표시된다.

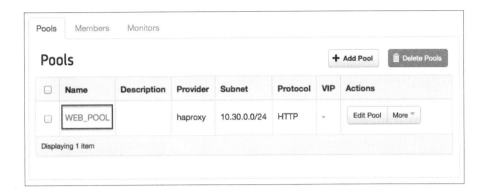

대시보드에서 풀 멤버 생성

대시보드에서 풀 멤버를 생성하는 과정은 다음과 같다.

1. Members 탭에서 Add Member 버튼을 클릭한다. 그러면 다음과 같은 창이 하나 뜬다.

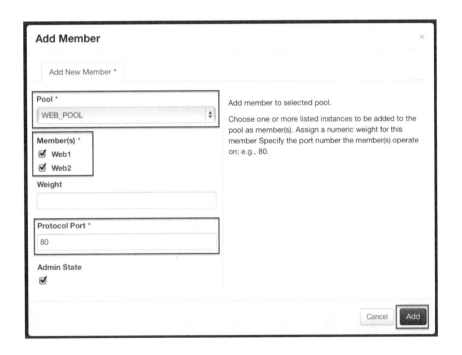

2. 이렇게 뜬 Add Member 창에서 풀에 여러 개의 멤버를 추가할 수 있다. 또한 각 멤버에 대해 가중치와 프로토콜 포트도 설정할 수 있다.

3. 마지막으로 하단의 파란색 Add 버튼을 클릭하면 풀 멤버가 생성된다.

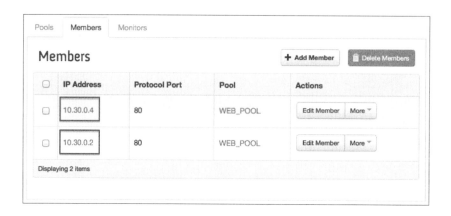

4. 풀 멤버에 대한 속성을 수정하려면 Actions 열에 있는 Edit Member 버튼을 클릭한다.

5. Edit Member 창에서 멤버를 다른 풀에 할당하거나, 가중치를 변경하거나, 멤버를 DOWN 상태로 변경할 수도 있다. 적절히 변경한 뒤에 파란색 Save Changes 버튼을 클릭한다.

대시보드에서 헬스 모니터 생성

대시보드에서 헬스 모니터를 생성하는 과정은 다음과 같다.

1. Load Balancers 창의 Monitors 탭에 있는 Add Monitor를 클릭한다. 그러면 다음과 같은 창이 하나 뜬다.

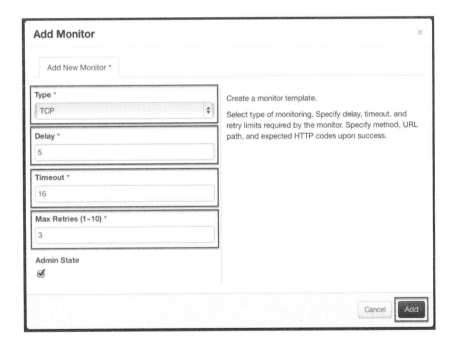

2. 이렇게 뜬 Add Monitor 창에서 생성할 모니터의 타입을 선택하고, 딜레이와 타임아웃, 최대 재연결 시도 횟수 등을 지정한다. 그런 다음 파란색 Add 버튼을 클릭하면 모니터가 추가된다.

3. 모니터를 풀에 연결시키려면 Load Balancers 창의 Pools 탭에 나온 풀 목록
에서 원하는 풀의 Actions 열에 있는 More 버튼을 클릭하고, 여기서 Add a
Health Monitor를 선택한다.

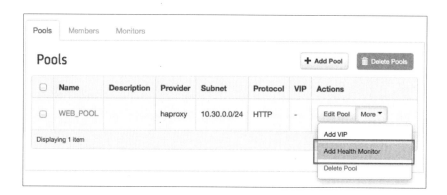

4. 메뉴에서 원하는 모니터를 선택한 다음, 하단의 파란색 Add 버튼을 클릭
해 이 모니터를 풀에 연결시킨다.

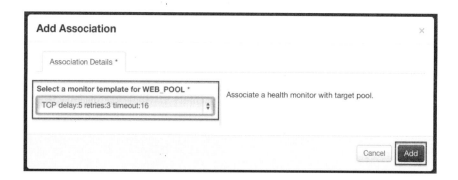

대시보드에서 가상 IP 생성

대시보드에서 가상 IP를 생성하는 과정은 다음과 같다.

1. Load Balancers 창의 Pools 탭에 나온 풀 목록에서 원하는 풀의 Actions 열에 있는 More 버튼을 클릭하고, 여기서 Add VIP를 선택한다.

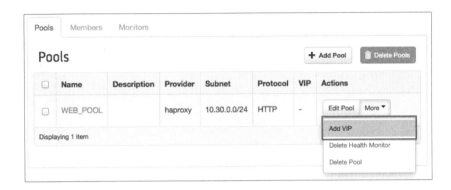

그러면 다음과 같은 창이 뜬다.

2. Add VIP 창에서 VIP의 이름과 IP 주소, 프로토콜과 리스너 포트, 세션 지속성 타입, 연결 제한 횟수 등을 설정한다. 세션 지속성에 대해서는 앞에서 설명한 바 있다.

3. 설정이 끝나면 하단의 파란색 Add 버튼을 클릭해 VIP를 풀에 연결시켜 준다.

 대시보드에서 가상 IP를 설정할 때는 IP 주소를 자동으로 할당하게 할 수 없다는 단점이 있다. 풀에 대한 서브넷에서 사용 가능한 IP 주소를 직접 지정하지 않으면, VIP가 제대로 생성되지 않는다.

외부에서 가상 IP에 연결

하바나와 아이스하우스에서는 Add VIP 창에서 가상 IP에 유동 IP를 할당하는 기능을 지원하지 않는다. 따라서 다음과 같은 방법에 따라 설정해야 한다.

1. 인스턴스 목록에서 다음과 같이 Associate Floating IP 메뉴를 선택한다.

그러면 다음과 같은 창이 하나 뜬다.

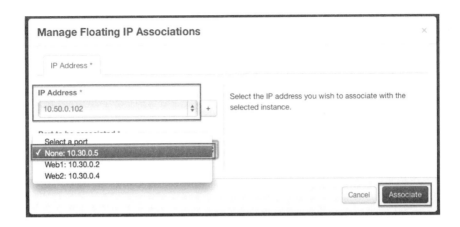

2. 이렇게 뜬 Manage Floating IP Associations 창에서 IP Address 메뉴에 있는 유동 IP를 선택한 다음, Port To Be Associated 메뉴에서 가상 IP에서 사용할 주소를 선택한다. 하단의 파란색 Associate 버튼을 클릭하면 가상 IP에 대한 유동 IP가 설정된다.

정리

로드 밸런싱 서비스를 사용하면 테넌트에서 뉴트론 API를 통해 애플리케이션의 처리 능력을 확장할 수 있다. 사용자는 여러 개의 애플리케이션 서버를 풀로 구성하여 트래픽을 분산시킬 수 있을 뿐만 아니라, 지능적인 헬스 모니터를 활용해 애플리케이션에 대한 고가용성을 제공할 수 있다.

LBaaS를 CLI로 설정할 때와 대시보드로 설정할 때 느끼는 사용자 경험은 서로 상당히 다르다. 아이스하우스 버전에서도 크게 달라지지 않았다. LBaaS와 관련한 가장 큰 한계는 동일한 IP 주소에 대해 다른 L4 포트를 사용하는 여러 개의 가상 버서를 생성할 수 없다는 점이다. 이로 인해 동일한 풀에 있는 서버로 SSL과 SSL이 아닌 트래픽을 보낼 수 없다. 하바나 버전과 아이스하우스 버전에서는 SSL 오프로딩offloading과 L7 로드 밸런싱 등의 고급 기능을 사용할 수 없다. 주노 버전부터 이러한 기능과 성능의 한계를 극복하도록 커뮤니티에서 열심히 노력하고 있다.

8장에서는 오픈스택 클라우드에서 인스턴스에 대한 보안을 제공하는 두 가지 방법인 뉴트론 시큐리티 그룹과 방화벽 서비스에 대해 살펴볼 것이다.

8

네트워크에 연결된 인스턴스 보호

뉴트론에서는 인스턴스에 대한 네트워크 차원의 보안을 제공하기 위한 두 가지 방법을 제공한다. 하나는 iptables 룰을 이용해 인스턴스를 호스팅하는 컴퓨트 노드의 트래픽을 필터링하는 시큐리티 그룹security group이고, 다른 하나는 뉴트론 라우터에서 네트워크 경계 지점을 필터링하는 방화벽 서비스FWaaS, Firewall-as-a-Service가 있다. FWaaS는 뉴트론의 시큐리티 그룹을 대체하기 위한 것이 아니라, 이를 보완하도록 하바나 버전부터 도입됐다.

이 장에서는 뉴트론에서 제공하는 보안 기능에 대해 다음과 같은 주제로 살펴볼 것이다.

- 시큐리티 그룹 관리하기
- 시큐리티 그룹에서 iptables를 활용하는 방법 살펴보기
- 뉴트론 방화벽 관리하기
- 뉴트론 방화벽에서 iptables를 활용하는 방법 살펴보기

오픈스택에서 제공하는 시큐리티 그룹

뉴트론이 등장하기 전에는, 노바(컴퓨트) 서비스에서 시큐리티 그룹을 통해 인스턴스로 들어오거나 나가는 트래픽의 보안을 담당했다. 시큐리티 그룹security group은 인스턴스에 들어오거나 나갈 수 있는 트래픽의 종류를 제한하기 위한 네트워크 접근 룰을 모은 것이다. 뉴트론에서는 시큐리티 그룹의 룰을 생성하거나 수정하거나 삭제하는 API를 제공한다.

뉴트론에서 포트를 생성할 때, 별도로 시큐리티 그룹을 지정하지 않으면 디폴트 시큐리티 그룹이 적용된다. 디폴트 시큐리티 그룹에서는 인스턴스로 들어오는 트래픽은 모두 무시drop하고, 인스턴스에서 나가는 트래픽은 모두 허용ACCEPT한다. 또한 인스턴스에 대한 IP나 DHCP, MAC 주소 스푸핑spoofing을 막기 위한 표준 룰도 정의되어 있다. 디폴트 시큐리티 그룹의 동작을 변경하도록 몇 가지 룰을 추가할 수도 있다. 뉴트론 포트에 시큐리티 그룹을 적용했다면, 뉴트론에서는 이를 iptables 룰로 변환해 해당 인스턴스가 위치한 컴퓨트 노드에 적용한다.

방화벽 서비스

FWaaS는 뉴트론의 확장 기능 중 하나로, 사용자가 네트워크에 방화벽을 적용할 수 있는 기능을 제공한다. FWaaS 확장 기능을 통해 다음과 같은 것들을 할 수 있다.

- 뉴트론 라우터에 연결된 테넌트 네트워크로 들어오거나 나가는 트래픽에 대해 방화벽 룰을 적용한다.
- 방화벽 정책을 순서가 정해진 일련의 방화벽 정책 형태로 생성하고 공유한다.
- 방화벽 룰과 정책을 감시audit한다.

FWaaS 확장 기능에서는 다음과 같은 네트워크 리소스를 사용한다.

- 방화벽Firewall: 테넌트에서 생성하고 관리할 수 있는 논리적인 방화벽 리소스로서, 방화벽마다 한 개의 방화벽 정책이 적용된다.
- 방화벽 정책Firewall policy: 테넌트끼리 공유할 수 있는, 순서가 정해진 일련의 방화벽 룰이다.
- 방화벽 룰Firewall rule: L4 포트나 IP 주소 등에 대한 속성의 모음으로서, 매칭 기준을 정의하고, 이 기준에 매칭된 트래픽에 대해 수행할 동작을 정의한다.

시큐리티 그룹 룰과 마찬가지로, 뉴트론의 방화벽에서도 트래픽을 필터링하기 위해 iptables를 활용한다. 다만 시큐리티 룰과 달리 모든 컴퓨트 노드마다 설정하지 않고, 뉴트론 라우터 네임스페이스에 있는 iptables를 통해 방화벽 룰을 적용한다. 향후에는 서드 파티 드라이버와 플러그인을 통해 뉴트론에서 다른 하드웨어 또는 소프트웨어 방화벽과 동작할 수 있는 기능도 추가될 것이다.

iptables 소개

시큐리티 그룹과 방화벽 모두 트래픽을 필터링하기 위해 iptables 룰을 활용한다. iptables는 리눅스에 내장된 방화벽으로서, 시스템 관리자가 네트워크 패킷을 처리하는 시스템 관리자는 네트워크 패킷을 처리하는 방식을 지정하는 룰을 체인으로 구성하여 테이블 형태로 작성한다. 따라서 들어온 패킷에 대해 다음과 같은 테이블에 있는 체인에 나온 룰을 순서대로 따라가면서 패킷에 적용한다.

- Raw: 다른 테이블보다 먼저 적용되는 디폴트 테이블이다. 주로 connection 트래킹에 제외될 부분을 설정할 때 사용되며, 시큐리티 그룹이나 FWaaS에서는 사용하지 않는다.

- Filter: 패킷을 필터링할 때 사용되는 디폴트 테이블이다.

- NAT: 네트워크 주소 변환NAT에 사용되는 디폴트 테이블이다.

- Mangle: 특수한 패킷 변경에 사용되는 디폴트 테이블로서, 시큐리티 그룹이나 FWaaS에서는 사용하지 않는다.

체인에 있는 룰은 다른 체인으로 이동시키게 할 수 있으며, 필요하다면 이런 동작을 어느 정도까지 반복할 수 있다. iptables가 활성화되면 해당 노드로 들어오거나 나가는 모든 패킷이 최소한 하나의 체인에 적용된다.

디폴트로 제공되는 체인으로 다음과 같이 다섯 가지가 있다. 패킷이 어디서 오는지에 따라 적용할 체인이 결정된다.

- PREROUTING: 패킷에 대한 라우팅 결정을 내리기 전에 이 체인이 적용된다. 시큐리티 그룹에서는 이 체인을 사용하지 않고, 라우터 네임스페이스에서 유동 IP를 처리할 때 사용된다. PREROUTING 체인은 raw, mangle, NAT 테이블에서 사용한다.

- INPUT: 패킷이 로컬(호스트 머신)에 전달될 때 적용되며, mangle과 filter 테이블에서 사용한다.

- FORWARD: 라우팅 경로는 결정됐지만 로컬에 전달되지 않는 패킷에 이 체인이 적용된다. mangle과 filter 테이블에서 사용한다.

- OUTPUT: 호스트 머신에서 보낸 패킷이 이 체인에 적용된다. raw, mangle, NAT, filter 테이블에서 사용한다.

- POSTROUTING: 라우팅 결정이 끝난 패킷이 이 체인에 들어온다. 시큐리티 그룹 룰에서는 사용하지 않지만, 라우터 네임스페이스에서 유동 IP를 처리할 때 사용한다. 이 체인은 mangle과 NAT 테이블에서 사용한다.

체인에 있는 룰은 패킷에 대한 매칭 기준을 담고 있다. 경우에 따라 타깃(다른 체인)도 지정되어 있을 수도 있고, DROP이나 ACCEPT와 같은 판단도 할 수 있다.

패킷이 체인에 들어오면, 여기에 속한 모든 룰을 하나씩 탐색한다. 패킷이 첫 번째 룰에 매칭되지 않으면 다음 룰로 넘어간다. 이런 식으로 진행하다가 매칭되는 룰을 발견하면, 그 룰에서 정의한 동작을 수행한다. 이때 수행할 수 있는 동작으로 다음과 같은 것들이 있다.

- ACCEPT: 해당 패킷을 허용하고, 애플리케이션으로 전달한다.
- DROP: 별다른 동작 없이 패킷을 무시한다.
- REJECT: 패킷을 무시하면서 패킷을 보낸 쪽으로 에러 메시지를 보낸다.
- LOG: 패킷에 대한 세부 사항을 로그에 남긴다.
- DNAT: 패킷의 목적지 IP를 수정한다.
- SNAT: 패킷의 출발지 IP를 수정한다.
- RETURN: 체인을 호출한 곳으로 리턴한다.

ACCETP와 DROP, REJECT와 같은 결정은 필터 테이블에서 내린다. 다음과 같은 매칭 기준이 주로 사용된다.

- -p <protocol>: TCP, UDP, ICMP 등과 같은 프로토콜에 매칭한다.
- -s <ip_addr>: 출발지 IP 주소에 매칭한다.
- -d <ip_addr>: 목적지 IP 주소에 매칭한다.
- --sport: 출발지 포트에 매칭한다.
- --dport: 목적지 포트에 매칭한다.
- -i <interface>: 패킷이 들어오는 인터페이스에 매칭한다.
- -o <interface>: 패킷이 나가는 인터페이스에 매칭한다.

시큐리티 그룹과 FWaaS에서 iptables 룰을 다룰 때의 차이점에 대해서는 나중에 자세히 설명한다.

iptables에 대한 자세한 사항은 다음과 같은 자료를 참고하기 바란다.

- https://access.redhat.com/documentation/en-US/Red_Hat_Enterprise_Linux/6/html/Security_Guide/sect-Security_Guide-IPTables.html

- http://rlworkman.net/howtos/iptables/iptables-tutorial.html

시큐리티 그룹 다루기

시큐리티 그룹 설정은 CLI뿐만 아니라 호라이즌 대시보드에서도 관리할 수 있다. 둘 다 충분한 기능을 제공하며, 이번 절에서 하나씩 살펴보자.

CLI에서 시큐리티 그룹 관리

뉴트론 CLI에서는 시큐리티 그룹을 관리하기 위한 용도로 다음과 같은 커맨드를 제공한다.

- `security-group-create`

- `security-group-delete`

- `security-group-list`

- `security-group-rule-create`

- `security-group-rule-delete`

- `security-group-rule-list`

- `security-group-rule-show`

- `security-group-show`

- `security-group-update`

CLI에서 시큐리티 그룹 생성

CLI 시큐리티 그룹을 생성하려면 다음과 같이 security-group-create 커맨드를 실행한다.

Syntax: security-group-create [--tenant-id TENANT_ID]
[--description DESCRIPTION] NAME

 디폴트 설정에 의하면, 뉴트론에서 시큐리티 그룹은 IPv4나 IPv6를 통해 밖으로 나가는 모든 아웃바운드(outbound) 트래픽에 적용되는 두 가지 룰을 기본으로 적용한다. 디폴트 설정에서는 모든 인바운드(inbound) 트래픽은 허용하지 않고 있다.

CLI에서 시큐리티 그룹 삭제

CLI에서 시큐리티 그룹을 삭제하려면 다음과 같이 security-group-delete 커맨드를 실행한다.

Syntax: security-group-delete SECURITY_GROUP

여기서 SECURITY_GROUP은 삭제할 시큐리티 그룹의 ID를 가리킨다.

 모든 포트에서 시큐리티 그룹부터 먼저 제거한 다음 시큐리티 그룹을 삭제한다.

CLI에서 시큐리티 그룹 목록 보기

CLI에서 시큐리티 그룹의 목록을 보려면 다음과 같이 security-group-list 커맨드를 실행한다.

Syntax: security-group-list

그러면 커맨드를 실행한 테넌트에 속한 모든 시큐리티 그룹의 리스트가 ID와 이름, 설명 등과 함께 표시된다. 관리자 권한으로 이 커맨드를 실행시키면, 모든 테넌트에 대한 시큐리티 그룹 정보가 표시된다.

CLI에서 시큐리티 그룹의 상세 정보 보기

시큐리티 그룹에 대한 상세 정보를 보려면 다음과 같이 `security-group-show` 커맨드를 실행한다.

Syntax: `security-group-show SECURITY_GROUP`

여기서 `SECURITY_GROUP`은 상세 정보를 표시할 시큐리티 그룹의 ID나 이름을 가리킨다. 이 커맨드를 실행시키면 시큐리티 그룹에 대한 설명과 ID, 이름, 시큐리티 그룹이 속한 테넌트 ID, 시큐리티 그룹에 정의된 룰들이 표시된다.

CLI에서 시큐리티 그룹의 룰 속성 수정

시큐리티 그룹의 속성을 수정하려면 다음과 같이 `security-group-update` 커맨드를 실행한다.

Syntax: `security-group-update [--description DESCRIPTION]`
`[--name NAME]`

 뉴트론에서 지정한 디폴트 시큐리티 그룹의 이름은 변경할 수 없다.

CLI에서 시큐리티 그룹 룰 생성

시큐리티 그룹 룰을 생성하려면 다음과 같이 `security-group-rule-create` 커맨드를 실행한다.

```
Syntax: security-group-rule-create [--tenant-id TENANT_ID][--direction {ingress,egress}]
[--ethertype ETHERTYPE][--protocol PROTOCOL][--port-range-min PORT_RANGE_MIN]
[--port-range-max PORT_RANGE_MAX][--remote-ip-prefix REMOTE_IP_PREFIX]
[--remote-group-id REMOTE_GROUP] SECURITY_GROUP
```

필수 옵션은 아니지만 `--direction` 플래그를 지정하면 영향을 받을 트래픽의 방향을 지정할 수 있다. 가령 이 값을 `ingress`로 지정하면 들어오는 트래픽에 대해 룰을 적용하고, egress로 지정하면 인스턴스에서 나가는 트래픽에 대해 룰을 적용한다. 디폴트 값은 ingress로 지정된다.

필수 옵션은 아니지만 --ethertype 플래그를 지정하면 룰을 적용할 IP 버전(IPv4 또는 IPv6)을 지정할 수 있다. 디폴트 값은 IPv4다.

필수 옵션은 아니지만 --protocol 플래그를 지정하면 룰을 적용할 트래픽의 종류를 지정할 수 있다. 이 값으로 지정할 수 있는 것으로는 ICMP, TCP, UDP, IP 버전 등이 있다.

필수 옵션은 아니지만 --port-range-min 플래그를 지정하면 포트 범위의 시작 포트를 지정할 수 있다. 이 값을 지정하려면, 프로토콜도 반드시 지정해줘야 한다.

필수 옵션은 아니지만 --port-range-max 플래그를 지정하면 포트 범위의 끝 포트를 지정할 수 있다. 이 값을 지정하려면 프로토콜도 반드시 지정해야 한다.

필수 옵션은 아니지만 --remote-ip-prefix 플래그를 지정하면 룰을 적용할 출발지 주소나 네트워크를 지정할 수 있다. 이때 주소나 네트워크는 반드시 CIDR 포맷으로 표현해야 한다.

필수 옵션은 아니지만 --remote-ip-id 플래그를 지정하면 룰을 적용할 IP 주소나 네트워크가 아닌 시큐리티 그룹의 ID를 지정할 수 있다. 가령 데이터베이스 서버로 들어오는 인바운드 SQL 트래픽을 허용하는 룰을 만들 때, 일일이 IP 주소를 지정하지 않고, 이를 적용할 애플리케이션 서버가 속한 시큐리티 그룹의 ID를 지정할 수 있다.

여기서 SECURITY_GROUP은 생성할 룰이 속할 시큐리티 그룹의 ID를 가리킨다.

CLI에서 시큐리티 그룹 룰 삭제

시큐리티 그룹 룰을 삭제하려면 다음과 같이 security-group-rule-delete 커맨드를 실행한다.

Syntax: security-group-rule-delete SECURITY_GROUP_RULE_ID

 디폴트 시큐리티 그룹에 있는 룰은 삭제할 수 있지만, 그룹 자체를 삭제할 수는 없다.

CLI에서 시큐리티 그룹 룰 보기

시큐리티 그룹에 담긴 룰을 보려면 다음과 같이 security-group-rule-list 커맨드를 실행한다.

Syntax: security-group-rule-list

그러면 시큐리티 그룹에 담긴 룰을, ID, 이 룰이 속한 시큐리티 그룹, 룰을 적용할 트래픽 방향, 프로토콜, 원격 IP 접두어, 원격 그룹 이름 등의 세부 사항과 함께 보여준다.

CLI에서 시큐리티 그룹 룰에 대한 세부 사항 보기

특정한 시큐리티 그룹 룰에 대한 세부 사항을 보려면 다음과 같이 security-group-rule-show 커맨드를 실행한다.

Syntax: security-group-rule-show SECURITY_GROUP_RULE_ID

그러면 지정한 시큐리티 그룹 룰의 ID, 이 룰이 적용될 트래픽의 방향, IP 버전, 포트 범위, 프로토콜, 원격 그룹 IP, 원격 IP 접두어, 테넌트 ID, 시큐리티 그룹 ID 등의 속성이 표시된다.

CLI에서 인스턴스에 시큐리티 그룹 적용

CLI를 통해 인스턴스에 시큐리티 그룹을 적용하는 방법으로, 다음 두 가지가 있다. 하나는 인스턴스를 생성할 때 시큐리티 그룹을 명시하는 것이다.

```
# nova boot --flavor <flavor_id> --image <image_id> --nic net-id=<network_id> --security-group <SECURITY_GROUP_ID> INSTANCE_NAME
```

또 다른 방법으로 인스턴스에 연결된 뉴트론 포트의 시큐리티 그룹 속성 값을 변경할 수도 있다.

```
#(neutron) port-update <neutron_port_id> --security-group <SECURITY_GROUP_ID>
```

 port-update 커맨드로 포트에 시큐리티 그룹을 지정하면, 기존 시큐리티 그룹 정보를 덮어 쓰게 된다.

하나의 뉴트론 포트에 동시에 여러 개의 시큐리티 그룹을 적용할 수도 있다. 포트에 여러 개의 시큐리티 그룹을 지정하려면 다음과 같이 --security-group 플래그를 지정한다.

```
#(neutron) port-update <neutron_port_id> --security-group <SECURITY_GROUP_ID1> --security-group <SECURITY_GROUP_ID2>
```

포트에 지정된 시큐리티 그룹을 모두 삭제하려면 다음과 같이 --no-security-group 플래그를 지정한다.

```
#(neutron) port-update <neutron_port_id> --no-security-group
```

 하바나 버전에서는 port-update 커맨드로 포트에서 시큐리티 그룹을 하나씩 제거할 수 없다. 포트에 할당된 시큐리티 그룹을 모두 제거한 다음, 남겨둘 그룹을 다시 추가해야 한다.

시큐리티 그룹 룰 구현

컴퓨트 노드에 시큐리티 그룹 룰을 적용하는 과정은 다음과 같이 WEB_SERVERS 라는 시큐리티 그룹을 예를 들어 살펴보자.

다음 화면을 보면, 모든 호스트의 80포트와 443포트로 들어오는 인바운드 트래픽을 허용하는 두 개의 시큐리티 그룹 룰이 추가되었다.

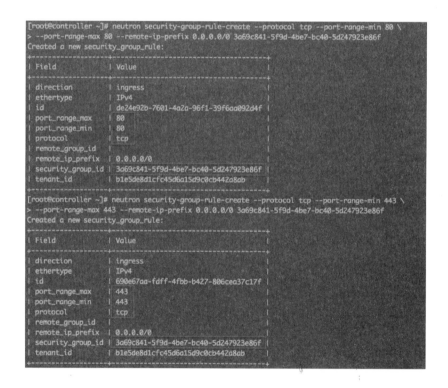

port-update 커맨드로 WEB_SERVERS 시큐리티 그룹에 Web1 인스턴스의 뉴트론 포트를 다음과 같이 추가했다.

```
[root@controller ~]# neutron port-update c2a46367-100c-4d87-b2a5-e1ad7aa12324 \
> --security-group WEB_SERVERS
Updated port: c2a46367-100c-4d87-b2a5-e1ad7aa12324
```

이렇게 하는 대신, 다음과 같이 노바 클라이언트에서 현재 구동 중인 인스턴스에 시큐리티 그룹을 설정할 수도 있다.

 # nova add-secgroup <server> <securitygroup>

 nova.conf에서 security_group_api가 neutron으로 설정되어 있다면, 노바 클라이언트는 뉴트론에 대해 시큐리티 그룹 커맨드의 프록시 역할을 한다.

인스턴스의 뉴트론 포트에 시큐리티 그룹을 적용하면, 인스턴스를 호스팅하는 컴퓨트 노드에 추가한 시큐리티 그룹의 iptables 룰과 체인이 생성된다.

체인 살펴보기

compute01에서 iptables-save 커맨드를 실행하면 iptables 룰을 볼 수 있다.

[root@compute01 ~]# iptables-save

쉽게 볼 수 있도록 filter 테이블만 살펴보면 다음과 같다.

```
*filter
:INPUT ACCEPT [0:0]
:FORWARD ACCEPT [0:0]
:OUTPUT ACCEPT [17:2586]
:neutron-filter-top - [0:0]
:neutron-linuxbri-FORWARD - [0:0]
:neutron-linuxbri-INPUT - [0:0]
:neutron-linuxbri-OUTPUT - [0:0]
:neutron-linuxbri-ic2a46367-1 - [0:0]
:neutron-linuxbri-local - [0:0]
:neutron-linuxbri-oc2a46367-1 - [0:0]
:neutron-linuxbri-sc2a46367-1 - [0:0]
:neutron-linuxbri-sg-chain - [0:0]
:neutron-linuxbri-sg-fallback - [0:0]
-A INPUT -j neutron-linuxbri-INPUT
-A INPUT -m state --state RELATED,ESTABLISHED -j ACCEPT
-A INPUT -p icmp -j ACCEPT
-A INPUT -i lo -j ACCEPT
-A INPUT -p tcp -m state --state NEW -m tcp --dport 22 -j ACCEPT
-A FORWARD -j neutron-filter-top
-A FORWARD -j neutron-linuxbri-FORWARD
-A OUTPUT -j neutron-filter-top
-A OUTPUT -j neutron-linuxbri-OUTPUT
-A neutron-filter-top -j neutron-linuxbri-local
-A neutron-linuxbri-FORWARD -m physdev --physdev-out tapc2a46367-10 --physdev-is-bridged -j neutron-linuxbri-sg-chain
-A neutron-linuxbri-FORWARD -m physdev --physdev-in tapc2a46367-10 --physdev-is-bridged -j neutron-linuxbri-sg-chain
-A neutron-linuxbri-INPUT -m physdev --physdev-in tapc2a46367-10 --physdev-is-bridged -j neutron-linuxbri-oc2a46367-1
-A neutron-linuxbri-ic2a46367-1 -m state --state INVALID -j DROP
-A neutron-linuxbri-ic2a46367-1 -m state --state RELATED,ESTABLISHED -j RETURN
-A neutron-linuxbri-ic2a46367-1 -p tcp -m tcp --dport 443 -j RETURN
-A neutron-linuxbri-ic2a46367-1 -p tcp -m tcp --dport 80 -j RETURN
-A neutron-linuxbri-ic2a46367-1 -s 10.30.0.3/32 -p udp -m udp --sport 67 --dport 68 -j RETURN
-A neutron-linuxbri-ic2a46367-1 -j neutron-linuxbri-sg-fallback
-A neutron-linuxbri-oc2a46367-1 -p udp -m udp --sport 68 --dport 67 -j RETURN
-A neutron-linuxbri-oc2a46367-1 -j neutron-linuxbri-sc2a46367-1
-A neutron-linuxbri-oc2a46367-1 -p udp -m udp --sport 67 --dport 68 -j DROP
-A neutron-linuxbri-oc2a46367-1 -m state --state INVALID -j DROP
-A neutron-linuxbri-oc2a46367-1 -m state --state RELATED,ESTABLISHED -j RETURN
-A neutron-linuxbri-oc2a46367-1 -j RETURN
-A neutron-linuxbri-oc2a46367-1 -j neutron-linuxbri-sg-fallback
-A neutron-linuxbri-sc2a46367-1 -s 10.30.0.2/32 -m mac --mac-source FA:16:3E:BC:9A:A0 -j RETURN
-A neutron-linuxbri-sc2a46367-1 -j DROP
-A neutron-linuxbri-sg-chain -m physdev --physdev-out tapc2a46367-10 --physdev-is-bridged -j neutron-linuxbri-ic2a46367-1
-A neutron-linuxbri-sg-chain -m physdev --physdev-in tapc2a46367-10 --physdev-is-bridged -j neutron-linuxbri-oc2a46367-1
-A neutron-linuxbri-sg-chain -j ACCEPT
-A neutron-linuxbri-sg-fallback -j DROP
COMMIT
# Completed on Fri Aug 22 19:25:47 2014
```

인스턴스로 들어오거나 나가는 네트워크 트래픽은 다음과 같이 FORWARD 체인 부터 거치게 된다.

-A FORWARD -j neutron-filter-top
-A FORWARD -j neutron-linuxbri-FORWARD

첫 번째 룰은 iptables에서 neutron-filter-top 체인으로 건너뛰도록 설정되어 있다.

-A neutron-filter-top -j neutron-linuxbri-local

그런 다음 neutron-linuxbri-local 체인으로 건너뛰게 된다. 이 체인에는 아무런 룰도 정의되어 있지 않기 때문에, 다시 neutron-filter-top 체인으로 돌아온다. 모든 룰을 다 거쳤다면, 처음 호출했던 체인으로 FORWARD 돌아온다. 이제 FORWARD 체인의 두 번째 룰이 적용된다.

-A FORWARD -j neutron-linuxbri-FORWARD

이 룰에서는 다음과 같이 정의된 체인으로 건너뛰도록 정의되어 있다.

```
-A neutron-linuxbri-FORWARD -m physdev --physdev-out tapc2a46367-10 --physdev-is-bridged -j neutron-linuxbri-sg-chain
-A neutron-linuxbri-FORWARD -m physdev --physdev-in tapc2a46367-10 --physdev-is-bridged -j neutron-linuxbri-sg-chain
```

여기서 -m 플래그 값으로 physdev를 지정해 브릿지 디바이스에 속한 디바이스를 지원할 때 iptables에서 확장된 패킷 매칭 모듈을 사용하도록 설정했다. LinuxBridge 플러그인을 사용할 경우, 인스턴스의 탭 디바이스는 네트워크 브릿지에 속하며, brq-*라는 접두어가 붙는다. 패킷이 이 인터페이스에 통과하는 방향에 따라 두 개의 룰 중 하나에 매칭된다. 두 경우 모두 다음과 같이 정의된 neutron-linuxbri-sg-chain 체인으로 이동한다.

```
-A neutron-linuxbri-sg-chain -m physdev --physdev-out tapc2a46367-10 --physdev-is-bridged -j neutron-linuxbri-ic2a46367-1
-A neutron-linuxbri-sg-chain -m physdev --physdev-in tapc2a46367-10 --physdev-is-bridged -j neutron-linuxbri-oc2a46367-1
-A neutron-linuxbri-sg-chain -j ACCEPT
```

패킷의 방향에 따라 적용될 룰이 달라진다. 외부 네트워크에서 tapc2a46367-10 인터페이스로 들어오는 트래픽은 다음과 같이 정의된 neutron-linuxbri-ic2a46367 체인을 통해 처리된다.

```
-A neutron-linuxbri-ic2a46367-1 -m state --state INVALID -j DROP
-A neutron-linuxbri-ic2a46367-1 -m state --state RELATED,ESTABLISHED -j RETURN
-A neutron-linuxbri-ic2a46367-1 -p tcp -m tcp --dport 443 -j RETURN
-A neutron-linuxbri-ic2a46367-1 -p tcp -m tcp --dport 80 -j RETURN
-A neutron-linuxbri-ic2a46367-1 -s 10.30.0.3/32 -p udp -m udp --sport 67 --dport 68 -j RETURN
-A neutron-linuxbri-ic2a46367-1 -j neutron-linuxbri-sg-fallback
```

 시큐리티 그룹 체인의 이름의 뒤에는 뉴트론 포트의 UUID의 첫 아홉 자리 문자가 붙는다.

이 룰에서 iptables는 state 모듈을 사용해 패킷의 상태를 알아낸다. iptables
는 이 모듈과 connection 트래킹을 사용해 연결 상태를 추적하고, 패킷의 상
태(INVALID, NEW, RELATED, ESTABLISHED)를 결정한다. 패킷의 상태에 따라 처리할
동작이 결정된다. -s 플래그는 룰에 정의된 주소와 매칭할 패킷의 출발지 주소
를 지정한다. UDP 룰에서는 10.30.0.3/32에 있는 DHCP 서버로부터 들어오
는 인바운드 DHCP 응답 트래픽을 허용한다. 아무 룰에도 매칭되지 않는 트래
픽은 neutron-linuxbri-sg-fallback 체인에 의해 드롭된다.

-A neutron-linuxbri-sg-fallback -j DROP

tapc2a46367-10 인터페이스를 통해 외부 네트워크로 나가는 트래픽은 다음
과 같이 정의된 neutron-linuxbri-oc2a46367-1 체인에 의해 처리된다.

```
-A neutron-linuxbri-oc2a46367-1 -p udp -m udp --sport 68 --dport 67 -j RETURN
-A neutron-linuxbri-oc2a46367-1 -j neutron-linuxbri-sc2a46367-1
-A neutron-linuxbri-oc2a46367-1 -p udp -m udp --sport 67 --dport 68 -j DROP
-A neutron-linuxbri-oc2a46367-1 -m state --state INVALID -j DROP
-A neutron-linuxbri-oc2a46367-1 -m state --state RELATED,ESTABLISHED -j RETURN
-A neutron-linuxbri-oc2a46367-1 -j RETURN
-A neutron-linuxbri-oc2a46367-1 -j neutron-linuxbri-sg-fallback
```

첫 번째 UDP 룰을 보면 인스턴스에서 DHCP Discover와 DHCP Request
브로캐스트 패킷을 보낼 수 있게 허용하고 있다. 그 외 다른 트래픽은 모두
neutron-linuxbri-sc2a46367-1 체인으로 처리된다.

```
-A neutron-linuxbri-sc2a46367-1 -s 10.30.0.2/32 -m mac --mac-source FA:16:3E:BC:9A:A0 -j RETURN
-A neutron-linuxbri-sc2a46367-1 -j DROP
```

위에 나온 룰을 보면 IP와 MAC 스푸핑을 하는 인스턴스를 막고 있
다. tapc2a46367-10 인터페이스를 통해 나오는 모든 트래픽은 반드시
10.30.0.2/32와 MAC 주소 FA:16:3E:BC:9A:A0으로부터 나와야 한다. 다
른 IP와 MAC 주소도 허용하려면 5장, '뉴트론 네트워크 생성'에서 설명
한,allowed-address-pairs 확장 기능을 사용한다.

호출한 체인으로 다시 되돌아가면 다음에 나온 UDP 룰이 적용돼 인스턴스가 로그Rogue DHCP 서버로 동작하지 못하도록 막는다. 그런 다음 패킷의 상태를 검사해서 적절한 동작을 수행한다. 이 과정을 거친 후, 다시 neutron-linuxbri-sg-chain 체인으로 되돌아간 트래픽은 결국 허용된다.

```
-A neutron-linuxbri-sg-chain -j ACCEPT
```

대시보드에서 시큐리티 그룹 다루기

호라이즌 대시보드에서는 Project 탭의 Access & Security 섹션에서 시큐리티 그룹을 관리할 수 있다.

대시보드에서 시큐리티 그룹을 생성하는 과정은 다음과 같다.

1. 우측 상단에 있는 Create Security Group 버튼을 클릭하면, 다음과 같이 시큐리티 그룹을 생성하는 창이 하나 뜬다.

2. Name과 Description 필드는 반드시 지정해줘야 한다. 적절히 값을 지정하고, 파란색 Create Security Group 버튼을 클릭하면 시큐리티 그룹이 생성된다.

3. 시큐리티 그룹을 생성한 다음 Access & Security 섹션으로 다시 가서 시큐리티 그룹에 들어갈 룰을 추가한다.

4. 룰을 추가하려는 시큐리티 그룹에 있는 Edit Rules 버튼을 클릭한다. 그러면 해당 시큐리티 그룹에 대한 룰을 추가하거나 삭제하는 페이지로 이동한다.

5. 우측 상단의 Add Rule 버튼을 클릭하면, 다음과 같이 룰을 생성하는 창이하나 뜬다.

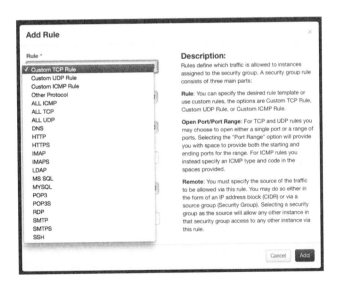

6. 특정 프로토콜에 대해 미리 정의된 룰을 리스트에서 선택하거나, 직접 룰을 정의한다.

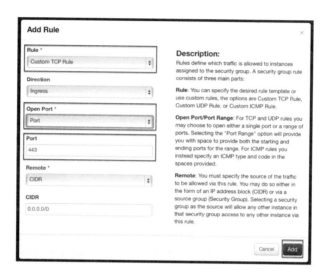

7. 모두 작성했다면 파란색 Add 버튼을 클릭한다.

8. 설정한 시큐리티 그룹을 인스턴스에 적용하도록 Project 탭의 Instances 섹션으로 간다. 원하는 인스턴스에 있는 More 버튼을 클릭하고, Edit Security Groups를 선택한다.

9. 그러면 다음과 같이 시큐리티 그룹을 인스턴스에 적용하거나 삭제하는 창이 하나 뜬다.

10. 적절히 선택한 다음 하단의 파란색 Save 버튼을 클릭한다.

FWaaS

LBaaS와 마찬가지로 FWaaS를 사용할 때도, 방화벽 정책을 적절히 구현하기 위한 구체적인 워크 플로우가 필요하다. 먼저 방화벽 룰을 만들고, 정책에 추가해야 한다. 그다음 방화벽을 만들고, 이를 방화벽 룰에 연결한다. 방화벽 정책이 적용되면, 그 안에 포함된 룰이 테넌트에 속한 모든 라우터에 적용된다. 하바나 버전에서는 테넌트당 하나의 방화벽 정책만 적용할 수 있다.

방화벽 정책은 다른 테넌트와 공유할 수 있으므로 정책을 수정하면, 이를 적용한 다른 방화벽에도 즉시 반영된다. 하바나와 아이스하우스 버전에서는 FWaaS API가 실험적으로 제공되고 있어서, 간간히 오동작을 보이기도 한다. 따라서 실전에 적용하기에는 적절하지 않다.

뉴트론에서 FWaaS 설정

제대로 동작하는 FWaaS를 만들려면 컨트롤러 노드에서 뉴트론 설정을 약간 변경해야 한다. FWaaS는 별도의 에이전트 형태로 제공되지 않고, 뉴트론 L3 에이전트를 통해 모든 방화벽 룰을 구현한다.

FWaaS 드라이버 설정

FWaaS를 사용하려면 FWaaS 드라이버 설정 파일을 적절히 작성해야 한다. 컨트롤러 노드에서 crudini로 /etc/neutron/fwaas_driver.ini 파일에 iptables FWaaS 드라이버를 사용하도록 다음과 같이 수정한다.

```
# crudini --set /etc/neutron/fwaas_driver.ini fwaas driver neutron.
services.firewall.drivers.linux.iptables_fwaas.IptablesFwaasDriver
# crudini --set /etc/neutron/fwaas_driver.ini fwaas enabled true
```


서비스 플러그인 정의

뉴트론에서 firewall-* 커맨드가 동작하려면 컨트롤러 노드에 있는 /etc/neutron/neutron.conf 설정 파일에 FWaaS 플러그인을 지정해야 한다. 설정 파일을 열고 다음과 같이 서비스 플러그인을 적어준다.

```
neutron.services.firewall.fwaas_plugin.FirewallPlugin
```

플러그인을 한 개 이상 지정하려면 콤마(,)로 구분한다.

```
Example: service_plugins = neutron.services.loadbalancer.plugin.
LoadBalancerPlugin,neutron.services.firewall.fwaas_plugin.FirewallPlugin
```

설정 파일을 저장한 다음 neutron-server와 neutron-l3-agent를 재구동한다.

```
# service neutron-server restart
# service neutron-l3-agent restart
```

대시보드에서 FWaaS 사용하도록 설정

호라이즌 대시보드에서 방화벽 관리 기능을 활성화하려면 /etc/openstack-dashboard/local_settings 설정 파일에서 enable_firewall 파라미터를 True로 설정해야 한다. 파라미터를 설정하도록 다음과 같이 커맨드를 실행한 다음, 웹 서버를 재구동한다.

```
# sed -i "/'enable_firewall': False,/c\'enable_firewall': True," /etc/
openstack-dashboard/local_settings
# service httpd restart
```

CLI에서 방화벽 다루기

FWaaS와 관련해 CLI에서 다음과 같은 커맨드를 제공한다.

- firewall-create
- firewall-delete
- firewall-list
- firewall-policy-create
- firewall-policy-delete
- firewall-policy-insert-rule
- firewall-policy-list
- firewall-policy-remove-rule
- firewall-policy-show
- firewall-policy-update
- firewall-rule-create
- firewall-rule-delete
- firewall-rule-list
- firewall-rule-show
- firewall-rule-update

- firewall-show

- firewall-update

CLI에서 방화벽 룰 생성

방화벽을 생성하려면 방화벽 룰부터 만들고, 이를 정책에 추가해야 한다. CLI에서 방화벽 룰을 생성하려면 다음과 같이 firewall-create 커맨드를 실행한다.

```
Syntax: firewall-rule-create [--tenant-id TENANT_ID][--name NAME] [--description DESCRIPTION]
[--shared] [--source-ip-address SOURCE_IP_ADDRESS] [--destination-ip-address DESTINATION_IP_ADDRESS]
[--source-port SOURCE_PORT] [--destination-port DESTINATION_PORT] [--disabled] --protocol {tcp,udp,icmp,any}
--action {allow,deny}
```

--tenant-id 플래그를 지정하면 특정한 테넌트에 방화벽 룰을 지정할 수 있다. 이 플래그는 옵션이다.

--name 플래그를 지정하면 룰에 이름을 정해줄 수 있다. 이름을 지정하지 않으면 룰의 UUID 중 첫 여덟 문자를 이름으로 사용한다. 이 플래그는 옵션이다.

--description 플래그를 지정하면 방화벽 룰에 대한 설명을 제공할 수 있다. 이 플래그는 옵션이다.

--shared 플래그를 지정하면 다른 테넌트와 방화벽 룰을 공유하게 할 수 있다. 이 플래그는 옵션이다.

--source-ip-address 플래그를 지정하면 룰을 적용할 출발지 주소를 지정할 수 있다. 이 플래그는 옵션이다.

--destination-ip-address 플래그를 지정하면 룰을 적용할 목적지 주소를 지정할 수 있다. 이 플래그는 옵션이다.

--source-port 플래그를 지정하면 룰을 적용할 출발지 포트를 지정할 수 있다. 하나의 포트가 아닌 범위로 지정할 때는 시작 포트와 끝 포트 사이를 콜론

으로 구분한다(예, a:b). 이 플래그는 옵션이다.

`--destination-port` 플래그를 지정하면 룰을 적용할 목적지 포트를 지정할 수 있다. 하나의 포트가 아닌 범위로 지정할 때는 시작 포트와 끝 포트 사이를 콜론으로 구분한다(예, a:b). 이 플래그는 옵션이다.

`--disabled` 플래그를 지정하면, 이 룰을 방화벽에 포함할지 여부를 지정한다. 이 플래그는 옵션이다.

`--protocol` 플래그를 지정하면 룰이 적용될 트래픽의 타입을 지정할 수 있다. 이 값으로 `tcp`, `udp`, `icmp` 등을 지정할 수 있다. 이 플래그는 반드시 지정해야 한다.

`--action` 플래그를 지정하면 룰의 기준에 매칭된 트래픽에 취할 동작을 지정한다. 이 값으로 `allow`나 `deny`를 지정할 수 있다. 이 플래그는 반드시 지정해야 한다.

CLI에서 방화벽 룰 삭제

CLI에서 방화벽 룰을 삭제하려면 다음과 같이 `firewall-rule-delete` 커맨드를 실행한다.

Syntax: firewall-rule-delete FIREWALL_RULE_ID

여기서 `FIREWALL_RULE_ID`는 삭제할 방화벽 룰의 ID를 가리킨다.

CLI에서 방화벽 룰 목록 보기

CLI에서 방화벽 룰에 대한 목록을 보려면 다음과 같이 `firewall-rule-list` 커맨드를 실행한다.

Syntax: firewall-rule-list

그러면 룰 목록을 ID와 이름, 요약, 각 룰이 속한 방화벽 정책 등과 함께 보여준다.

CLI에서 방화벽 룰의 상세 정보 보기

CLI에서 방화벽 룰의 상세 정보를 보려면 다음과 같이 firewall-rule-show 커맨드를 실행한다.

Syntax: firewall-rule-show FIREWALL_RULE_ID

그러면 지정한 방화벽 룰의 이름과 설명, 동작, 목적지 IP 주소, 목적지 포트, 출발지 IP 주소, 출발지 포트, 관련 방화벽 정책, 위치, 프로토콜, 테넌트 ID 등의 정보를 보여준다.

CLI에서 방화벽 룰 수정

방화벽 룰의 속성은 언제든지 수정할 수 있다. CLI에서 방화벽 룰의 속성을 수정하려면 다음과 같이 firewall-rule-update 커맨드를 실행한다.

```
Syntax: firewall-rule-update
[--source-ip-address SOURCE_IP_ADDRESS] [--destination-ip-address DESTINATION_IP_ADDRESS]
[--source-port SOURCE_PORT] [--destination-port DESTINATION_PORT] [--protocol {tcp,udp,icmp,any}]
[--action {allow,deny}] [--name NAME] [--description DESCRIPTION] [--shared]
FIREWALL_RULE_ID
```

CLI에서 방화벽 정책 생성

방화벽을 만드는 다음 단계로, 한 개 이상의 방화벽 룰을 담을 방화벽 정책을 만든다. 방화벽 정책은 다음과 같이 firewall-policy-create 커맨드를 실행한다.

```
Syntax: firewall-policy-create [--tenant-id TENANT_ID] [--description DESCRIPTION]
[--shared] [--firewall-rules FIREWALL_RULES] [--audited] NAME
```

--tenant-id 플래그로 지정한 테넌트에 방화벽 정책을 설정할 수 있다. 이 플래그는 옵션이다.

--description 플래그를 통해 생성할 방화벽 정책에 대한 설명을 추가할 수 있다. 이 플래그는 옵션이다.

--shared 플래그를 지정하면 생성할 방화벽 정책을 다른 테넌트와 공유할 수 있다. 이 플래그는 옵션이다.

 호라이즌에서는 공유된 방화벽 정책을 지원하지 않는다.

--firewall-rules 플래그로 방화벽 정책을 생성할 때 방화벽 룰도 추가할 수 있다. 여러 개의 룰을 지정할 때는 각각을 인용 부호로 묶고, 서로 공백으로 구분한다. 예를 들어, EXAMPLE_POLICY라는 정책을 생성할 때 두 개의 룰을 추가하려면 다음과 같이 커맨드를 실행한다. 이 플래그는 옵션이다.

Example: firewall-policy-create --firewall-rules "a7a03a5f-ecda-4471-92db-7a1c708e20e1 a9dd1195-f6d9-4942-b76a-06ff3bac32e8" EXAMPLE_POLICY

 뉴트론에서는 정책의 가장 낮은 우선순위로 deny-all 룰을 디폴트로 설정한다. 따라서 아무런 룰을 지정하지 않은 디폴트 방화벽 정책은 모든 트래픽을 막는다.

--audited 플래그는 생성할 정책이 외부 리소스를 통해 audit될지 여부를 지정한다. 뉴트론에는 audit 로그나 다른 audit 기능을 제공하지 않고 있다.

CLI에서 방화벽 정책 삭제

CLI에서 방화벽 정책을 삭제하려면 다음과 같이 firewall-policy-delete 커맨드를 실행한다.

Syntax: firewall-policy-delete FIREWALL_POLICY_ID

CLI에서 방화벽 정책 목록 보기

CLI에서 테넌트에 설정된 모든 방화벽 정책을 보려면 다음과 같이 firewall-policy-list 커맨드를 실행한다.

Syntax: firewall-policy-list

그러면 방화벽 정책에 대한 목록을 ID와 이름, 정책에 속한 방화벽 룰 등과 같은 정보와 함께 보여준다.

CLI에서 방화벽 정책의 세부 사항 살펴보기

CLI에서 방화벽 정책에 대한 세부 사항을 보려면 다음과 같이 firewall-policy-show 커맨드를 실행한다.

Syntax: firewall-policy-show FIREWALL_POLICY_ID

그러면 지정한 정책에 대한 ID와 이름, 설명, 테넌트 ID, audited 상태, 소속 방화벽 룰 등을 보여준다.

CLI에서 방화벽 정책 수정

방화벽 정책에 대한 속성을 수정하려면 다음과 같이 firewall-policy-update 커맨드를 실행한다.

```
Syntax: firewall-policy-update FIREWALL_POLICY_ID
[--name NAME] [--description DESCRIPTION] [--shared]
[--firewall-rules list=true RULES]
```

 여러 개의 룰을 지정할 때는 공백으로 구분한다. 파이썬에서 여러 항목으로 구성된 데이터
를 처리하려면 list=true 속성을 지정해야 한다.

CLI에서 방화벽 정책에 룰 추가

다음과 같이 firewall-policy-insert-rule 커맨드를 사용하면 기존에 생성된
정책에 방화벽 룰을 추가할 수 있다.

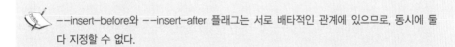
```
Syntax: firewall-policy-insert-rule [--insert-before FIREWALL_RULE]
[--insert-after FIREWALL_RULE] FIREWALL_POLICY_ID NEW_FIREWALL_RULE_ID
```

--insert-before 플래그를 사용하면, 이 값으로 지정한 방화벽 룰 앞에 새로
운 룰을 추가한다. 이 플래그는 옵션이다.

--insert-after 플래그를 사용하면, 이 값으로 지정한 방화벽 룰 뒤에 새로운
룰을 추가한다. 이 플래그는 옵션이다.

 --insert-before와 --insert-after 플래그는 서로 배타적인 관계에 있으므로, 동시에 둘
다 지정할 수 없다.

여기서 FIREWALL_POLICY_ID는 수정할 방화벽 정책의 ID를 가리킨다.

여기서 NEW_FIREWALL_RULE_ID는 위에서 지정한 정책에 추가할 방화벽 룰의
ID를 가리킨다.

CLI에서 방화벽 정책에 있는 룰 삭제

방화벽 정책에서 방화벽 룰을 삭제하려면 다음과 같이 `firewall-policy-remove-rule` 커맨드를 실행한다.

Syntax: firewall-policy-remove-rule FIREWALL_POLICY_ID FIREWALL_RULE_ID

여기서 `FIREWALL_POLICY_ID`는 수정할 방화벽 정책의 ID를 가리킨다.

여기서 `FIREWALL_RULE_ID`는 위에서 지정한 정책에서 삭제할 방화벽 룰의 ID를 가리킨다.

CLI에서 방화벽 생성

CLI에서 방화벽을 생성하려면 다음과 같이 `firewall-create` 커맨드를 실행한다.

Syntax: firewall-create [--tenant-id TENANT_ID] [--name NAME] [--description DESCRIPTION] [--admin-state-down] POLICY

`--tenant-id` 플래그를 통해 생성할 방화벽이 속할 테넌트를 지정할 수 있다. 이 플래그는 옵션이다.

`--name` 플래그로 생성할 방화벽에 이름을 붙일 수 있다. 이 값을 지정하지 않으면, 디폴트로 공백 또는 `null`로 지정된다. 이 플래그는 옵션이다.

`--description` 플래그로 방화벽에 대한 설명을 넣어줄 수 있다. 이 플래그는 옵션이다.

`--admin-state-down` 플래그를 설정하면 생성할 방화벽이 `DOWN` 상태로 시작한다. `DOWN` 상태란 방화벽 룰이 적용되지 않는다는 것을 의미한다. 이 플래그는 옵션이다.

`POLICY` 키워드는 방화벽에 적용될 정책의 ID를 의미한다. 방화벽에 한 번에 하나의 정책만 지정할 수 있다. 하나의 정책이 여러 방화벽에 동시에 적용될 수 없다.

하바나 버전에서는 다른 테넌트에 방화벽이 존재할 때, admin 테넌트에서 방화벽이 생성되지 않는 버그가 있었다. 즉 관리자가 방화벽을 생성하면 에러가 발생했다. 자세한 사항은 아래 URL을 참고하기 바란다.

- https://bugs.launchpad.net/neutron/+bug/1258438

CLI에서 방화벽 삭제

CLI에서 방화벽을 삭제하려면 다음과 같이 firewall-delete 커맨드를 실행한다.

Syntax: firewall-delete FIREWALL_ID

CLI에서 방화벽 목록 보기

CLI에서 테넌트에 설정된 모든 방화벽을 보려면 다음과 같이 firewall-list 커맨드를 실행한다.

Syntax: firewall-list

그러면 테넌트에 설정된 방화벽 목록을 ID와 이름, 설정된 방화벽 정책 등과 함께 보여준다.

CLI에서 방화벽에 대한 상세 정보 보기

CLI에서 방화벽에 대한 상세 정보를 보려면 다음과 같이 firewall-show 커맨드를 실행한다.

Syntax: firewall-show FIREWALL_ID

그러면 지정한 방화벽에 대한 ID와 이름, admin 상태, 설명, 상태, 테넌트 ID, 설정된 방화벽 정책 ID 등을 보여준다.

CLI에서 방화벽 수정

CLI에서 방화벽 속성을 수정하려면 다음과 같이 firewall-update 커맨드를 실행한다.

```
Syntax: firewall-update FIREWALL_ID [--name NAME]
[--firewall-policy-id FIREWALL_POLICY_ID]
[--admin-state-up]
```

--name 플래그를 통해 수정할 방화벽의 이름을 지정한다. 이 플래그는 옵션이다.

--firewall-policy-id 플래그로 방화벽에 적용할 다른 정책을 지정할 수 있다. 이 플래그는 옵션이다.

--admin-state-up 플래그는 불리언 값으로 지정하며, FALSE로 설정할 경우 방화벽을 DOWN 상태로 전환한다. 방화벽이 DOWN 상태에 있으면 모든 룰이 뉴트론 라우터에서 제거된다.

대시보드에서 방화벽 다루기

호라이즌 대시보드에서는 Project 탭의 Firewalls 섹션을 통해 방화벽을 관리할 수 있다. 대시보드에서 방화벽을 설정하는 과정은 CLI와 비슷하다. 먼저 방화벽 룰을 만든 다음 방화벽 정책을 만들고, 마지막으로 방화벽을 생성한다. 방화벽 룰을 생성하는 과정은 다음과 같다.

1. Firewall Rules 탭에 있는 Add Rule 버튼을 클릭한다.

그러면 다음과 같이 방화벽 룰을 정의하는 창이 하나 뜬다.

2. 이 창에서 출발지와 목적지 주소, 출발지와 목적지 포트, 프로토콜, 수행할 동작(ALLOW 또는 DENY) 등을 지정한다. 그런 다음 파란색 Add 버튼을 클릭하면 룰이 생성된다.

3. 방화벽 정책을 생성하기 위해 Firewall Policies 탭의 Add Policy 버튼을 클릭한다.

그러면 다음과 같이 방화벽 정책을 정의하는 창이 하나 뜬다.

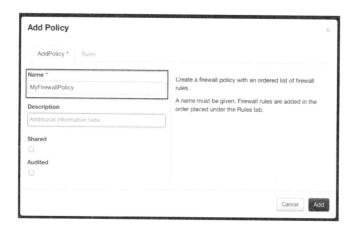

4. Add Policy 창에서 Name 필드를 지정한다. 그런 다음 Rules 탭을 클릭해서 이 정책에 넣을 룰을 지정한다.

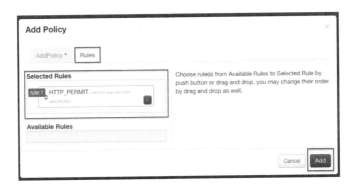

5. 지정하려는 룰이 Available Rules 섹션에서 Selected Rules 섹션으로 이동시킨 다음, 파란색 Add 버튼을 클릭하면 정책이 생성된다.

6. 마지막으로 Firewall 탭에 있는 Create Firewall 버튼을 클릭해 방화벽을 생성한다.

7. 그러면 다음과 같이 이름, 설명, 정책 등과 같은 방화벽 속성을 지정하는
창이 뜬다.

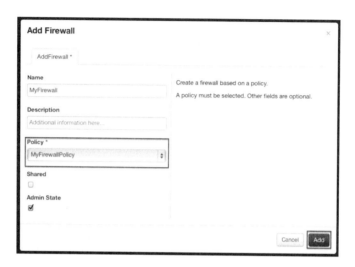

8. 파란색 Add 버튼을 클릭하면 방화벽이 생성된다. 이때 방화벽은 룰들이
테넌트에 속한 라우터에 추가될 때까지 PENDING_CREATE 상태에 머물며,
모두 추가되면 ACTIVE로 전환한다.

 상태가 변경된 것을 보려면 페이지를 새로 고쳐야 한다.

방화벽 룰 적용 과정 살펴보기

뉴트론 라우터에서 방화벽 정책이 적용되는 과정을 살펴보기 위해, 다음과 같이 모든 외부 호스트에서 내부 모든 내부 인스턴스로 TCP 80포트로 들어오는 HTTP 트래픽을 허용하는 방화벽 룰이 동작하는 과정을 살펴보자.

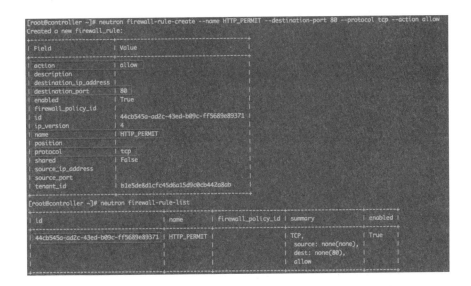

다음과 같이 firewall-policy-create 커맨드로 정책을 하나 생성했다.

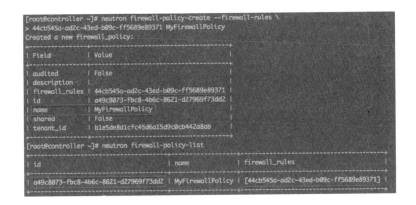

`firewall-create` 커맨드로 다음과 같이 `MyFirewallPolicy` 정책을 사용하는 방화벽을 생성했다.

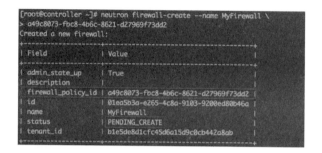

테넌트에 속한 뉴트론 라우터에 모든 룰이 추가될 때까지 방화벽 상태는 `PENDING_CREATE`에 있다가 모두 추가되면 `ACTIVE` 상태로 전환된다.

```
[root@controller ~]# neutron firewall-show 01ea5b3a-e265-4c8a-9103-9200ed80b46a
+-----------------------+--------------------------------------+
| Field                 | Value                                |
+-----------------------+--------------------------------------+
| admin_state_up        | True                                 |
| description           |                                      |
| firewall_policy_id    | a49c8073-fbc8-4b6c-8621-d27969f73dd2 |
| id                    | 01ea5b3a-e265-4c8a-9103-9200ed80b46a |
| name                  | MyFirewall                           |
| status                | ACTIVE                               |
| tenant_id             | b1e5de8d1cfc45d6a15d9c0cb442a8ab     |
+-----------------------+--------------------------------------+
```

방화벽의 체인 적용 과정 살펴보기

방화벽을 생성하면 테넌트의 모든 라우터에 방화벽 정책에 속한 룰이 적용된다. 이렇게 동작하는 것이 만족스럽지 않겠지만, 현재 FWaaS의 한계이기도 하다.

라우터 네임스페이스에서 `iptables-save`를 실행시켜보면, 현재 설정된 iptables 룰을 볼 수 있다. 보기 좋게 필터 테이블만 보면 다음과 같다.

```
[root@controller init.d]# ip netns exec qrouter-0f720e65-13b9-45f3-b750-d8a3a1b18672 \
> iptables-save | sed -e '1,/*filter/d'
:INPUT ACCEPT [0:0]
:FORWARD ACCEPT [13466:12225870]
:OUTPUT ACCEPT [0:0]
:neutron-filter-top - [0:0]
:neutron-l3-agent-FORWARD - [0:0]
:neutron-l3-agent-INPUT - [0:0]
:neutron-l3-agent-OUTPUT - [0:0]
:neutron-l3-agent-fwaas-defau - [0:0]
:neutron-l3-agent-iv401ea5b3a - [0:0]
:neutron-l3-agent-local - [0:0]
:neutron-l3-agent-ov401ea5b3a - [0:0]
-A INPUT -j neutron-l3-agent-INPUT
-A FORWARD -j neutron-filter-top
-A FORWARD -j neutron-l3-agent-FORWARD
-A OUTPUT -j neutron-filter-top
-A OUTPUT -j neutron-l3-agent-OUTPUT
-A neutron-filter-top -j neutron-l3-agent-local
-A neutron-l3-agent-FORWARD -o qr-+ -j neutron-l3-agent-iv401ea5b3a
-A neutron-l3-agent-FORWARD -i qr-+ -j neutron-l3-agent-ov401ea5b3a
-A neutron-l3-agent-FORWARD -o qr-+ -j neutron-l3-agent-fwaas-defau
-A neutron-l3-agent-FORWARD -i qr-+ -j neutron-l3-agent-fwaas-defau
-A neutron-l3-agent-INPUT -d 127.0.0.1/32 -p tcp -m tcp --dport 9697 -j ACCEPT
-A neutron-l3-agent-fwaas-defau -j DROP
-A neutron-l3-agent-iv401ea5b3a -m state --state INVALID -j DROP
-A neutron-l3-agent-iv401ea5b3a -m state --state RELATED,ESTABLISHED -j ACCEPT
-A neutron-l3-agent-iv401ea5b3a -p tcp -m tcp --dport 80 -j ACCEPT
-A neutron-l3-agent-ov401ea5b3a -m state --state INVALID -j DROP
-A neutron-l3-agent-ov401ea5b3a -m state --state RELATED,ESTABLISHED -j ACCEPT
-A neutron-l3-agent-ov401ea5b3a -p tcp -m tcp --dport 80 -j ACCEPT
COMMIT
# Completed on Sat Aug 23 22:27:41 2014
```

트래픽이 네임스페이스를 거쳐가므로 시큐리티 그룹과 마찬가지로 FORWARD 체인을 사용했다.

```
-A FORWARD -j neutron-filter-top
-A FORWARD -j neutron-l3-agent-FORWARD
```

neutron-filter-top 체인은 존재하지 않기 때문에, 바로 neutron-l3-agent-FORWARD 체인으로 이동한다.

```
-A neutron-l3-agent-FORWARD -o qr-+ -j neutron-l3-agent-iv401ea5b3a
-A neutron-l3-agent-FORWARD -i qr-+ -j neutron-l3-agent-ov401ea5b3a
-A neutron-l3-agent-FORWARD -o qr-+ -j neutron-l3-agent-fwaas-defau
-A neutron-l3-agent-FORWARD -i qr-+ -j neutron-l3-agent-fwaas-defau
```

첫 번째 룰은 라우터에 붙은 qr-* 인터페이스에서 나가는 모든 트래픽을 neutron-l3-agent-iv401ea5b3a 체인으로 전달한다.

```
-A neutron-l3-agent-iv401ea5b3a -m state --state INVALID -j DROP
-A neutron-l3-agent-iv401ea5b3a -m state --state RELATED,ESTABLISHED -j ACCEPT
-A neutron-l3-agent-iv401ea5b3a -p tcp -m tcp --dport 80 -j ACCEPT
```

부적합한 패킷은 드롭하고, 기존에 허용된 트래픽은 추가 작업 없이 받아들인다. 모든 호스트에 대해 80포트로 들어오는 새로운 트래픽은 허용한다.

neutron-l3-agent-FORWARD 체인의 그다음 룰에서는 라우터에 붙은 qr-* 인터페이스로 들어오는 모든 트래픽을 neutron-l3-agent-ov401ea5b3a 체인으로 전달한다.

```
-A neutron-l3-agent-ov401ea5b3a -m state --state INVALID -j DROP
-A neutron-l3-agent-ov401ea5b3a -m state --state RELATED,ESTABLISHED -j ACCEPT
-A neutron-l3-agent-ov401ea5b3a -p tcp -m tcp --dport 80 -j ACCEPT
```

앞에서 본 체인과 마찬가지로, 부적합한 패킷은 드롭하고, 기존에 허용된 트래픽은 추가 작업 없이 받아들인다. 80포트로 외부 네트워크로 나가는 모든 새로운 트래픽은 허용한다.

지금까지 살펴본 체인에 있는 룰에 하나도 매칭되지 않은 트래픽은 neutron-l3-agent-fwaas-defau 체인에 의해 드롭된다.

-A neutron-l3-agent-fwaas-defau -j DROP

시큐리티 그룹 룰과 달리 FWaaS로 방화벽 룰을 생성할 때, 트래픽 방향을 다르게 설정할 수 없다. 따라서 방화벽 룰은 들어오는 트래픽과 나가는 트래픽에 모두 동일하게 적용된다.

정리

네트워크 트래픽에 대해 인스턴스를 보호하는 두 가지 방법을 살펴봤다. 이 기능은 보안을 위해 반드시 명심해야 한다. 시큐리티 그룹 룰은 인스턴스에 연결된 컴퓨트 노드의 네트워크 브릿지에 구현하고, FWaaS에서 사용하는 방화벽 룰은 테넌트 네트워크의 엣지에 있는 뉴트론 라우터에 구현한다. FWaaS는 시큐리티 그룹을 대체하기 위해 나온 것이 아니라, 이를 보완하는 역할을 한다. FWaaS는 필터링하고자 하는 트래픽의 방향을 지정하지 못하는 등 아직까지 시큐리티 그룹보다 기능이 부족하다. 시큐리티 그룹도 모든 트래픽을 거부할 수는 있지만, 특정한 트래픽만 거부하는 룰을 만드는 기능이 부족하다는 점에서는 더 낫다고 볼 수도 없다.

FWaaS는 아이스하우스 버전 또는 그 후 버전에서도 실험적으로 제공되고 있으며, 실전에 안정적으로 사용하기에는 아직 기능이 좀 부족한 상태다. 물론 향후에는 지금보다 훨씬 개선될 것이다.

부록 A

뉴트론 커맨드

앞에서 네트워크와 라우터, 방화벽, 로드 밸런서 등을 만들면서 여러 가지 뉴트론 커맨드를 소개한 바 있다. 이 외에도 뉴트론에 설치된 확장 기능이나 플러그인에 대한 여러 가지 커맨드를 제공하고 있다. 여기서는 지금까지 소개할 기회가 없거나 이 책에서 설명하는 범위를 벗어난 커맨드를 간략히 소개한다. 여기서 소개하는 커맨드는 다음과 같은 기능과 장비에 대한 것이다.

- VPN-as-a-service

- Quotas

- Cisco 1000V

- VMWare NSX / Nicira NVP

뉴트론 확장 기능

뉴트론 확장 기능은 플러그인을 통해 추가된 고급 기능에 대해, 공식 뉴트론 API에 추가되지 않은 API를 제공한다.

뉴트론 API 확장 기능 목록 보기

뉴트론에서 사용할 수 있는 확장 기능에 대한 목록을 보려면 다음과 같이 ext-list 커맨드를 실행한다.

Syntax: ext-list

그러면 다음과 같이 확장 기능에 대한 별칭alias과 이름을 보여준다.

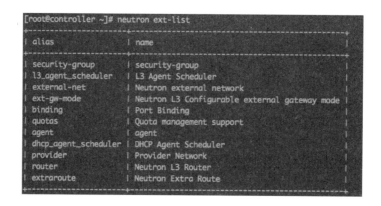

API 확장 기능에 대한 상세 정보 보기

API 확장 기능에 대한 상세 정보를 보려면 다음과 같이 ext-show 커맨드를 실행한다.

Syntax: ext-show EXTENSION_ALIAS

여기서 EXTENSION_ALIAS는 ext-list를 실행한 결과에 나온 확장 기능의 alias를 가리킨다. 이 커맨드를 실행시키면 지정한 확장 기능의 별칭과 설명,

이름, 네임스페이스, 최신 수정 일자 등을 보여준다.

뉴트론 API 확장 기능에 대한 자세한 사항은 뉴트론 개발 관련 위키 페이지 (https://wiki.openstack.org/wiki/NeutronDevelopment)를 참고하기 바란다.

가상 사설 네트워크

가상 사설 네트워크VPN, virtual private network는 암호화와 인증 기능을 사용하여 인터넷을 통해 원격 컴퓨터나 네트워크에 안전하게 연결하는 기능을 제공한다. 하바나 버전에서는 IPSec에 기반해 VPN을 생성하고 사용하는 기능을 제공한다. 하바나와 아이스하우스 버전에서는 VPNaaSVirtual Private Network as a Service를 실험적으로 제공한다.

VPN과 관련해 오픈스택에서는 다음과 같은 커맨드를 제공한다.

- ipsec-site-connection-create
- ipsec-site-connection-delete
- ipsec-site-connection-list
- ipsec-site-connection-show
- ipsec-site-connection-update
- vpn-ikepolicy-create
- vpn-ikepolicy-delete
- vpn-ikepolicy-list
- vpn-ikepolicy-show
- vpn-ikepolicy-update
- vpn-kpsecpolicy-create
- vpn-kpsecpolicy-delete

- vpn-kpsecpolicy-list

- vpn-kpsecpolicy-show

- vpn-kpsecpolicy-update

- vpn-service-create

- vpn-service-delete

- vpn-service-list

- vpn-service-show

- vpn-service-update

VPNaaS를 설치하고 설정하는 방법은 이 책에서 다루지 않는다. 자세한 사항은 오픈스택 공식 문서(http://docs.openstack.org/api/openstack-network/2.0/content/vpnaas_ext.html)를 참고하기 바란다.

테넌트에 대한 리소스 할당량

시스템 리소스가 고갈되지 않도록, 뉴트론에서는 quotas 확장 기능을 통해 테넌트에서 사용할 수 있는 리소스의 총량을 제한하는 기능을 제공한다. 모든 테넌트는 뉴트론 설정 파일에 관리자가 설정한 디폴트 할당량만큼만 사용할 수 있다.

```
[quotas]
# resource name(s) that are supported in quota features
# quota_items = network,subnet,port

# number of networks allowed per tenant, and minus means unlimited
# quota_network = 10

# number of subnets allowed per tenant, and minus means unlimited
```

```
# quota_subnet = 10

# number of ports allowed per tenant, and minus means unlimited
# quota_port = 50

# number of security groups allowed per tenant, and minus means
unlimited
# quota_security_group = 10

# number of security group rules allowed per tenant, and minus means
unlimited
# quota_security_group_rule = 100
```

디폴트 설정 값을 변경하려면 원하는 값으로 수정한 다음, 주석을 해제한다. neutron-server를 재구동하면 변경 사항이 적용된다.

테넌트에서 사용할 수 있는 라우터와 유동 IP의 개수도 제한할 수 있다.

```
[quotas]
# number of routers allowed per tenant, and minus means unlimited
quota_router = 10

# number of floating IPs allowed per tenant, and minus means unlimited
quota_floatingip = 50
```

테넌트의 리소스 할당량은 다음과 같은 커맨드로 관리할 수 있다.

- quota-delete

- quota-list

- quota-show

- quota-update

디폴트 할당량 보기

디폴트 할당량을 보려면 다음과 같이 quota-show 커맨드를 실행시킨다.

Syntax: quota-show

그러면 다음과 같이 테넌트에 지정된 디폴트 할당량을 보여준다.

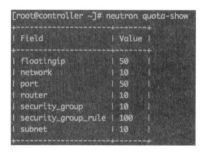

테넌트 할당량 수정

특정한 테넌트에 대한 할당량을 수정하려면 다음과 같이 quota-update 커맨드를 실행한다.

Syntax: quota-update --tenant-id <ID of tenant> [--network NUM_OF_ NETWORKS] [--port NUM_OF_PORTS] [--subnet NUM_OF_SUBNETS] [--floatingip NUM_OF_FLOATIP] [--security_group NUM_OF_SECGROUPS] [--security_group_ rule NUM_OF_SECGRP_RULES] [--router NUM_OF_ROUTERS]

대괄호 괄호([])로 표시된 플래그는 옵션이며, 각각은 해당 리소스의 할당량을 지정할 때 사용한다. 다음과 같이 여러 속성을 동시에 수정할 수 있다.

```
[root@controller ~]# neutron quota-update --tenant-id b1e5de8d1cfc45d6a15d9c0cb442a8ab \
> --floatingip 6 --network 12 --port 23 --router 2 --subnet 5
+--------------------+-------+
| Field              | Value |
+--------------------+-------+
| floatingip         | 6     |
| network            | 12    |
| port               | 23    |
| router             | 2     |
| security_group     | 10    |
| security_group_rule| 100   |
| subnet             | 5     |
+--------------------+-------+
```

테넌트 할당량 보기

테넌트의 리소스 할당량을 보려면 다음과 같이 `quota-list` 커맨드를 실행한다.

Syntax: quota-list --tenant-id <테넌트의 ID>

디폴트 할당량을 사용하도록 설정됐다면 아무 값도 나타나지 않는다. 할당량을 수정했다면 다음과 같이 결과가 나타난다.

```
[root@controller ~]# neutron quota-list --tenant-id b1e5de8d1cfc45d6a15d9c0cb442a8ab
+------------+---------+------+--------+----------------+---------------------+--------+----------------------------------+
| floatingip | network | port | router | security_group | security_group_rule | subnet | tenant_id                        |
+------------+---------+------+--------+----------------+---------------------+--------+----------------------------------+
| 6          | 12      | 23   | 2      | 10             | 100                 | 5      | b1e5de8d1cfc45d6a15d9c0cb442a8ab |
+------------+---------+------+--------+----------------+---------------------+--------+----------------------------------+
```

테넌트 할당량 삭제

테넌트 할당량을 다시 디폴트 값으로 복구하려면 다음과 같이 `quota-delete` 커맨드를 실행한다.

Syntax: quota-delete --tenant-id <테넌트 ID>

 `quota-delete` 커맨드를 실행시키면, 테넌트에 대한 모든 리소스 할당량을 디폴트 값으로 되돌린다. 한 속성만 변경할 수는 없다.

시스코 넥서스 1000V 관련 커맨드

오픈스택 네트워킹(뉴트론)에서는 시스코 넥서스 1000V 스위치의 API 확장 기능과 플러그인을 지원한다. 다음과 같은 커맨드를 사용하여 네트워크 프로파일과 정책 프로파일, 프로파일 바인딩, credential 등을 관리할 수 있다.

- `cisco-credential-create`
- `cisco-credential-delete`
- `cisco-credential-list`
- `cisco-credential-show`
- `cisco-network-profile-create`
- `cisco-network-profile-delete`
- `cisco-network-profile-list`
- `cisco-network-profile-show`
- `cisco-network-profile-update`
- `cisco-policy-profile-list`
- `cisco-policy-profile-show`
- `cisco-policy-profile-update`

`cisco-network-profile` 커맨드를 통해 시스코 넥서스 1000V 네트워크 프로파일을 생성하고, 수정하고, 목록을 보고, 삭제하고, 세부 사항을 볼 수 있다.

`cisco-policy-profile` 커맨드를 사용하면 시스코 넥서스 1000V 정책 프로파일의 목록과 세부 사항뿐만 아니라, 테넌트에 설정된 프로파일 정보도 볼 수 있다.

`cisco-credential` 커맨드를 사용하면 시스코 넥서스 1000V의 credential을 생성하고, 수정하고, 삭제하거나, 여기에 대한 세부 정보를 볼 수 있다.

오픈스택에서 KVM을 사용하여 시스코 넥서스 1000V을 설정하는 방법에 대해서는 시스코 홈페이지(http://www.cisco.com/c/en/us/td/docs/switches/datacenter/ nexus1000/kvm/config_guide/network/521sk122/b-Cisco-N1KV-KVM-Virtual-Network-Config-521SK122.html)를 참고하기 바란다.

VMWare/Nicira 관련 커맨드

오픈스택 네트워킹(뉴트론)에서는 VMWare NSX와 Nicira NVP에 대한 API 확장 기능과 플러그인도 지원한다. 이러한 플러그인은 표준 커맨드와 확장 커맨드를 사용하여 네트워크를 관리한다. NSX 확장 기능 관련 커맨드로 다음과 같은 것들이 제공된다.

- net-gateway-connect
- net-gateway-create
- net-gateway-delete
- net-gateway-disconnect
- net-gateway-list
- net-gateway-show
- net-gateway-update
- queue-create
- queue-delete
- queue-list
- queue-show

뉴트론에서 NSX나 NVP 플러그인을 설정하는 방법은 오픈스택 클라우드 관리자 관련 페이지(http://docs.openstack.org/admin-guide-cloud/content/nsx_plugin.html)를 참고하기 바란다.

부록 B

ML2 설정

ML2Modular Layer2 플러그인은 오픈스택 네트워킹에서 데이터센터에서 주로 사용되는 여러 가지 L2 네트워킹 기술을 동시에 사용할 수 있게 해주는 프레임워크다. ML2 플러그인은 OVS나 LinuxBridge 에이전트와 동작하며, 기존 모놀리딕 플러그인을 대체하기 위해 나온 것이다. ML2 프레임워크에서는 새로운 L2 네트워킹 기술을 추가하는 과정을 간소화하여, 기존 방식으로 모놀리딕 플러그인을 만들 때보다 훨씬 간편하게 새로운 기능을 추가할 수 있다.

하바나 버전에서는 다음과 같은 네트워크 타입에 대해 ML2를 지원한다.

- 플랫
- VLAN
- 로컬
- GRE
- VXLAN

ML2 플러그인마다 자체적으로 설정 파일을 갖고 있으며, OVS나 LinuxBridge 설정 파일과 함께 사용한다. ML2 설정에 대해서는 뒤에서 다시 설명한다.

ML2 플러그인 설치

CentOS와 같은 RHEL 계열 배포판에서는 다음과 같이 모든 노드에 openstack-neutron-ml2 패키지를 설치해야 한다.

```
# yum install openstack-neutron-ml2
```


ML2를 위한 데이터베이스 생성

ML2 플러그인에서는 여러 L2 에이전트 사이에 데이터를 공유하기 위해 데이터베이스를 사용한다. 컨트롤러 노드에서 다음과 같이 MySQL 클라이언트로 ML2 플러그인을 위한 데이터베이스를 생성한다.

```
# mysql -u root -p
```

앞에서 오픈스택을 설치할 때 사용한 패스워드를 입력한다. 이 책에서는 openstack으로 설정했다.

mysql> 프롬프트에서 다음과 같이 커맨드를 실행하여 neutron_ml2라는 커맨드를 생성하고, neutron 사용자에게 권한을 부여한다.

```
CREATE DATABASE neutron_ml2;
GRANT ALL PRIVILEGES ON neutron_ml2.* TO 'neutron'@'localhost'
IDENTIFIED BY 'neutron';
GRANT ALL PRIVILEGES ON neutron_ml2.* TO 'neutron'@'%';
QUIT;
```

다음과 같이 crudini로 뉴트론 설정 파일에 있던 기존 데이터베이스 연결 스트링을 모든 호스트에 대해 새로운 값으로 수정한다.

```
# crudini --set /etc/neutron/neutron.conf database connection mysql://
neutron:neutron@controller/neutron_ml2
```

뉴트론에서 ML2를 사용하도록 설정

ML2 플러그인을 사용하기 전에, 모든 호스트에서 뉴트론 설정 파일에 핵심 플러그인과 데이터베이스 옵션을 지정한다.

ML2 플러그인을 사용하도록 다음과 같이 crudini 커맨드로 모든 호스트의 core_plugin 값을 설정한다.

```
# crudini --set /etc/neutron/neutron.conf DEFAULT core_plugin neutron.
plugins.ml2.plugin.Ml2Plugin
```

설정 파일을 변경하고 neutron-server를 구동하기 전에 /etc/neutron/ 디렉토리에 플러그인 설정 파일을 가리키는 plugin.ini라는 심볼릭 링크도 추가한다. ML2의 경우 다음과 같이 링크를 생성한다.

```
# ln -s /etc/neutron/plugins/ml2/ml2_conf.ini /etc/neutron/plugin.ini
```

기존에 LinuxBridge나 OVS 플러그인을 사용하다가 ML2로 변경하려면, ML2에 대한 심볼릭 링크를 생성하기 전에 기존 링크를 삭제해야 한다.

뉴트론 데이터베이스는 must be stamped as the havana 릴리스 before neutron-server를 구동하기 전에, 컨트롤러 노드에서 다음과 같이 neutron-db-manage 커맨드를 실행한다.

```
# neutron-db-manage --config-file /etc/neutron/plugin.ini --config-file /
etc/neutron/neutron.conf stamp havana
```

서비스 플러그인 설정

ML2 플러그인을 사용할 때 neutron.conf 설정 파일에 FWaaS와 LBaaS 서비스 플러그인과 함께, L3 라우터 플러그인도 지정해야 한다. 각 서비스에 대한 서비스 플러그인은 다음과 같다.

- 라우팅: neutron.services.l3_router.l3_router_plugin.L3RouterPlugin
- 로드 밸런서: neutron.services.loadbalancer.plugin.LoadBalancerPlugin
- 방화벽: neutron.services.firewall.fwaas_plugin.FirewallPlugin

이러한 서비스를 추가하려면 /etc/neutron/neutron.conf 파일의 service_plugins 값에 추가한다.

```
service_plugins= neutron.services.l3_router.l3_router_
plugin.L3RouterPlugin,neutron.services.loadbalancer.plugin.
LoadBalancerPlugin,neutron.services.firewall.fwaas_plugin.
FirewallPlugin
```


ML2 플러그인 설정

ML2 플러그인은 /etc/neutron/plugins/ml2/ml2_conf.ini라는 설정 파일을 사용한다. LinuxBridge와 OVS 에이전트의 설정 파일은 앞에서 설정한 그대로 사용한다.

LinuxBridge 에이전트에 대해 앞서 설정한 대로 ML2 플러그인을 사용하려면, /etc/neutron/plugins/ml2/ml2_conf.ini에 다음과 같이 설정한다.

```
[ml2]
type_drivers = local,flat,vlan
tenant_network_types = vlan
mechanism_drivers = linuxbridge
```

```
[ml2_type_flat]
flat_networks = physnet1

[ml2_type_vlan]
network_vlan_ranges = physnet1:30:33

[database]
connection = mysql://neutron:neutron@controller/neutron_ml2

[securitygroup]
firewall_driver = dummyValue
```

securitygroup 확장 기능을 사용하려면, ML2 설정에 `firewall_driver`를 반드시 지정해야 한다. 단, ml2_conf.ini에서 이 값을 실제로 뭐로 정했는지는 상관없다. ovs_neutron_plugin.ini나 linuxbridge_conf.ini와 같은 L2 에이전트 설정 파일에는 해당 에이전트의 `firewall_driver`의 실제 값을 지정해야 한다. 이 값은 앞에서 지정한 바 있다.

OVS 에이전트에 대한 ML2를 설저하는 방법에 대해서는 아래 사이트를 참고하기 바란다.

- http://openstack.redhat.com/ML2_plugin

뉴트론 서비스 재구동

앞에서 설정한 사항을 반영하려면 뉴트론 서비스를 재구동해야 한다.

컨트롤러 노드에서 뉴트론 서버를 재구동한다.

```
# service neutron-server restart
```

다른 모든 노드에서 LinuxBridge 에이전트를 재구동한다.

```
# service neutron-linuxbridge-agent restart
```

ML2를 사용하도록 데이터베이스를 새로 만들었기 때문에, 모놀리딕 플러그인에 대해 앞에서 설정한 모든 네트워크를 다시 생성해야 한다. 이러한 기존 네트워크에 연결된 인스턴스도 다시 생성해야 한다.

찾아보기

에이콘출판의 기틀을 마련하신 故 정완재 선생님 (1935-2004)

acorn+PACKT Technical Book 시리즈

클라우드 네트워크 인프라 구축을 위한

Neutron 오픈스택 네트워킹

인　쇄 | 2015년 1월 23일
발　행 | 2015년 1월 30일

지은이 | 제임스 덴튼
옮긴이 | 남 기 혁

펴낸이 | 권 성 준
엮은이 | 김 희 정
　　　　 이 순 옥
　　　　 전 진 태
표지 디자인 | 한국어판_김도영
본문 디자인 | 이 순 옥

인　쇄 | 한일미디어
용　지 | 다올페이퍼

에이콘출판주식회사
경기도 의왕시 계원대학로 38 (내손동 757-3) (437-836)
전화 02-2653-7600, 팩스 02-2653-0433
www.acornpub.co.kr / editor@acornpub.co.kr

Copyright ⓒ 에이콘출판주식회사, 2015, Printed in Korea.
ISBN 978-89-6077-670-8
ISBN 978-89-6077-210-6 (세트)
http://www.acornpub.co.kr/book/openstack-network-neutron

이 도서의 국립중앙도서관 출판시도서목록(CIP)은 서지정보유통지원시스템 홈페이지(http://seoji.nl.go.kr)와
국가자료공동목록시스템(http://www.nl.go.kr/kolisnet)에서 이용하실 수 있습니다.(CIP제어번호: CIP2015002240)

책값은 뒤표지에 있습니다.